校企“双元”合作开发教材

新编21世纪高等职业教育精品教材·经济贸易类

跨境电商基础

主　编　**张宗英　姜丽丽**

副主编　**田　翠　张小会　康振男　邓　帆**

参　编　**陈　甜　辛　文　李　艳　李　勇**

中国人民大学出版社

·北京·

图书在版编目（CIP）数据

跨境电商基础 / 张宗英，姜丽丽主编 . -- 北京：
中国人民大学出版社，2023.8

新编 21 世纪高等职业教育精品教材 . 经济贸易类

ISBN 978-7-300-32027-4

Ⅰ . ①跨… Ⅱ . ①张… ②姜… Ⅲ . ①电子商务－高
等职业教育－教材 Ⅳ . ① F713.36

中国国家版本馆 CIP数据核字（2023）第 147886号

校企“双元”合作开发教材
新编 21 世纪高等职业教育精品教材 · 经济贸易类
跨境电商基础
主　编　张宗英　姜丽丽
副主编　田　翠　张小会　康振男　邓　帆
参　编　陈　甜　辛　文　李　艳　李　勇
Kuajing Dianshang Jichu

出版发行	中国人民大学出版社		
社　　址	北京中关村大街 31 号	**邮政编码**	100080
电　　话	010－62511242（总编室）		010－62511770（质管部）
	010－82501766（邮购部）		010－62514148（门市部）
	010－62515195（发行公司）		010－62515275（盗版举报）
网　　址	http://www.crup.com.cn		
经　　销	新华书店		
印　　刷	天津鑫丰华印务有限公司		
开　　本	787 mm × 1092 mm　1/16	**版　　次**	2023 年 8 月第 1 版
印　　张	16.75	**印　　次**	2024 年 7 月第 2 次印刷
字　　数	362 000	**定　　价**	48.00 元

前言
Preface

近年来，我国跨境电商持续快速发展。跨境电商已经成为我国进出口贸易的重要组成部分，是贸易方式创新的重要趋势，也是最具发展活力和潜力的贸易新业态。党的二十大报告提出，要加快构建以国内大循环为主体，国内、国际双循环相互促进的新发展格局。充分发挥跨境电商的战略新通道作用可以进一步增强国内大市场的全球吸引力，持续增强中国协同国内、国外两个市场、两种资源的能力。

现今，越来越多的外贸企业正在尝试开拓跨境电商渠道，实现“买全球、卖全球”。传统模式与新业态融合发展，对国际贸易的人才培养提出了更高的要求。本书紧跟跨境电商发展趋势，帮助读者梳理跨境电商基础知识，为开展跨境电商业务奠定基础。本书可供高职高专院校国际经济与贸易专业、跨境电子商务专业及相关专业的学生选用，也可以作为其他商务人员的参考用书。

本书设计了七个模块。模块一“跨境电商导论”，主要内容有跨境电商内涵及特征、跨境电商参与主体和分类、跨境电商岗位分析；模块二“跨境电商平台”，主要内容有进口跨境电商平台、出口跨境电商 B2B 平台、出口跨境电商 B2C 平台；模块三“跨境电商市场调研与选品”，主要内容有跨境电商市场调研、跨境电商选品；模块四“跨境电商物流”，主要内容有跨境电商物流模式、跨境电商物流运费、跨境电商通关；模块五“跨境电商营销”，主要内容有跨境电商营销文案、跨境电商营销活动、跨境电商常见的营销手段；模块六“跨境电商支付与结算”，主要内容有认识跨境电商支付、认识跨境电商出口结汇和出口退税；模块七“跨境电商客户服务与管理”，主要内容有跨境电商客户服务、中差评分析与处理、对买家进行二次营销。

本书具有以下特点：

（1）理论联系实际。本书注重理论联系实际，以党的二十大精神为指引，配有“行业观察”“时事链接”板块，增强学生的民族自豪感和自信心，培养学生开拓创新的精神和防范风险的意识。

（2）资源丰富。本书配套多样化、立体化、信息化的教学资源，每个模块包括任务导入、知识精讲、操作示范、实训演练和项目练习，并且配有教学微课视频、知识拓展等内容，方便学生自主学习。每个模块都配备了知识思维导图，帮助学生梳理知识点，让学生能够以点带面，全面把握学习内容。

（3）“书证融通”。将最新的跨境电商 B2B 和 B2C 职业技能等级证书和岗位要求融入教学内容，注重“书证融通”。帮助学生活学活用，提高学生的动手操作能力。

本书由山东外贸职业学院张宗英和姜丽丽担任主编，山东外贸职业学院田翠、张小会、康振男和朗新控股（山东）有限公司邓帆担任副主编，山东外贸职业学院陈甜和辛文、青岛睫立美化妆品有限公司总经理李艳、鑫帕特娜丝（青岛）家居饰品有限公司总经理李勇参编。

在本书的编写过程中，海程邦达供应链管理股份有限公司等企业的专家提供了恰当、中肯的审稿建议。本书在编写过程中参考了大量的文献，在此对作者一并表示衷心感谢。由于编写时间仓促，编者水平有限，书中难免存在不当之处，真诚欢迎广大读者批评指正。

编者

2023 年 3 月

目录

Contents

模块一　跨境电商导论

知识目标

1. 掌握跨境电商的含义，熟悉跨境电商的特点。
2. 理解跨境电商的发展现状和发展趋势。
3. 掌握我国跨境电子商务综合试验区概况。
4. 熟悉跨境电商的参与主体和分类。
5. 熟悉跨境电商的岗位类型与要求。

技能目标

1. 能够区分跨境电商与传统外贸、国内电商的不同。
2. 能够正确理解我国跨境电商政策并为企业所用。
3. 能够理解跨境电商岗位的职业能力要求。

素养目标

1. 增强学生的大国自信、民族自豪感和责任感。
2. 具有较强的团队合作能力以及精益求精的工匠精神。
3. 提升学生的规则意识以及遵规守法意识。

- 跨境电商导论
  - 跨境电商内涵及特征
    - 跨境电商的含义
    - 跨境电商的特点
    - 发展跨境电商的优势与意义
    - 跨境电商与传统外贸的区别
    - 跨境电商与国内电商的区别
    - 我国跨境电商的发展现状
    - 跨境电商发展趋势
    - 跨境电商对我国外贸转型升级的影响
  - 跨境电商参与主体和分类
    - 跨境电商的参与主体
    - 跨境电商的分类
  - 跨境电商岗位分析
    - 我国跨境电商人才需求现状
    - 跨境电商的岗位及职责
    - 跨境电商从业人员应具备的基本技能

单元一 跨境电商内涵及特征

任务导入

我国外贸总值创历史新高，跨境电商成为推动贸易强国的新动能

面对复杂的国内外形势，全球经济格局与发展不确定性增多，我国外贸不断迭代变化、创新突破，为国民经济恢复向好做出了积极贡献。2023年1月13日，海关总署公布2022年我国进出口总值首次突破40万亿元，在2021年高基数的基础上继续保持稳定增长，规模再创历史新高，连续六年保持世界第一货物贸易大国地位。

作为发展速度最快、潜力最大、带动作用最强的外贸新业态，跨境电商不仅是数字贸易的重要组成部分，也是推动建设贸易强国的新动能。2012年至2021年是我国跨境电商高速发展的10年，我国海关数据显示，2012年至2021年我国跨境电商市场规模由2.1万亿元增长至14.2万亿元，增长了5.7倍，成为稳外贸的重要力量。

［任务1］什么是跨境电商？

［任务2］发展跨境电商对我国经济发展的意义是什么？

［任务3］我国跨境电商的发展趋势是什么？

知识精讲

一、跨境电商的含义

跨境电子商务（Cross-border Electronic Commerce），简称跨境电商，是指分属于不同关境的交易主体以国际互联网为手段，通过营销型平台、社会化平台及其他营销方式达成交易，进行跨境支付结算，并通过跨境物流送达商品、完成交易的一种国际商业活动。

跨境电商的含义

从本质上讲，跨境电商是以互联网为平台，以电子技术为手段，以商务交易为目的，将传统的营销、销售、支付、购物等方式转移到互联网上，打破关境的壁垒，使商品交易实现全球化、网络化、个性化的新型贸易状态。

二、跨境电商的特点

跨境电商作为一种新型的贸易方式，依靠互联网和国际物流，直接对接终端，满足客户需求。其环节少、成本低、周期短、市场广阔，直面境外消费者，为广大企业降低了进入全球市场的门槛。作为一种新型商业活动，跨境电商具有全球性、无形性、匿名性、即时性、多样性和风险性六大特点。

跨境电商的特点

（一）全球性

依附于网络发生的跨境电子商务具有全球性和非中心化的特点。电子商务作为一种无边界交易，丧失了传统交易所具有的地理因素，互联网商家不需要考虑国界就可以把产品尤其是高附加值产品和服务提供给市场。

（二）无形性

网络的发展使数字化产品和服务的传输盛行。数据、声音和图像在全球化网络环境中以计算机数据代码的形式出现并进行传输，具有无形性的特点。

（三）匿名性

由于跨境电商的全球性和非中心化的特点，在线交易的消费者往往不显示自己的真实身份和地理位置，这丝毫不会影响交易的进行，网络的匿名性也允许消费者这样做。

（四）即时性

电子商务中的信息交流相对于传统交易模式中的信函、电报、传真等交流方式而言，无论实际时空距离远近，一方发送信息与另一方接收信息几乎是同时的，如同面对面交谈一样。

（五）多样性

跨境电商不仅局限于企业与企业之间的贸易往来，更多的是为企业和消费者提供了平台。由于许多小量的订单在跨境电商中可以享受低税率甚至是免税的优惠，这大大增加了消费群体的多样性，突破了以往跨境贸易对订单量和企业规模的限制。

（六）风险性

跨境电商的发展在为贸易双方带来了便利与利益的同时，也增加了贸易的风险性。首先，由于跨境电商具有匿名性特点，无法核实一些企业的真实性和商品的真实性，同时缺乏有效的监管，因此可能会对消费者造成一定的损失。其次，由于各国商品质量安全评定的标准不统一，因此容易造成一些交易纠纷。消费者也往往会由于高昂的退换货运费和较长的退换货时间而放弃维权。

三、发展跨境电商的优势与意义

发展跨境电商的优势与意义

（一）跨境电商在国际贸易中的优势

跨境电商在国际贸易中的优势主要有以下几点：

1. 降低国际贸易成本

在国际贸易中，交易成本主要是指买卖过程中所需的信息搜寻、合同订立和执行、售后服务等方面的成本。电子商务使得企业可以从互联网庞大的信息资料中获得所需要的信息，从而大幅度降低搜寻成本。

2. 提高交易效率

利用电子商务开展国际贸易，买卖双方可采用标准化、电子化的格式合同、提单、保险单、发票、汇票、信用证等，各种相关单证在网上可以实现瞬间传递，不但大大节省了单据的传输时间，而且减少了因纸面单证中数据重复录入导致的各种错误，从而提高了交易效率。

3. 全天候业务运作，提高客户满意度

利用电子商务可以不受全球各地时差的限制，实现全天候、不间断服务，使全球范围内的客户随时得到所需的信息，为出口企业带来更多的订单，并可以大大提高交易成功率，提高客户满意度。

（二）发展跨境电商对我国经济发展的意义

1. 打造新的经济增长点

跨境电商是互联网时代的产物，是“互联网＋外贸”的具体体现。由于信息技术的快速发展，规模不再是外贸的决定性因素，多批次、小批量的外贸订单需求正逐渐代替传统外贸大额交易，为促进外贸稳定和便利化注入了新的动力。

随着相关政策性红利的不断释放，在移动互联网、智能物流等相关技术快速提升的背景下，围绕跨境电商产业将诞生新的庞大经济链，带动国内产业转型升级，并催生出一系列新的经济增长点。

2. 提升我国对外开放水平

跨境电商是全球化的产物，是在世界范围内配置资源的重要工具，必将提升我国全方位对外开放水平。跨境电商加快了各国企业的全球化运营进程，有助于树立全球化的

品牌定位，形成更加虚拟化的销售网络，大大降低了生产者与全球消费者的交易成本，企业可以直接与全球供应商和消费者互动交易，特别是降低了广大中小企业“零距离”加入全球大市场的成本。更多企业享受到全球化的红利，有助于推动更加平等和普惠的全球贸易。

3. 提升国内消费者福利水平

跨境电商是消费时代的产物，响应了国内消费人群追求更高品质生活的需求，并将提升消费者福利水平。跨境电商进口以扁平化的线上交易模式减少了多个中间环节，使得海外产品的价格下降；通过大量引入品种丰富、品质较高的海外商品，以消费升级引领产业加快转型升级，最终惠及国内消费者。

四、跨境电商与传统外贸的区别

传统外贸一般指对外贸易，是指一个国家（地区）与另一个国家（地区）之间的商品、劳务和技术的交换活动。传统外贸主要是以批发形式交易，而跨境电商主要是以零售形式交易，跨境电商和传统外贸的区别可以概括为以下几点：

（一）主体方向不同

在外贸市场中，企业拓展海外市场是通过信息渠道宣传自己的商品和服务，吸引国外的商家，因此从传播方式来看，外贸属于信息流。

从跨境平台上看，商家是通过平台或者自建站等渠道，直接发布商品信息，为的是完成商品交易，以此来看，跨境电商走的是商品流。

（二）进出口环节不同

在外贸市场中，由于走的都是大宗商品，因此在进出口环节等地方，企业并不会明显去考虑优化时间和成本。

在跨境电商中，无论是运输的时间还是成本，都会影响货物最终的成交以及利润，因此商家要在这些环节上下功夫，尽量降低成本、提升效率。

（三）交易方式不同

在传统外贸中，交易双方、交易方式是偏线下的，或者说交易并不通过第三方支付平台。

在跨境电商中，交易双方、交易方式是依靠平台产生的，支付也是需要有第三方支付平台介入的。

（四）税收不同

因为外贸往往涉及大宗交易，因此在海关审核、税务申报方面都是比较复杂的，不仅涉及增值税还有消费税等。

跨境电商作为以商家面对个体的交易方式，税收方面就简单一些，有时候可能只涉及行邮税。

（五）商业模式不同

外贸的基本模式是 B2B，是全球化贸易发展初级阶段的产物。

跨境电商的主流贸易模式是 B2C，是全球化贸易发展的必然结果。跨境电商打破了传统外贸电商的运营模式，但是现在跨境电商和外贸的边界越来越模糊了。

（六）交易环节不同

传统外贸的交易链条基本上由五环构成，分别是国内生产商、国内贸易商、国外分销商、国外零售商、终端消费者。

而跨境电商的交易链条只有三环，分别是国内生产商、国内贸易商、终端消费者。交易链条短有多重优势，跨境电商直接面对终端消费者，将定价权牢牢把控在自己的手里，利润也就得到了保障。

（七）资金流转不同

传统外贸多属于批量采购、接单生产，除少数高附加值产品以外，大多数通过海陆船运，运输周期长，回款周期也随之拉长。

跨境电商属于零售模式，卖家小批量购入再进行售卖，同时顾客先付款购买，所以整个行业的资金门槛较低，卖家空运发货，运输时效多在两周之内，回款速度快、资金周转效率更高。

五、跨境电商与国内电商的区别

电子商务是以信息网络技术为手段，以商品交换为中心的商务活动。我国电子商务市场经过多年发展，在交易规模、用户数量和消费影响力等方面已处于世界领先地位。跨境电商与国内电商的区别可以概括为以下几点：

（一）业务环节不同

跨境电商业务环节更复杂，需要经过海关通关、检验检疫、外汇结算、出口退税、进口征税等环节。在货物运输上，跨境电商通过邮政小包、快递方式出境，货物从售出到国外消费者手中的时间更长。因路途遥远，货物容易损坏，且各国邮政派送的能力相对有限，急剧增长的邮包量也易引起贸易摩擦。

国内电商发生在国内，以快递方式将货物送达消费者，路途近、到货速度快，货物损坏概率低。

（二）交易主体不同

国内电商交易主体在国内，国内企业对企业、国内企业对个人或者国内个人对个人。

跨境电商交易主体肯定是关境之间。可能是国内企业对境外企业、国内企业对境外个人或者国内个人对境外个人。交易主体遍及全球，有不同的消费习惯、文化心理、生活习俗，这要求跨境电商对各国流量引入、各国推广营销、国外消费者行为、国际品牌建设等有更深入的了解，复杂性远远超出国内电商。

（三）交易风险不同

国内企业知识产权意识比较薄弱，大量的无品牌、质量不高的商品和假货仿品充斥跨境电子商务市场，侵犯知识产权等现象时有发生。在商业环境和法律体系较为完善的国家，很容易引起知识产权纠纷，后续的司法诉讼和赔偿十分麻烦。

国内电商行为发生在同一个国家，交易双方对商标、品牌等知识产权有统一的认识，侵权引起的纠纷较少，即使产生纠纷，处理时间也较短，处理方式也较简单。

（四）适用规则不同

跨境电商比国内电商所需要适应的规则更多、更细、更杂。首先是平台规则。跨境电商除了借助国内的平台，还可能在国外平台上开展交易，各个平台均有不同的操作规则。

跨境电商要以国际一般贸易协定和双边多边贸易协定为基础。跨境电商要及时了解国际贸易体系、规则，进出口管制、关税细则等政策的变化，对进出口形势也要有更深入的了解和分析能力。

（五）竞争程度不同

目前跨境电商平台如亚马逊、eBay、Wish 等的竞争激烈程度远远低于国内淘宝、天猫、京东等电商平台，市场尚未达到饱和程度，许多门类的产品仍存在非常广阔的市场前景。

时事链接

政策发展完善，行业在“十四五”时期开启重要发展机遇

跨境电商政策和规范的建立，以及开放程度的规定是跨境电商发展的重要基础。2020 年后，跨境电商成为推动我国外贸转型升级、打造新经济增长点的重要突破口，获得了众多政策的支持。2021 年，跨境电商在“十四五”时期开启了重要的战略发展机遇期。

我国跨境电商政策发展主要有政策萌芽期、政策发展期和政策爆发期三个阶段。

（一）政策萌芽期（2004—2007年）

主要有《中华人民共和国电子签名法》《关于加快电子商务发展的若干意见》《关于促进电子商务规范发展的意见》三项政策，初步规范了电商行业的发展，侧重于规范行业活动。

（二）政策发展期（2008—2012年）

主要有《跨境电商人民币结算试点管理办法》《关于加快流通领域电子商务发展的意见》《关于调整进出境个人邮寄物品管理措施有关事宜》《跨境贸易人民币结算试点管理办法实施细则》等10项政策，涉及监管、支付结算等方面，政策呈点状分布，侧重支持引导行业发展。

（三）政策爆发期（2013年至今）

我国集中发布了《关于促进进出口稳增长、调结构的若干意见》《关于转发商务部等部门关于实施支付跨境电子商务零售出口有关政策意见的通知》《关于支持外贸稳定增长的若干意见》以及关于设立跨境电子商务综合实验区、关于跨境电子商务零售进出口商品有关监管事宜的系列公告和《中华人民共和国电子商务法》等多项政策法规，政策呈面状铺开，向实施层面推进（见表1-1）。

表1-1　我国对跨境电商领域的“十四五”时期规划目标

发布时间	规划名称	发展目标
2021.3	《中华人民共和国国民经济和社会发展第十四个五年规划和2035年远景目标纲要》	加快发展跨境电商，鼓励建设海外仓，保障外贸产业链供应链顺畅运转
2021.7	《“十四五”商务发展规划》	倡导开放共赢，支持跨境电商和海外仓的发展
2021.7	《“十四五”商务发展规划》	推动外贸创新发展，开展跨境电商“十百千万”专项行动、规则和标准建设专项行动、海外仓高质量发展专项行动等。到2025年，将跨境电商等新业态的外贸占比提高至10%
2021.7	《国务院办公厅关于加快发展外贸新业态模式的意见》	在全国适用跨境电商B2B直接出口、跨境电商出口海外仓监管模式，便利跨境电商进出口退换货管理，优化跨境电商零售模式进口商品清单；到2025年，力争培育100家左右的优秀海外仓企业，并依托海外仓建立覆盖全球、协同发展的新型外贸物流网络
2021.9	《国企电子商务创新发展行动》	推动跨境电商协同发展
2022.1	《“十四五”现代流通体系建设规划》	规划提出发展外贸新业态，促进跨境贸易多元化发展，鼓励跨境电商平台完善功能，引导企业优化海外仓布局，提高商品跨境流通效率

六、我国跨境电商的发展现状

我国跨境电商的发展现状

跨境电商作为一种新的贸易模式，逐渐成为充满活力、发展迅猛的新兴行业。我国跨境电商的发展成果渗透到社会经济生活的诸多领域。

（一）跨境电商规模急剧扩大

电子商务研究中心监测数据显示，2021 年我国跨境电商市场规模达 14.2 万亿元，较 2020 年同比增长 13.6%。2019、2020 年市场规模增速分别为 16.66%、19.04%。

2021 年我国跨境电商交易额占我国货物贸易进出口总值 39.1 万亿元的 36.32%。2019、2020 年跨境电商行业渗透率分别为 33.29%、38.86%。2021 年在诸多跨境电商企业经营受损、我国货物贸易进出口增长 21.4% 的背景下，跨境电商行业渗透率占比依然超过 35%。未来随着行业规模不断增长，渗透率也将不断提升。

通过以上统计数据，可见跨境电商已成为我国经济发展和外贸增长的新动能。

（二）出口 B2B 与网络零售情况比较

2021 年我国跨境电商的交易模式中，跨境电商 B2B 交易占比达 77%，跨境电商 B2C 交易占比 23%。从业务模式来看，B2B 仍旧是当前业务的主导模式 。随着互联网、电子商务的发展以及国内产品质量和服务的提升，国外消费者对国内品牌的认可度已逐步提高，再加之跨境电商积极的营销策略，未来 B2C 份额有望进一步增长。 由于 B2B 的交易量级较大且订单比较稳定，因此，在可预见的未来，B2B 仍然是我国企业开拓海外市场的最重要模式。

（三）跨境电商运营模式不断丰富

在我国跨境电商发展的初期，主要以 B2B 模式为主，电商平台主要以商品展示、信息交流为主，发挥着交易撮合功能。2007 年，eBay 中国上线，B2C 模式开始发展。2008 年全球金融危机使得大规模跨国市场采购大幅下降，越来越多的进口商开始尝试利用小额度、多频次的采购形式来规避风险，在某种程度上也刺激和成就了中国外贸 B2C 模式的发展。这个时期国内出现了一批比较知名的跨境电商平台，兰亭集势、大龙网、米兰网等相继成立。B2C 模式快速发展的同时，由最初的海外代购演变的跨境电商 C2C 模式迅速盛行，并逐渐成为主流跨境电商模式。2015 年之后，随着“互联网 +”的创新应用，跨境电商 B2B2C 模式开始建立，货物实现批量运输到境内保税仓，缴行邮税出仓。这种模式降低了运输成本，节约了配送时间。跨境电商与社交平台结合发展成“社交网络 + 跨境电子商务”模式。2018 年，社交电商、小程序、短视频等电子商务新模式、新业态取得快速发展。

（四）跨境电商产业链和生态圈逐步建立

经过多年的发展，跨境电商逐渐形成一个包含供应商、物流商、消费者、支付商、平台、营销、综合服务等的完整的产业链。跨境电商参与主体不断增加，从大公司逐渐扩展到广大中小企业，服务功能不断完善，跨境电商开始了行业内和跨行业的深度融合与创新。在政府的引导下，跨境电商综合试验区对跨境电商资源进行整合，完成了产业集聚、融合与创新，为跨境电商打造了完整的生态链和生态圈，促进跨境电商快速发展。广州、深圳、上海、郑州等地充分发挥自贸实验区与跨境电商综试区制度创新叠加优势，拓展延伸跨境电商产业链，合理规划产业布局，高起点建设产业园区，积极引进国内外知名跨境电商平台企业，推动跨境电商出口优势产品品牌发展。

（五）跨境电商推动产业集聚和转型升级

跨境电商作为“互联网 + 外贸”孕育出的贸易新模式，为外贸转型升级提供了新动能。跨境电商综试区的推出，形成了一批可复制、可推广的经验。各综试区着力促进跨境电商与外贸企业对接，推动跨境电商主体集聚，支持企业培育品牌和营销网络，带动产业升级。例如，郑州带动周边地区特色产业集群发展，推动服装、家具等产业集群发展、抱团出口。

行业观察

跨境电商“破浪出海”的“青岛打法”

新春伊始，万象更新，2023 年正月开工的第 4 个工作日，青岛外贸又一项亮眼的“成绩单”出炉——2022 年，青岛市完成跨境电商进出口规模 627 亿元，实现倍增发展，占全省外贸进出口比重 6.9%，高于全国平均水平 2 个百分点，总量稳居山东省首位，占山东省跨境电商进出口总额的 20%，增速高于全省 8 个百分点。

作为数字贸易的重要组成部分，跨境电商是外贸发展中速度最快、潜力最大、带动作用最强的新业态、新引擎，青岛作为全国跨境电商综合试验区一档城市，在政策扶持、服务托举、模式创新等方面探索新打法，形成了具有青岛特色的跨境电商发展模式。

1. 政策先行，“精准滴灌”扶持产业发展壮大

政策上的先行先试，为跨境电商产业在青岛的发展壮大提供了充足的养分。过去一年，《青岛市加快推进跨境电商高质量发展的若干政策措施》（青政办字〔2022〕56 号）和《青岛市推动海外仓高质量发展的实施意见》（青商字〔2022〕36 号）相继出台，而且目标明确、扶持精准，重点扶持跨境电商公共海外仓、独立站、零售进出口、综合服务平台等领域。

青岛市充分发挥各区市的优势，鼓励西海岸新区、城阳、胶州、即墨等区市结合实际，从壮大市场主体、完善物流体系、建设服务体系、创新金融产品等多个维度完善跨境电商产业链。

政府部门高效协作，合力拓展跨境电商产业发展空间。青岛市商务局联合青岛海关优化跨境电商零售进出口商品退货监管流程，落实 RCEP 缔约方进境商品 6 小时放行；联合青岛市税务局落实对跨境电商出口海外仓出口退（免）税政策，跨境电商零售出口货物试行无票免税和企业所得税核定征收政策等；联合国家外汇管理局青岛市分局落实《国家外汇管理局关于支持贸易新业态发展的通知》精神，推进跨境电商出口企业货款轧差结算和个人外汇账户办理跨境电商外汇结算等便利化措施落地，简化跨境电商企业收结汇流程。

2. 服务升级，“2.0 时代”服务成交金额破 80 亿元

跨境电商对线上服务的需求远超传统贸易。2022 年上半年，青岛跨境电商综合试验区（以下简称综试区）公共服务平台 2.0 版本上线运行。作为综试区“跨境电商线上公共基础设施”，新版本强化系统集成、资源整合、信息共享等功能，为综试区企业提供通关申报、资质办理、税务办理、资源对接等服务，实现“一点接入、一站服务、一平台汇总”，为传统外贸和生产加工类企业转型升级、拓展跨境电商新业态提供了有力支撑。

同时，平台 2.0 版本在跨境电商企业出口退税、无票免税、核定征收、外汇核验等政策实施方面也发挥了重要作用，强化了商务、海关、税务、外汇管理等部门间的信息共享、业务办理和数据分析等系统功能。

2022 年，公共服务平台开展各类跨境电商业务培训会议近 30 场，服务范围覆盖青岛 10 区市，累计培训指导企业 388 家，一对一指导企业 293 家，贸易规模及服务成交单量创历史新高，实现全年服务跨境电商成交金额突破 80 亿元、成交单量近 1 500 万单，增速分别为 362% 和 34.2%。

截至 2022 年底，平台吸引新增入驻企业 100 余家。在做好 N×24 小时服务保障的基础上，平台全年为各大电商平台提供 6 次大促活动的保障工作，请求处理成功率 100%，企业调研满意度达 100%。

3. 模式创新，六大监管模式全覆盖的“北方第一城”

青岛深耕“综试区”这块“试验田”，大胆探索模式创新，在北方率先实现跨境电商直购进口（9610 进口）、一般出口（9610 出口）、网购保税备货（1210 进口）、特殊区域出口（1210 出口）、B2B 直接出口（9710 出口）、出口海外仓（9810 出口）的监管模式全覆盖。

2022 年 12 月，青岛海蛛供应链管理有限公司一批家用电器在山东自贸区青岛片区顺利申报，经黄岛海关监管放行，发往位于美国洛杉矶的海外仓。这是青岛自贸片区首票跨境电商“1210”出口海外仓零售业务，也是青岛关区首票跨境电商出口海外仓零售业务，意味着跨境电商特殊区域出口海外仓零售模式正式落地运行。

“特殊区域出口海外仓零售”指企业将商品出口报关进入特殊区域并完成理货、拼箱后出口至海外仓，通过电商平台实现订单后将商品由海外仓直接送达境外消费者。该模式实现入区即退税，具有退税流程简便、周期短、效率高，有效压缩生产企业经营成本等优势，适用于生产制造企业“卖全球”的电商货物。

此外，通过“1210”出口还可免税退运国内保税区，方便跨境电商企业进行重新清理、维修包装后再销售，标志着跨境出口向“阳光化、合规化”迈出坚实的一步。

4. 加速出海，公共海外仓助传统品牌“走出去”

早在2012年，青岛谷雅国际电子商务有限公司就在美国洛杉矶设立了假发、假睫毛类专业海外仓，引导青岛市假发产业通过海外仓载体实现品牌出海。公司投资建成线上假发、假睫毛等美妆类垂直跨境电商平台“UniWigs”，在海外仓设立假发品牌商品展示中心，邀请当地买家到仓看货体验，为卖家提供线上、线下双重体验。

近年来，青岛市持续推进公共海外仓培育力度，目前全市18个公共海外仓获评山东省重点培育的公共海外仓。青岛市公共海外仓功能已经从单一的仓储物流，向集营销推广、品牌展示、退换货、售后维修等专业、特色的本地化服务转变。同时，创新发展“产业带 + 海外仓”模式，以青岛市优势产业带转型升级为契机推动海外仓高效运用，实现产业集聚、数字化赋能、品牌出海。

目前，青岛谷雅国际电子商务有限公司已将海外仓作为品牌培育和传播的载体，成立了集视频拍摄、制作、传播和营销为一体的团队，在海外仓设立了直播工作基地，利用Instagram、Facebook等欧美主流社交媒体平台进行品牌营销推广。仅2022年一年，谷雅国际公司借助海外仓带动了青岛30余家假发类企业实现出口近1亿美元。

5. 消费升级，打造青岛外贸新业态“金字招牌”

为促进消费升级，青岛综试区大力推动本土企业探索业务模式创新。2022年“双11”期间，青岛西海岸新区保税物流中心申报单量突破120万单，交易金额超过2.7亿元。全省首家以“跨境电商 + 新零售”为特色的中日韩消费专区电商体验中心，高端品牌分销孵化、小众品牌市场推广、线上连同各大平台小程序、线下门店与仓储系统全线实现突破，奥特莱斯名品馆入驻体验中心，私域分销加持平台销售；4000平方米直播基地与保税仓联动，小红书达人现场带货，多维直播激发平台活力。

今年年初，中日韩消费专区电商体验中心推出新春年货大促“新春不打烊”等优惠活动，增加上千件跨境单品，涵盖近万款优质进口商品，推出新年定制礼盒等大力度促销活动，联动平台内电商企业，开设“直播带货—新年特惠”“云上促消费”活动。2023年春节期间，实现销售额同比增长55.6%，环比增长68.9%；客流量同比增长50%，环比增长30%。累计会员数已达10万余人。

青岛综试区获批以来，依托政策环境的不断优化，集聚效应初步显现，为青岛跨境电商快速发展提供了强劲动力。国内主流平台唯品会、京东、天猫、考拉海购、菜鸟网络、淘分销、抖音、快手相继落户。郑州舶乐蜜在青岛设立波罗蜜跨境电商运营中心，日本垂直跨境电商平台豌豆公主落户青岛。亚马逊全球开店官方山东团队、速卖通山东商家运营中心、Facebook运营中心、蜜桔科技跨境电商运营中心、德国联邦电子商务协会山东代表处相继落户青岛；河南易通、天府盛、深圳新境界均已在青岛设立跨境供应链公司。

新发展格局下，青岛市外贸面临新形势和新问题，跨境电商是推动外贸转型升级的重要抓手，也是贯通国际国内双循环的重要引擎。作为全国跨境电商综试区一档城市（全国10个），青岛综试区将立足挖掘优势产业带潜力，大力培育跨境电商品牌，加快完善产业链、生态圈，全力推动跨境电商高质量发展，打造青岛外贸新业态的“金字招牌”。

七、跨境电商发展趋势

在经历了多年的高速发展后，中国跨境电商无论是规模还是效率都进入了一个新的发展阶段。资本、品牌、技术、数据、新业态、新模式、区域电商成为热门关键词。跨境电商思维将从卖货思维向营销思维转变，跨境电商的竞争将更加激烈，品牌战略、精细化管理、数据运营将是大趋势。

跨境电商发展趋势

（一）跨境品牌创建成为新的盈利模式

跨境电商进入红海市场，电商企业面临重新洗牌。随着消费升级，依靠单纯的价格战和网络推广已经很难盈利。跨境电商企业最受益、最有价值的就是知名品牌，跨境电商企业最后争夺的就是品牌资源和品牌价值。未来只有将品牌做好，电商企业才能够做大、做强，才能够在激烈的竞争中不被淘汰。中国的品牌要走向海外市场，从“中国制造”走向“中国创造”，最终走向“中国品牌”。

（二）跨境电商 B2B 和 B2C 融合发展

B2C 发展存在过度依赖平台、产品库存多、滞销严重等问题，B2B 的账期比较长，客户比较少、资金和客户维护压力比较大，企业不仅需要大订单，也需要一些零售订单来消化库存、加快资金周转。B2B 和 B2C 融合发展，取长补短，将是未来的发展趋势。跨境电商 B2B 通过融合 B2C 来打造自主品牌，快速清理库存，挖掘客户资源。

（三）新兴市场成为跨境电商的蓝海市场

近些年，新兴市场的网络普及率逐渐提升、跨境电商政策逐渐放开、消费者购买力提升，这些都有望成为中国出口跨境电商的潜在订单增长点。在国家“一带一路”倡议的带动下，中国与世界各国的线上贸易发展迅速。通过跨境电商，中国商品销往俄罗斯、以色列、韩国、越南等 100 多个签署了共建“一带一路”合作文件的国家和地区，线上贸易范围从欧洲拓展到南美洲、非洲。同时，开放、崛起的中国市场为“一带一路”合作国家提供了新的经济增长点。

（四）数据化运营成为跨境电商新的竞争趋势

大数据技术的应用使得企业能够从海量的数据中挖掘有效的信息，研究用户消费习惯，预测市场动向，从而实现精准营销。根据《哈佛商业评论》的统计，用数据驱动优化的公司利润平均高出同行 6%。

八、跨境电商对我国外贸转型升级的影响

（一）促进专业外贸服务升级

与跨境电商贸易过程相关的信息流、商流、物流、资金流已由传统的双边逐步向多边的方向演进，呈网状结构。跨境电商可以通过 A 国的交易平台、B 国的支付结算平台、C 国的物流平台，实现与其他国家间的直接贸易。为适应新的贸易发展，专业外贸服务需要升级并参与到跨境电商环节中，这不仅能带动行业的又一次发展，还能在国际化竞争中不断完善服务水平、提升风险应对机制。国内几个大型外贸电商巨头，无一例外地强化了对供应链服务的整合和转型升级，如阿里巴巴入资深圳一达通公司，出口易在德国、英国等地建物流仓等。

（二）促进外贸方式向直销转型

跨境电商可以通过电子商务交易与服务平台，实现多国企业之间、企业与终端消费者之间的直接交易。传统的金字塔型国际贸易分销结构逐步演变为扁平化分销结构乃至直销结构，中间商在传统国际贸易结构中的重要地位逐步被削弱甚至被取缔。这使得原本被中间商盘剥的产业利润中的一部分回流到实体经济领域，助推我国产业结构变革；另一部分利润则以厂商让利的方式转移给普通消费者，用以增加消费者的剩余价值，提升消费者对我国出口商及其产品的认同度。

（三）促进外贸企业向小单、多生产模式转型

相对于传统贸易而言，跨境电商单笔订单大多是小批量，甚至是单件，这是因为跨境电商实现了单个企业间或单个消费者间的交易。2008 年金融危机后，传统的海外进口商为了缓解资金链压力和控制资金风险，倾向于将大额采购转变为中小额采购，长期采购转变为短期采购，单笔订单的金额明显减小，大部分不超过 3 万美元，并集中在消费品行业。在此背景下，互联网的便捷优势使网上小额批发或零售激增。此外，传统外贸“集装箱”式的大额交易正逐渐被小批量、多批次的“碎片化”进出口贸易取代。

（四）促进外贸企业向品牌和产品创新转型

目前，跨境电商的发展，使得知识和技术密集型产品和服务的竞争优势更加凸显。各类高科技产品、开发软件、视听产品、法律服务等产品和服务在政府产业扶持下快速

发展。跨境电商的“定制化”与“个性化”已成为清晰的外贸电商发展趋势。随着人力成本、创新成本以及原材料价格的不断上升，中国在低成本制造方面的优势正在不断丧失。在外贸企业面临压力的同时，也为企业提供了把压力转化为动力的机遇。在这样的大环境下，跨境电商可以帮助中国外贸转型，利用电子商务带来的产品创新寻求贸易的长期可持续发展模式。

知识拓展

中国跨境电子商务综合试验区概况

中国跨境电子商务综合试验区是中国设立的跨境电子商务综合性质的先行先试的城市区域，旨在促进跨境电子商务交易、支付、物流、通关、退税、结汇等环节的技术标准、业务流程、监管模式和信息化建设等方面先行先试，通过制度创新、管理创新、服务创新和协同发展，破解跨境电子商务发展中的深层次矛盾和体制性难题，打造跨境电子商务完整的产业链和生态链，逐步形成一套适应和引领全球跨境电子商务发展的管理制度和规则，为推动中国跨境电子商务健康发展提供可复制、可推广的经验。

2022 年 11 月 14 日，国务院同意在廊坊市等 33 个城市和地区设立跨境电子商务综合试验区。自 2015 年在杭州设立首个跨境电商综合试验区，这是该试验区在近 7 年时间里的第 7 次扩围、2022 年以来的第 2 次扩围。截至目前，我国跨境电商综合试验区已扩至 165 个。近年来，我国跨境电商等外贸新业态迅速发展，跨境电商进出口规模 5 年增长近 10 倍。

“一年里两次扩围，体现了国家对于跨境电商发展的高度重视。”上海财经大学电子商务研究中心主任劳帼龄说，此次扩围“下沉、普惠”特色更为鲜明，鼓励中小城市通过数字化转型加快融入全球产业链的导向明显。

批复还提出，努力在健全促进跨境电子商务发展的体制机制、推动配套支撑体系建设等方面取得新进展、新突破。

商务部研究院国际市场研究所副所长白明说，此次综试区的扩围将推动各地加快改革创新，有利于推动产业数字化和贸易数字化加速融合，进一步推动贸易便利化、监管制度创新、参与国际规则对接等，为我国外贸高质量发展积蓄新优势。

七批次 165 个跨境电商综合试验区的具体情况如表 1–2 所示：

表 1–2 跨境电子商务综合试验区汇总表

所属地区	数量（个）	名称	获批时间	批次
浙江省	12	中国（杭州）跨境电子商务综合试验区	2015 年 3 月 7 日	第一批

续表

所属地区	数量（个）	名称	获批时间	批次
浙江省	12	中国（宁波）跨境电子商务综合试验区	2016 年 1 月 6 日	第二批
		中国（义乌）跨境电子商务综合试验区	2018 年 7 月 24 日	第三批
		中国（温州）跨境电子商务综合试验区	2019 年 12 月 24 日	第四批
		中国（绍兴）跨境电子商务综合试验区		
		中国（湖州）跨境电子商务综合试验区	2020 年 4 月 27 日	第五批
		中国（嘉兴）跨境电子商务综合试验区		
		中国（衢州）跨境电子商务综合试验区		
		中国（台州）跨境电子商务综合试验区		
		中国（丽水）跨境电子商务综合试验区		
		中国（金华）跨境电子商务综合试验区	2022 年 1 月 22 日	第六批
		中国（舟山）跨境电子商务综合试验区		
河南省	5	中国（郑州）跨境电子商务综合试验区	2016 年 1 月 6 日	第二批
		中国（洛阳）跨境电子商务综合试验区	2019 年 12 月 24 日	第四批
		中国（南阳）跨境电子商务综合试验区	2020 年 4 月 27 日	第五批
		中国（焦作）跨境电子商务综合试验区	2022 年 11 月 14 日	第七批
		中国（许昌）跨境电子商务综合试验区		
天津市	1	中国（天津）跨境电子商务综合试验区	2016 年 1 月 6 日	第二批
上海市	1	中国（上海）跨境电子商务综合试验区	2016 年 1 月 6 日	第二批
重庆市	1	中国（重庆）跨境电子商务综合试验区	2016 年 1 月 6 日	第二批

续表

所属地区	数量（个）	名称	获批时间	批次
安徽省	6	中国（合肥）跨境电子商务综合试验区	2016 年 1 月 6 日	第二批
		中国（芜湖）跨境电子商务综合试验区	2019 年 12 月 24 日	第四批
		中国（安庆）跨境电子商务综合试验区	2020 年 4 月 27 日	第五批
		中国（马鞍山）跨境电子商务综合试验区	2022 年 1 月 22 日	第六批
		中国（宣城）跨境电子商务综合试验区		
		中国（蚌埠）跨境电子商务综合试验区	2022 年 11 月 14 日	第七批
广东省	21	中国（广州）跨境电子商务综合试验区	2016 年 1 月 6 日	第二批
		中国（深圳）跨境电子商务综合试验区	2016 年 1 月 6 日	第二批
		中国（珠海）跨境电子商务综合试验区	2018 年 7 月 24 日	第三批
		中国（东莞）跨境电子商务综合试验区	2018 年 7 月 24 日	第三批
		中国（汕头）跨境电子商务综合试验区	2019 年 12 月 24 日	第四批
		中国（佛山）跨境电子商务综合试验区		
		中国（梅州）跨境电子商务综合试验区	2020 年 4 月 27 日	第五批
		中国（惠州）跨境电子商务综合试验区		
		中国（中山）跨境电子商务综合试验区	2020 年 4 月 27 日	第五批
		中国（江门）跨境电子商务综合试验区		
		中国（湛江）跨境电子商务综合试验区		
		中国（茂名）跨境电子商务综合试验区		
		中国（肇庆）跨境电子商务综合试验区		

续表

所属地区	数量（个）	名称	获批时间	批次
广东省	21	中国（韶关）跨境电子商务综合试验区	2022 年 1 月 22 日	第六批
		中国（汕尾）跨境电子商务综合试验区		
		中国（河源）跨境电子商务综合试验区		
		中国（阳江）跨境电子商务综合试验区		
		中国（清远）跨境电子商务综合试验区		
		中国（潮州）跨境电子商务综合试验区		
		中国（揭阳）跨境电子商务综合试验区		
		中国（云浮）跨境电子商务综合试验区		
四川省	8	中国（成都）跨境电子商务综合试验区	2016 年 1 月 6 日	第二批
		中国（泸州）跨境电子商务综合试验区	2019 年 12 月 24 日	第四批
		中国（德阳）跨境电子商务综合试验区	2020 年 4 月 27 日	第五批
		中国（绵阳）跨境电子商务综合试验区		
		中国（南充）跨境电子商务综合试验区	2022 年 1 月 22 日	第六批
		中国（眉山）跨境电子商务综合试验区		
		中国（宜宾）跨境电子商务综合试验区	2022 年 11 月 14 日	第七批
		中国（达州）跨境电子商务综合试验区		
辽宁省	6	中国（大连）跨境电子商务综合试验区	2016 年 1 月 6 日	第二批
		中国（沈阳）跨境电子商务综合试验区	2018 年 7 月 24 日	第三批
		中国（抚顺）跨境电子商务综合试验区	2019 年 12 月 24 日	第四批

续表

所属地区	数量（个）	名称	获批时间	批次
辽宁省	6	中国（营口）跨境电子商务综合试验区	2020 年 4 月 27 日	第五批
		中国（盘锦）跨境电子商务综合试验区		
		中国（鞍山）跨境电子商务综合试验区	2022 年 11 月 14 日	第七批
山东省	16	中国（青岛）跨境电子商务综合试验区	2016 年 1 月 6 日	第二批
		中国（威海）跨境电子商务综合试验区	2018 年 7 月 24 日	第三批
		中国（济南）跨境电子商务综合试验区	2019 年 12 月 24 日	第四批
		中国（烟台）跨境电子商务综合试验区		
		中国（东营）跨境电子商务综合试验区	2020 年 4 月 27 日	第五批
		中国（潍坊）跨境电子商务综合试验区		
		中国（临沂）跨境电子商务综合试验区		
		中国（淄博）跨境电子商务综合试验区	2022 年 1 月 22 日	第六批
		中国（日照）跨境电子商务综合试验区		
		中国（枣庄）跨境电子商务综合试验区	2022 年 11 月 14 日	第七批
		中国（济宁）跨境电子商务综合试验区		
		中国（泰安）跨境电子商务综合试验区		
		中国（德州）跨境电子商务综合试验区		
		中国（聊城）跨境电子商务综合试验区		
		中国（滨州）跨境电子商务综合试验区		
		中国（菏泽）跨境电子商务综合试验区		

续表

所属地区	数量（个）	名称	获批时间	批次
江苏省	13	中国（苏州）跨境电子商务综合试验区	2016年1月6日	第二批
		中国（南京）跨境电子商务综合试验区	2018年7月24日	第三批
		中国（无锡）跨境电子商务综合试验区		
		中国（徐州）跨境电子商务综合试验区	2019年12月24日	第四批
		中国（南通）跨境电子商务综合试验区		
		中国（常州）跨境电子商务综合试验区	2020年4月27日	第五批
		中国（连云港）跨境电子商务综合试验区		
		中国（淮安）跨境电子商务综合试验区		
		中国（盐城）跨境电子商务综合试验区		
		中国（宿迁）跨境电子商务综合试验区		
		中国（扬州）跨境电子商务综合试验区	2022年1月22日	第六批
		中国（镇江）跨境电子商务综合试验区		
		中国（泰州）跨境电子商务综合试验区		
北京市	1	中国（北京）跨境电子商务综合试验区	2018年7月24日	第三批
内蒙古自治区	5	中国（呼和浩特）跨境电子商务综合试验区	2018年7月24日	第三批
		中国（赤峰）跨境电子商务综合试验区	2019年12月24日	第四批
		中国（满洲里）跨境电子商务综合试验区	2020年4月27日	第五批
		中国（鄂尔多斯）跨境电子商务综合试验区	2022年1月22日	第六批
		中国（包头）跨境电子商务综合试验区	2022年11月14日	第七批
吉林省	4	中国（长春）跨境电子商务综合试验区	2018年7月24日	第三批

续表

所属地区	数量（个）	名称	获批时间	批次
吉林省	4	中国（珲春）跨境电子商务综合试验区	2019 年 12 月 24 日	第四批
		中国（吉林市）跨境电子商务综合试验区	2020 年 4 月 27 日	第五批
		中国（延吉）跨境电子商务综合试验区	2022 年 11 月 14 日	第七批
黑龙江省	4	中国（哈尔滨）跨境电子商务综合试验区	2018 年 7 月 24 日	第三批
		中国（绥芬河）跨境电子商务综合试验区	2019 年 12 月 24 日	第四批
		中国（黑河）跨境电子商务综合试验区	2020 年 4 月 27 日	第五批
		中国（同江）跨境电子商务综合试验区	2022 年 11 月 14 日	第七批
江西省	9	中国（南昌）跨境电子商务综合试验区	2018 年 7 月 24 日	第三批
		中国（赣州）跨境电子商务综合试验区	2019 年 12 月 24 日	第四批
		中国（九江）跨境电子商务综合试验区	2020 年 4 月 27 日	第五批
		中国（景德镇）跨境电子商务综合试验区	2022 年 1 月 22 日	第六批
		中国（上饶）跨境电子商务综合试验区		
		中国（萍乡）跨境电子商务综合试验区	2022 年 11 月 14 日	第七批
		中国（新余）跨境电子商务综合试验区		
		中国（宜春）跨境电子商务综合试验区		
		中国（吉安）跨境电子商务综合试验区		
湖北省	4	中国（武汉）跨境电子商务综合试验区	2018 年 7 月 24 日	第三批
		中国（黄石）跨境电子商务综合试验区	2019 年 12 月 24 日	第四批
		中国（宜昌）跨境电子商务综合试验区	2020 年 4 月 27 日	第五批
		中国（襄阳）跨境电子商务综合试验区	2022 年 1 月 22 日	第六批

续表

所属地区	数量（个）	名称	获批时间	批次
湖南省	6	中国（长沙）跨境电子商务综合试验区	2018 年 7 月 24 日	第三批
		中国（岳阳）跨境电子商务综合试验区	2019 年 12 月 24 日	第四批
		中国（湘潭）跨境电子商务综合试验区	2020 年 4 月 27 日	第五批
		中国（郴州）跨境电子商务综合试验区		
		中国（衡阳）跨境电子商务综合试验区	2022 年 11 月 14 日	第七批
		中国（株洲）跨境电子商务综合试验区		
广西壮族自治区	4	中国（南宁）跨境电子商务综合试验区	2018 年 7 月 24 日	第三批
		中国（崇左）跨境电子商务综合试验区	2020 年 4 月 27 日	第五批
		中国（贺州）跨境电子商务综合试验区	2022 年 11 月 14 日	第七批
		中国（柳州）跨境电子商务综合试验区		
海南省	2	中国（海口）跨境电子商务综合试验区	2018 年 7 月 24 日	第三批
		中国（三亚）跨境电子商务综合试验区	2020 年 4 月 27 日	第五批
贵州省	3	中国（贵阳）跨境电子商务综合试验区	2018 年 7 月 24 日	第三批
		中国（遵义）跨境电子商务综合试验区	2020 年 4 月 27 日	第五批
		中国（铜仁）跨境电子商务综合试验区	2022 年 11 月 14 日	第七批
云南省	4	中国（昆明）跨境电子商务综合试验区	2018 年 7 月 24 日	第三批
		中国（德宏）跨境电子商务综合试验区	2020 年 4 月 27 日	第五批
		中国（红河）跨境电子商务综合试验区	2022 年 1 月 22 日	第六批
		中国（大理）跨境电子商务综合试验区	2022 年 11 月 14 日	第七批

续表

所属地区	数量（个）	名称	获批时间	批次
陕西省	3	中国（西安）跨境电子商务综合试验区	2018年7月24日	第三批
		中国（延安）跨境电子商务综合试验区	2020年4月27日	第五批
		中国（宝鸡）跨境电子商务综合试验区	2022年1月22日	第六批
甘肃省	2	中国（兰州）跨境电子商务综合试验区	2018年7月24日	第三批
		中国（天水）跨境电子商务综合试验区	2020年4月27日	第五批
福建省	8	中国（厦门）跨境电子商务综合试验区	2018年7月24日	第三批
		中国（福州）跨境电子商务综合试验区	2019年12月24日	第四批
		中国（泉州）跨境电子商务综合试验区		
		中国（漳州）跨境电子商务综合试验区	2020年4月27日	第五批
		中国（莆田）跨境电子商务综合试验区		
		中国（龙岩）跨境电子商务综合试验区		
		中国（南平）跨境电子商务综合试验区	2022年11月14日	第七批
		中国（宁德）跨境电子商务综合试验区		
河北省	5	中国（唐山）跨境电子商务综合试验区	2018年7月24日	第三批
		中国（石家庄）跨境电子商务综合试验区	2019年12月24日	第四批
		中国（雄安新区）跨境电子商务综合试验区	2020年4月27日	第五批
		中国（廊坊）跨境电子商务综合试验区	2022年11月14日	第七批
		中国（沧州）跨境电子商务综合试验区	2022年11月14日	第七批

续表

所属地区	数量（个）	名称	获批时间	批次
山西省	3	中国（太原）跨境电子商务综合试验区	2019 年 12 月 24 日	第四批
		中国（大同）跨境电子商务综合试验区	2020 年 4 月 27 日	第五批
		中国（运城）跨境电子商务综合试验区	2022 年 11 月 14 日	第七批
青海省	2	中国（海东）跨境电子商务综合试验区	2019 年 12 月 24 日	第四批
		中国（西宁）跨境电子商务综合试验区	2020 年 4 月 27 日	第五批
宁夏回族自治区	1	中国（银川）跨境电子商务综合试验区	2019 年 12 月 24 日	第四批
新疆维吾尔自治区	4	中国（乌鲁木齐）跨境电子商务综合试验区	2020 年 4 月 27 日	第五批
		中国（喀什）跨境电子商务综合试验区	2022 年 1 月 22 日	第六批
		中国（阿拉山口）跨境电子商务综合试验区		
		中国（伊犁哈萨克）跨境电子商务综合试验区	2022 年 11 月 14 日	第七批
西藏自治区	1	中国（拉萨）跨境电子商务综合试验区	2022 年 11 月 14 日	第七批
合计	165			

商务部、海关总署、税务总局等部门出台了一系列支持跨境电商综合试验区发展的政策措施，最具含金量的主要有以下四个方面：

（一）无票免税

跨境电商零售出口“无票免税”政策。即对跨境电子商务综合试验区内的跨境电子商务零售出口企业未取得有效进货凭证的货物，凡符合规定条件的，出口免征增值税和消费税。

（二）所得税核定征收

跨境电商零售出口企业所得税核定征收政策。综试区内符合一定条件的出口企业试行核定征收企业所得税办法，采用应税所得率方式核定征收企业所得税，应税所得率统一按照 4% 确定。符合小型微利企业优惠政策条件的，可享受小型微利企业所得税优惠政策；其取得的收入属于《中华人民共和国企业所得税法》第二十六条规定的免税收入的，可享受免税收入优惠政策。

（三）通关便利化

通关便利化政策。跨境电商综试区内符合条件的跨境电子商务零售商品出口，海关通过采用“清单核放，汇总申报”的便利措施进行监管验放，提高企业通关效率、降低通关成本。

（四）放宽进口监管

放宽进口监管条件。对跨境电商零售进口商品不执行首次进口许可批件、注册或备案要求，按个人自用进境物品监管。

操作示范

［任务 1］跨境电子商务（Cross-border Electronic Commerce），简称跨境电商，是指分属于不同关境的交易主体以国际互联网为手段，通过营销型平台、社会化平台及其他营销方式达成交易，进行跨境支付结算，并通过跨境物流送达商品、完成交易的一种国际商业活动。

［任务 2］发展跨境电商对我国经济发展的意义有：（1）打造新的经济增长点；（2）提升我国对外开放水平；（3）提升国内消费者福利水平。

［任务 3］跨境品牌创建成为新的盈利模式；跨境电商 B2B 和 B2C 融合发展；促进外贸企业向小单、多生产模式转型；促进外贸企业向品牌和产品创新转型。

实训演练

1. 通过中国电子商务研究中心、商务部、学习强国等网络平台，搜寻有关传统外贸公司成功转型跨境电商企业的案例，了解其发展历程和现状。

2. 通过海关总署等网络平台，查询近 5 年中国跨境电商的进出口数据，填写表 1–3 并制作成柱形图或者折线图。

表 1–3 近 5 年中国跨境电商进出口数据一览表

年份	跨境电商进口金额	跨境电商出口金额

单元二　跨境电商参与主体和分类

任务导入

2022 年最新全球十大跨境电商平台

1.TikTok– tiktok.com（**流量渠道 +C 端电商平台**）

TikTok 是 2022 年世界上访问量最大的互联网网站，也是中国电商出海最成功的案例之一。TikTok 不仅可以用作 B2C 跨境电商面向个人消费者的直接付款，也可以结合 FOBGOODS 平台做企业宣传，做 B2B 外贸平台的引流转化。

2.Amazon– amazon.com（B2C **电商平台**）

Amazon 是美国最大的一家网络电子商务公司，位于华盛顿州的西雅图，是网络上最早开始经营电子商务的公司之一，成立于 1994 年，目前已成为全球商品品种最多的网上零售商和全球第二大互联网企业。

3.Alibaba– alibaba.com（B2B **电商平台**）

目前国际最大的跨境电商 B2B 平台网站，成立于 1999 年，是阿里巴巴集团第一个业务板块，业务覆盖 200 多个国家（地区），有着 RFQ 商机匹配、担保交易、外贸收汇等服务，商家构成来自全球，形成买全球、卖全球的布局。

4.FOBGOODS– fobgoods.com（B2B **商务平台**）

FOBGOODS 是一个增长强劲的 B2B 商务信息展示平台，由于低入驻门槛，受到了非常多商家的青睐，被多家媒体誉为增长强劲的全球 B2B 商务信息展示平台。

5.Shopee– shopee.com（**东南亚** B2C **电商平台**）

Shopee 是东南亚电商平台，Shopee 的母公司 sea 是东南亚最大的互联网公司，为中国卖家提供流量、孵化、物流、支付、语言等一站式跨境解决方案。

6. **全球速卖通** – aliexpress.com（B2C **快消品电商平台**）

全球速卖通帮助中小企业联系终端批发的零售商，小批量和多批快速销售，全面打造集订单、支付、物流为一体的外贸在线交易平台。于 2010 年 4 月上线，被广大卖家称为“国际版淘宝”。

7. 中国制造网 – Made-in-china.com（B2B 电商平台）

中国制造网成立于 1998 年，总部位于南京，是比较老牌的外贸跨境 B2B 平台之一，提供信息交流与贸易交易平台，为用户和商家创造商机，主要特色行业为机械类。

8.eBay– ebay.com（B2C 美国电商平台）

eBay1995 年 9 月成立于美国加州圣荷西，是一个在线拍卖和购物网站，管理商品的在线购买，主要市场在美国、欧洲等发达国家。

9.Shopify– shopify.com（B2C 独立站）

Shopify 是一站式 SaaS 电商服务平台，为电商卖家提供搭建网店的技术和模板，管理全渠道的营销、售卖、支付、物流等服务。

10. 环球资源网 – globalsources.com（B2B 跨境贸易平台）

环球资源网是深度行业化的专业 B2B 外贸平台，是传统外贸行业非常有知名度的网站。

[任务 1] 什么是 B2B？

[任务 2] 什么是 B2C？

[任务 3] 你还知道哪些跨境电商的类型?

知识精讲

一、跨境电商的参与主体

跨境电商的
参与主体

跨境电商是一种非常复杂的商务活动，其交易环节除了有电商企业、支付平台、消费者参与外，还会涉及跨境物流、人民币结汇以及海关等政府部门。跨境电商的参与主体主要有以下几类。

（一）自建网站或通过第三方平台进行跨境电商经营的企业

指的是跨境电商的卖方。跨境电商的卖方可以分为以下 4 种类型：新创业的中小微企业；拟涉足线上业务的传统外贸企业；以内贸为主的传统制造企业；拟向跨境业务发展的国内电子商务企业。

（二）跨境电商第三方平台

跨境电商第三方平台是指为买卖双方提供跨境在线交易的平台，现在比较流行的跨境电商平台有全球速卖通、亚马逊、Wish、eBay、敦煌网、阿里巴巴国际站、中国制造网等。

（三）跨境电商第三方服务企业

第三方服务企业包括信息服务、物流服务、金融支持等。信息服务类企业是指以阿里巴巴一达通为代表的外贸业务综合服务平台和四海方舟等代运营服务商；物流服务类企业指出口易、递四方等物流服务整合商和中国邮政、DHL 等物流公司；金融支持类企业指派安盈等第三方支付机构、保险企业和银行。

（四）跨境电商的购买方

跨境电商的购买方，分为企业购买方和消费者个人购买方。

（五）监管方

跨境电商的监管方主要指的是海关。海关总署对跨境电商企业的监管包括企业注册登记管理、通关管理、税收征管、物流监控、退货管理以及其他后续事项。在海关登记注册的电子商务企业、电子商务交易平台企业、支付企业、物流企业等均应当接受海关总署的监管。

时事链接

山东：大力发展跨境电商 培育外贸新的增长点

党的二十大报告指出，要推动货物贸易优化升级，创新服务贸易发展机制。山东大力发展跨境电商，壮大外贸新业态，培育外贸新的增长点。

新础科技是济南一家生产激光设备的外贸企业，今年以来，企业多次尝试开展跨境电商业务，然而网上的订单量却一直不理想。济南新础科技有限公司贸易部部长孙冬说："我们尝试把产品放到亚马逊和 eBay 平台上面销售，但是在运营、网页设计、支付结算、仓储物流等方面都不够熟悉，缺乏专业人才，也没有面向终端客户的自主跨境电商品牌，销量一直上不去。"

了解到企业的困难，当地政府牵线搭桥，帮助企业入驻由济南综保区和济南自贸片区打造的跨境电商产业园，在这里，园区可以提供人才培训、运营、物流配送、金融等一站式服务。山东跨境电商产业园运营方负责人、星耀亿丰集团董事长曾振华说："新础科技的产品普遍化、同质化严重，我们协助它把国际品牌注册起来，做出个性化的一个定制，更符合目标客群的需求，找到园区里的一些物流服务商，把产品更快配送到买家手上。"入驻跨境电商产业园短短 3 个月，新础科技公司的跨境电商出口额超过 1000 万元，产品出口欧美、东南亚等 20 多个等国家。目前，园区已经入驻 40 多家企业，眼下正在加快建设选品中心，助力更多山东企业、山东品牌扬帆出海。山东自贸试验区济南片区管委会副主任、济南综合保税区管委会副主任郭凯："我们发挥济南家电、机电等产业带优势，整合周边食品、农产品、日用品等好品，选品中心覆盖产品品类将超过 1000 万种，通过大数据分析筛选热销产品，不断完善报关、物流、海外仓等全生命周期的外贸综合服务体系，打造百亿级跨境电商产业园。”

跨境电商不仅让企业更好地“卖全球”，也为消费者“买全球”提供了便利。近日，威海韩乐坊保税直购体验中心开业，展销食品、化妆品、日用品等2000多种商品，这些商品都是威海综合保税区通过跨境电商进口的。威海综保跨境电子商务产业园有限公司总经理宋鲁荣说：“借助综保区的优惠政策，放到了威海市中心，进行出区保税展示交易，消费者在家门口就可以直接体验，线上下单之后，当天快速配送给消费者。年底之前我们计划开3家这样的店，明年一年的销售额可以达到4000万元以上。”今年以来，山东实施“跨境电商跃升计划”，培育认定15家省级跨境电商平台、20家跨境电商产业园和50家公共海外仓，跨境电商生态圈不断完善，有力支撑了全省外贸增长。山东省商务厅外贸处副处长刘斐斐说：“我们将按照党的二十大报告中‘发展数字贸易，加快建设贸易强国’的部署要求，引导企业推进贸易各环节‘上线触网’，借助跨境电商增强品牌培育能力，实现产业集聚、数字化赋能、品牌出海，打造贸易高质量发展新格局。”

二、跨境电商的分类

跨境电商的分类

（一）按照跨境电商的交易主体类型划分

按照跨境电商的交易主体类型划分，跨境电商可分为B2B、B2C、C2C、M2C、O2O。

1.B2B

B2B是Business to Business的缩写，即商业对商业，是企业与企业之间通过互联网进行产品、服务及信息的交换。通俗的说法是指进行电子商务交易的供需双方都是企业，它们使用互联网技术或各种商务网络平台，完成商务交易的过程。这些过程包括发布供求信息，订货及确认订货，支付及票据的签发、传送和接收，确定配送方案并监控配送过程等。

跨境电商B2B与传统外贸的区别主要有两点：一是相对于传统外贸“集装箱”式的大额贸易，跨境电商B2B是小批量、多批次、快速发货；二是跨境电商能够满足中小进口商将大额采购分割为中小额采购、将长期采购变为短期采购以分散风险的需求。

据中国电子商务研究中心的监测数据，2021年中国跨境电商的交易模式中B2B交易占比达77%，占有绝对优势。目前出口B2B在线采购已逐步成为全球采购的主流趋势，对贸易经济带动面较大。

2.B2C

B2C是Business to Customer的缩写，也就是通常所说的商业零售，企业直接面对消费者个人开展在线销售产品和服务。B2C 类跨境电商企业所面对的最终客户是个人消费者，针对最终客户以网上零售的方式，将产品售卖给个人消费者。

B2C 即企业通过互联网为消费者提供一个新型的购物环境——网上商店，消费者通过网络在网上购物、在网上支付。B2C 类跨境电商市场正在逐渐发展，所占我国跨境电商市场交易额的比重不断增加，未来将迎来大规模增长。

3.C2C

C2C 是 Customer to Customer 的缩写，即个人对个人，是个人卖方对个人买方开展在线销售产品和服务。即由个人卖方通过第三方电商平台发布产品和服务售卖、产品信息、价格等内容，个人买方进行筛选，最终通过电商平台达成交易、进行支付结算，并通过物流送达商品以完成交易。C2C 商业模式作为初期的电子商务模式，本意是指消费者将商品卖给消费者，开始只是作为闲置物品的处理方式。现在无论是 eBay 还是淘宝，基本都不是由消费者来开店，都是专业卖家在经营店铺。

4.M2C

M2C 是 Manufacturer to Customer 的缩写，即生产厂家对消费者，是生产厂家直接对消费者以电子商务的形式提供自己生产的产品或服务的一种商业模式。特点是流通环节减少至一对一，销售成本降低，从而保障了产品品质和售后服务质量。

5.O2O

O2O 是 Online to Offline 的缩写，即线上线下商务模式，是指线下的商务机构与互联网结合，让互联网成为线下交易的前台，线上营销和线上购买带动线下经营和线下消费。O2O 通过打折、提供信息、预订服务等方式，将线下商店的消息推送给互联网用户，从而将他们转换为自己的线下客户。O2O 的概念非常广泛，只要产业链中既涉及线上，又涉及线下，就可以通称为 O2O。

（二）按照平台运营方划分

按照平台运营方划分，跨境电商可分为自营型平台和第三方开放平台。

1. 自营型平台

自营型平台电商通过在线上搭建平台，平台方整合供应商资源，以较低的进价采购商品，然后以较高的价格出售商品，自营型平台主要以赚取商品差价作为盈利模式。自营型电商不仅开发和运营电子商务网站，而且自己负责商品的采购、销售、客服与物流，同时对买家负责。代表企业有兰亭集势、米兰网、大龙网、炽昂科技等。

2. 第三方开放平台

第三方开放平台电商通过线上搭建商城，并整合物流、支付、运营等服务资源吸引商家入驻，为其提供跨境电商交易服务。第三方开放平台型电商不亲自参与商品的购买与销售，只负责提供商品交易的媒介或场所。平台以收取商家佣金以及增值服务佣金作为主要盈利模式。代表企业有全球速卖通、敦煌网、环球资源网、阿里巴巴国际站。

（三）按照商品流动方向划分

按照商品流动方向划分，跨境电商可分为跨境进口和跨境出口。

1. 跨境进口

境外卖家将商品直销给境内买家，一般是境内消费者访问境外商家的购物网站选择商品，然后下单，由境外的卖家发国际快递给国内消费者。目前主要有两种模式——保税模式和直邮模式，这两种模式都以个人物品入境申报，缴纳行邮税。跨境进口电商的代表性企业有天猫国际、京东全球购、洋码头、小红书等。

2. 跨境出口

境内卖家将商品直销给境外买家，一般是境外买家访问境内商家的网店，然后下单购买，并完成支付，由境内的卖家发国际物流至境外买家。跨境出口电商代表型企业有亚马逊海外购、eBay、全球速卖通、环球资源网、大龙网、中国制造网、敦煌网等。

知识拓展

一文读懂跨境电商进口各参与主体的责任

2018 年底，商务部等六部委发布的《关于完善跨境电子商务零售进口监管有关工作的通知》（商财发〔2018〕486 号，以下简称“486 号通知”）规定，跨境电商零售进口主要包括以下参与主体：

（1）跨境电商零售进口经营者（简称跨境电商企业）；

（2）跨境电商第三方平台经营者（简称跨境电商平台）；

（3）境内服务商；

（4）消费者。

“486 号通知”及后续发布的海关总署《关于跨境电子商务零售进出口商品有关监管事宜的公告》（海关总署公告 2018 年第 194 号，以下简称“194 号公告”），明确了各个参与主体的责任和义务。

何为“跨境电商”？

所谓“电商”，当然要求交易通过电子商务平台达成；此处的“境”，指的是关境而非国境，因此港澳台地区属于境外。

商品的跨境。跨境电商进口，商品一定是从境外到了境内。如果商品没有发生境外到境内物理位置的转移，就不算跨境，把一个东西从广州卖到哈尔滨，卖家和买家是中国人还是外国人，都不影响这个交易的性质，只是国内贸易。

主体的跨境。对于跨境电商是否主体也必须跨境，之前存在不同的看法。有观点认为这不是跨境电商的必要条件，比如中国消费者甲在跨境电商网站上向一家中国公司乙下单购买商品，乙公司通过其境外的代理公司或者海外仓，将商品从境外直接快递给消费者，也属于跨境电商。这也是“486号通知”发布之前，众多跨境电商企业的运营模式。

但依据“486号通知”精神，可以看出立法者认为，主体跨境也是跨境电商零售进口的必要条件。海关中的跨境电商进口，必须是分属不同关境的交易主体，通过电子商务平台达成交易。

交易中的“买方”——消费者，应当是境内的购买人，而交易的“卖方”，也就是跨境电商企业，必须为境外注册企业。

又因跨境电商企业位于境外，无论是政府部门的监管、追责，还是出现民事纠纷之后消费者的维权，成本都过高或无法解决。为了解决这一难题，“486号通知”要求，跨境电商企业应委托一家在境内办理工商登记的企业，由其在海关办理注册登记，承担如实申报责任，依法接受相关部门监管，并承担民事连带责任。这家企业就是跨境电商企业的境内代理人。

在跨境电商进口中，跨境电商平台及支付、物流企业分别向监管部门实时传输施加电子签名的跨境电商零售进口交易、支付、物流电子信息。为了实现“三单”信息的联网传输，保证对这些主体的有效监管及信息的真实性，跨境电商平台、支付企业、物流企业，也必须为境内注册公司。

境外的跨境电商企业入驻境内的跨境电商平台，成为平台上的商家（卖方）。境内消费者（买方）通过跨境电商平台向跨境电商企业订购商品，支付货款。

理清了上述关系，相关规范性文件中，关于跨境电商各参与主体的责任的规定就明晰了。

图1-1为跨境电商零售进口的流程图。

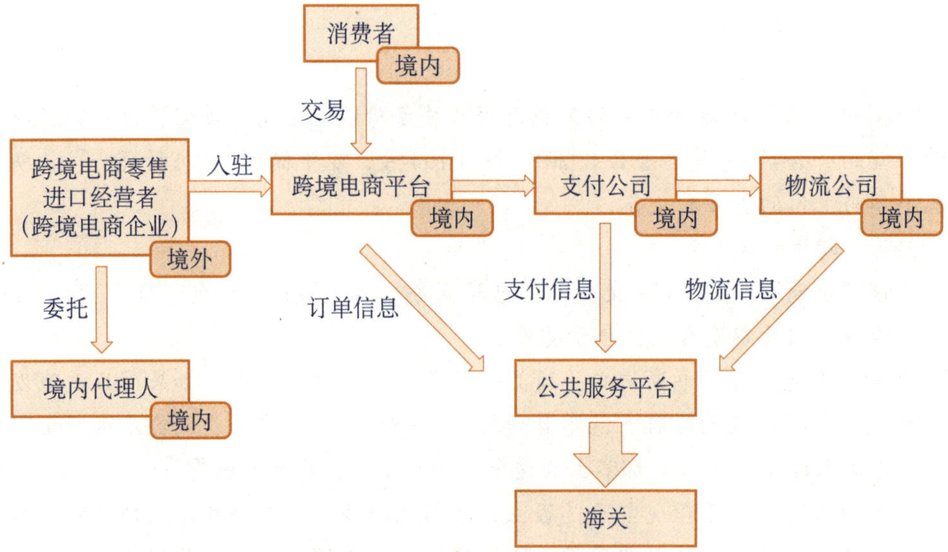

图1-1 跨境电商零售进口的流程图

1. 跨境电商企业

跨境电商企业就是交易的卖方，为境外注册的公司，在交易完成之前，商品的货权归其所有，其承担的是民法中卖方的责任。

跨境电商企业责任的核心是商品质量安全和消费者权益保障。具体包括提供商品退换货服务、建立不合格或缺陷商品召回制度、对商品质量侵害消费者权益的赔付责任、发现相关商品存在质量安全风险时召回已销售商品的责任、履行对消费者的提醒告知义务等。

2. 跨境电商企业的境内代理人

境内代理人实质上便是代理作为境外注册企业的跨境电商企业，在经营跨境电商业务时，对境内监管机构及消费者履行相应合规义务，并作为境内实体向境内消费者承担相应的民事法律责任。

3. 跨境电商平台

跨境电商平台系为交易双方（消费者和跨境电商企业）提供网络空间、虚拟经营场所、交易规则、交易撮合、信息发布等服务，设立供交易双方独立开展交易活动的信息网络系统的经营者。

从图 1-1 可以看出，跨境电商平台是整个交易的中心环节，连接了跨境电商企业、消费者与海关，交易订单也是在平台上生成的。

地位和能力提升了，被赋予的责任也相应变大了。在跨境电商中，平台首先应承担《中华人民共和国电子商务法》《中华人民共和国消费者权益保护法》规定的诸如建立平台内交易规则、先行赔偿等责任。除此之外，平台还多了防止他人利用跨境电商方式实施走私或违规行为的义务，应承担审核交易信息的真实性，建立防止虚假交易及二次销售的风控体系等责任。

4. 其他境内服务商

如支付企业、物流企业、报关企业，应在境内办理工商登记，接受跨境电商企业委托，为其提供申报、支付、物流、仓储等服务，应具有相应运营资质。向海关传输电子信息、申报清单时，应承担如实申报的责任。

5. 消费者

作为交易的买方，为跨境电商零售进口商品税款的纳税义务人。当然在商品进口时，不需要消费者每次买东西都跑去海关缴税，而是由跨境电商平台、物流企业或报关企业代扣代缴。

因跨境电商商品具有特殊性，比如商品标准或技术规范可能与我国标准存在差异，直接购自境外，可能无中文标签，消费者在购买前应当认真、详细阅读电商网站上的风险告知书内容，结合自身风险承担能力做出判断，同意告知书内容后方可下单购买，自行承担相关风险。

对于已购买的跨境电商零售进口商品，限于个人自用，不得再次销售。

操作示范

［任务 1］B2B 是 Business to Business 的缩写，即商业对商业，是企业与企业之间通过互联网进行产品、服务及信息的交换。通俗的说法是指进行电子商务交易的供需双方都是企业，它们使用互联网技术或各种商务网络平台，完成商务交易的过程。这些过程包括发布供求信息，订货及确认订货，支付及票据的签发、传送和接收，确定配送方案并监控配送过程等。

［任务 2］B2C 是 Business to Customer 的缩写，也就是通常所说的商业零售，企业直接面对消费者个人开展在线销售产品和服务。B2C 类跨境电商企业所面对的最终客户是个人消费者，针对最终客户以网上零售的方式，将产品售卖给个人消费者。B2C 即企业通过互联网为消费者提供一个新型的购物环境——网上商店，消费者通过网络在网上购物、在网上支付。B2C 类跨境电商市场正在逐渐发展，占我国跨境电商市场交易额的比重不断增加，未来将迎来大规模增长。

［任务 3］M2C（生产厂家对消费者模式）和 O2O（线上线下商务模式）。

实训演练

通过网络搜索 B2B、B2C、M2C、O2O 四种电子商务模式在实际中的运营案例，填在表 1–4 中。

表 1–4　跨境电商企业案例分析

业务模式	企业名称 / 电商平台	发展历程及现状
B2B		
B2C		
M2C		
O2O		

单元三 跨境电商岗位分析

任务导入

E 青春 2.0 发布 3 年行动计划 培养上万名跨境电商专业人才

自 2018 年 12 月启动以来，eBay“E 青春”跨境电商人才培养项目现已落地全国 50 多个城市，超过 140 所高等院校，培养了超过一万名学生，给蓬勃发展的跨境电商行业及时输送了大量实践与理论知识兼备的专业人才。

E 青春 2.0 将充分融入全国电商行指委的资源优势，全面升级当前的人才培养体系，将推出伙伴计划、金课计划、名师计划以及繁星计划等人才培养矩阵，从搭建课程体系、实训基地到人才认证、人才激励基金，全方位赋能跨境人才培养。

eBay 设立“eBay 总裁奖学金”，每年评选一次，根据理论学习成绩及其实操表现，选出品学兼优的 E 青春学员，并为其颁发奖学金，并邀请获奖学员访问上海，与 eBay 团队开展交流，参观成功的 eBay 卖家企业，以激励更多学生投身跨境电商，在跨境电商领域大展宏图。

[任务 1] 跨境电商岗位有哪些？

[任务 2] 如果你将来入职跨境电商平台运营专员，你的岗位职责是什么？

[任务 3] 跨境电商从业人员应具备哪些基本技能？

知识精讲

一、我国跨境电商人才需求现状

随着跨境电商的快速发展，各地人才市场需求信息显示跨境电子商务专业人才存在很大的缺口，无法满足跨境电子商务企业的用人需求。

跨境电商行业需要掌握包括供应链管理、国际物流、数据分析和市场营销等跨专业交叉知识的人才。亚马逊全球开店亚太区卖家教育负责人指出，“招人难、留人也难”，人才缺乏和人才储备几乎是所有跨境电商企业遇到的难题，且跨境电商高速发展下的人才缺口正在持续扩大。

目前，跨境电商已进入精细化运营时代，行业对补齐专业、复合型人才缺口的需求更为迫切。破解人才匮乏困境，做好人才培养和储备，关乎跨境电商的高质量发展。

二、跨境电商的岗位及职责

跨境电商岗位主要有：跨境电商平台运营专员，跨境电商海外营销专员，选品采购、质检、认证专员，物流运输、库存、供应链管理专员，平面设计、摄影、视觉营销专员等。

（一）跨境电商平台运营专员岗位职责

（1）管理与维护跨境电商账号，负责产品推广、发布、上架、信息更新，优化关键词；

（2）负责市场调查分析及竞争对手状况，制定推广计划；

（3）解决各种客户问题，包括咨询、售后、处理投诉等，预防可能出现的争议，妥善解决各种已出现的争议，最大限度地维护公司利益；

（4）根据销售计划，与团队协作完成销售任务；

（5）负责安排上传产品，将产品发布到店铺网站；

（6）处理客户订单并跟踪订单进展状况，确保订单的按时完成；

（7）完善店铺各自政策与制度，保持店铺的好评率和良好的信用度。

（二）跨境电商海外营销专员岗位职责

（1）负责公司跨境电商营销软件产品的海外市场营销推广，根据公司的销售战略，制定跨境电商店铺产品营销推广计划；

（2）根据不同市场和不同渠道的特点，制定相应的营销推广策略，对推广的产品具备有效的判断，及时跟进推广效果，并对推广效果进行评估和完善；

（3）侧重 Google 和 Bing 类海外主流搜索引擎的付费推广和广告优化，通过国外视频、博客、论坛、社交、朋友圈、搜索引擎等进行 Listing 的推广营销；

（4）从营销角度参与公司主推产品，并将其打造成爆款，提高销量与品牌形象；

（5）关注和查看推广产品在跨境电商平台的销量及排名情况，并及时做出相应的调整；

（6）有丰富的跨境电商运营经验，能协助制定跨境电商平台的整体运营策略、推广策略，提高店铺点击率、浏览量和转化率。

（三）选品采购、质检、认证专员岗位职责

（1）精通采购流程，采购谈判技巧，调查、分析和评估目标市场，确定需求和采购

时机；

（2）配合产品团队需求，完成产品的询价、采购及物流等相关工作；

（3）结合产品规划和开发需求，分析评估相关国家最新认证标准和要求，确保产品符合目标国的法律法规；

（4）检查供应商或第三方提供认证的合规性和有效性，确保拟出口产品认证齐全且合法合规；

（5）根据需求组织落实产品测试、认证的收集或申请及进度管理等相关事务；

（6）负责公司采购订单的质量检测，对国外退货和投诉进行分析及产品检测。

（四）物流运输、库存、供应链管理专员岗位职责

（1）来货核对数量、质检、上架；

（2）定期对在库物料进行盘点，提供盘点数据，编制盘点报表；

（3）协调仓储部同事根据配送计划完成装箱打包工作；

（4）物流供应商订舱、派车安排确保货物顺利发出；

（5）根据配送计划制作出口报关文件和进口报关文件；

（6）物流在途跟踪，海外仓到货预报，运输异常处理；

（7）物流费用核对及申请支付；

（8）对影响库存的各个环节（销售出库、过账及时性、库存调整等）进行监控。

（五）平面设计、摄影、视觉营销专员岗位职责

（1）负责按照公司要求及品牌发展，对公司电商、产品品牌等设计类项目的策划、创意设计等；

（2）负责公司品牌及产品相关平面设计及优化等工作，包括品牌标志、物料、海报、手册、包装等设计；

（3）负责公司电子商务网站、亚马逊等店铺设计及美工等工作；

（4）有较强的审美，最好能有独立开发设计思维，有较强的创意观点、色彩感和表达能力突出；

（5）负责组织产品视频、创意营销视频的拍摄、后期制作和发布工作，负责布置直播间和组织直播活动；

（6）负责组织产品图片拍摄与后期制作。

三、跨境电商从业人员应具备的基本技能

（一）传统外贸的专业技能

第一，要掌握国际贸易专业基本理论知识和基本技能，通晓我国外贸政策和理论、国际外贸规则与惯例、进出口交易程序与合同条款、国际承包和劳务合作等。第二，由

于国际贸易的交易双方处在不同的国家和地区，各国的政治制度、法律体系不同，文化背景互有差异，价值观念也有所不同，因此要求从业人员熟悉国际贸易法则，通晓国际经济金融、政治法律、社会文化等情况。第三，要求具有进行国际商务谈判、草拟和翻译国际商务函电、起草和签订国际贸易合同的能力，熟练掌握和运用国际贸易惯例、国际贸易法律，具有处理国际贸易纠纷的能力及一定的企业经营管理能力。

（二）对于产品采购与供应链的理解能力

无论是传统外贸还是跨境电子商务，都应该有优质且具有特色的产品。作为跨境电商运营岗位人员，应当充分熟悉、理解自己的产品。只有对产品有充分的理解，才能顺利销售产品，实现跨境电商业务的顺利运作。对于供应链的理解也可以在后期的运营中更多体现自己的核心竞争力。

（三）熟悉跨境电子商务平台的规则

对于跨境贸易整个流程应该有透彻的理解，中小型的跨境电子商务创业团队的成员，对业务的参与往往是一兼多职的，不仅仅是在线跟客户沟通，也需要兼顾平台运营。首先就应该熟悉运用跨境电子商务平台的规章制度，熟悉平台后才可以顺应平台发展。其次是熟悉跨境电子商务的整套流程，包括采购、仓储、物流、清关、认证和支付等。

（四）具备较强的外语能力

即能够利用外语及时有效地与外商进行沟通，包括书面交流（函电）和口头表达（口语、谈判）能力。如果要精细化地做好跨境电子商务运营，外语能力是非常重要的，不仅体现在详细的页面描述上、跟客户沟通上，还体现在与客户存在消费纠纷时，有语言优势的客户服务，更能解决客户的问题。

（五）了解目的消费国的市场情况

准确把握消费国的消费水平、目标人群、畅销产品、电商使用程度和跨境电商平台浸透程度，熟悉各消费国集中促销时间，并能通过各种数据分析手段抓准销售机会。只有了解不同国家人们的喜好和需求，才能针对不同国家进行选品，设置产品详情页，并推出相应的营销策略。只有熟悉消费国的风土人情和商务礼仪，才能更好地跟客户沟通，最终促进销售业绩的增长。

（六）跨境网站的推广营销能力

跨境网站的推广营销能力是一个跨境电子商务网站成功的核心点。跨境平台的推广包括以下几点。第一，熟悉利用外贸直通车等 P4P 推广手段。第二，利用限时限量、全店打折、满立减等平台活动。第三，懂得通过客户数据分析，对于客户进行有效果的持续开发。第四，准确利用联盟营销进行引流。第五，注重社交媒体营销。第六，灵活运用主流搜索引擎推广。第七，好的跨境电子商务运营者还会运用自己的资源策划一些类似事件营销的广告推广，更精深的运营推广包括视频营销、外媒广告等。

行业观察

跨境电商人才培养首次有了标准

2022 年 11 月 19 日—20 日，全国首届跨境电子商务教育与电子商务发展论坛在浙江外国语学院举行。会上，“跨境电子商务专业人才培养标准（建议版）”（以下简称“标准”）首次发布。

标准构建了“6+X”核心课程体系，主要包括跨境电子商务基础、跨境电子商务管理、跨境电子商务数字技术及综合类课程四大知识领域共13个知识模块。另外，“标准”也对培养目标、课程体系总体框架、教学基本规范、质量保障体系等内容做了详细阐述。

操作示范

［任务 1］跨境电商岗位主要有跨境电商平台运营专员，跨境电商海外营销专员，选品采购、质检、认证专员，物流运输、库存、供应链管理专员，平面设计、摄影、视觉营销专员。

［任务 2］跨境电商平台运营专员的岗位职责是：

1. 管理与维护跨境电商账号，负责产品推广、发布、上架、信息更新，优化关键词；

2. 负责市场调查分析及竞争对手状况，制定推广计划；

3. 解决各种客户问题，包括咨询、售后、处理投诉等，预防可能出现的争议，妥善解决各种已出现的争议，最大限度地维护公司利益；

4. 根据销售计划，与团队协作完成销售任务；

5. 负责安排上传产品，将产品发布到店铺网站；

6. 处理客户订单并跟踪订单进展状况，确保订单的按时完成；

7. 完善店铺各自政策与制度，保持店铺的好评率和良好的信用度。

［任务 3］跨境电商从业人员应具备以下基本技能：

传统外贸的专业技能；对于产品采购与供应链的理解能力；熟悉跨境电子商务平台的规则；具备较强的外语能力；了解目的消费国的市场情况；跨境网站的推广营销能力。

实训演练

1. 利用网络调研，搜索智联招聘等对于跨境电商相关岗位的招聘信息，归纳总结企业招聘所涉及的岗位、岗位职责、任职条件等信息，用表格的方式进行展示。

2. 如果你将来从事跨境电商相关岗位的工作，请问现在应该从哪些职业能力和职业素养方面着手进行准备，以便能在企业招聘过程中脱颖而出？

项目练习

一、单项选择题

1. 跨境电子商务是指为分属不同________的交易主体以________为手段，通过营销型平台、社会化平台及其他营销方式完成交易，并进行跨境支付与货物运输等进出口贸易的商业活动，以及通过一个或多个贸易环节衍生的相关服务。(　　)

A. 关境；国际互联网　　B. 国境；国际互联网

C. 关境；电子技术　　D. 国境；电子技术

2. 跨境电商具有(　　)六大特点。

A. 全球性、简便性、匿名性、即时性、多样性和风险性

B. 全球性、无形性、简便性、即时性、多样性和风险性

C. 全球性、无形性、匿名性、简便性、多样性和风险性

D. 全球性、无形性、匿名性、即时性、多样性和风险性

3. 下列关于跨境电商全球性特点的说法正确的是(　　)。

A. 互联网商家不需要考虑国界就可以把产品尤其是高附加值产品和服务提供给市场

B. 各国商品质量安全评定的标准不统一，容易寻找漏洞

C. 在线交易的消费者往往不显示自己的真实身份和地理位置

D. 跨境电商为企业和消费者提供了平台

4. 以下哪一项不属于跨境电商在国际贸易中的优势？(　　)

A. 降低国际贸易成本

B. 提高交易效率

C. 可以销售国内无法销售的假冒伪劣产品

D. 全天候业务运作，提高客户满意度

5. 由于信息技术的快速发展，（　　）的外贸订单需求正逐渐扩大，为促进外贸稳定和便利化注入了新的动力。

A. 多批次、大批量　　　B. 多批次、小批量

C. 少批次、小批量　　　D. 少批次、大批量

6. 目前，跨境电商的发展，使得（　　）产品和服务的竞争优势更加凸显。

A. 资本和技术密集型　　　B. 劳动和技术密集型

C. 知识和技术密集型　　　D. 资本和劳动密集型

7. 按照交易主体类型划分，跨境电子商务可分为（　　）。

A.B2B、B2C、C2C、M2C、D2D

B.B2B、B2C、C2C、D2D、O2O

C.B2B、B2C、D2D、M2C、O2O

D.B2B、B2C、C2C、M2C、O2O

8.B2B（Business to Business）即（　　），是企业对企业的一种电子商务模式，即企业与企业之间通过互联网进行产品、服务及信息的交换。

A. 商业对商业　　　B. 商业对消费者

C. 消费者对商业　　　D. 厂家对消费者

9.B2C 是 Business to Customer 的缩写，即（　　），也就是通常所说的商业零售，企业直接面对消费者个人开展在线销售产品和服务。

A. 商业对商业　　　B. 商业对消费者

C. 消费者对商业　　　D. 厂家对消费者

10.M2C 是 Manufacturer to Customer 的缩写，即（　　）。

A. 商业对商业　　　B. 商业对消费者

C. 消费者对商业　　　D. 厂家对消费者

11. 我国（　　）年批准设立跨境电商综合试验区。

A.2015　　　B.2016　　　C.2018　　　D.2022

12. 山东省（　　）第一个被批准设立跨境电商综合试验区。

A. 青岛市　　　B. 济南市　　　C. 威海市　　　D. 潍坊市

二、多项选择题

1. 关于跨境电商的六大特点表述正确的是（　　）。

A. 全球性　　　B. 简便性　　　C. 匿名性

D. 即时性　　　E. 多样性

2. 按照平台运营方划分，跨境电商平台可分为（　　）。

A. 自营型平台　　　B. 第三方开放平台　　　C. 跨境进口平台

D. 跨境出口平台　　　E. 信息服务平台

3. 按照商品流动方向划分，跨境电商平台可分为（　　）。

A. 自营型平台　　B. 第三方开放平台　　C. 跨境进口平台
D. 跨境出口平台　　E. 信息服务平台

4. 按照交易主体类型划分，跨境电子商务可分为（　　）。
A.B2B　　B.B2C　　C.C2C
D. 跨境进口　　E. 跨境出口

5. 跨境电子商务参与主体包括（　　）。
A. 跨境电商零售进口经营者
B. 跨境电商第三方平台经营者
C. 境内服务商
D. 消费者
E. 监管方

6. 跨境电商与国内电商的区别是（　　）。
A. 适用规则差异　　B. 竞争程度差异　　C. 交易风险差异
D. 业务环节的差异　　E. 交易主体差异

7. 截至2022年底，下列属于我国设立的跨境电子商务综合试验区的有（　　）。
A. 济南　　B. 绵阳　　C. 汶川
D. 北京　　E. 杭州

8. 跨境电商综合试验区享有（　　）。
A. 出口无票免税　　B. 所得税核定征收　　C. 通关便利化
D. 放宽进口监管　　E. 进口无须缴纳关税

9. 跨境电商相关岗位主要有（　　）。
A. 跨境电商平台运营专员
B. 跨境电商平台运营助理
C. 选品采购运营专员
D. 跨境电商推广专员
E. 跨境电商摄影师

10. 下列（　　）属于跨境电商海外营销专员的岗位职责。
A. 负责公司跨境电商营销软件产品的海外市场营销推广
B. 负责公司采购订单的质量检测，对国外退货和投诉进行分析及产品检测
C. 侧重Google和Bing类海外主流搜索引擎的付费推广和广告优化，通过国外视频、博客、论坛、社交、朋友圈、搜索引擎等进行Listing的推广营销
D. 从营销角度参与公司主推产品，并将其打造成爆款，提高销量与品牌形象
E. 负责公司电子商务网站、亚马逊等店铺设计及美工等工作

三、判断题

1. 跨境电商的雏形源于海淘、个人代购等模式。（　　）

2. 跨境电商是全球化的产物，是在世界范围内配置资源的重要工具，必将提升我国全

方位对外开放水平。 （ ）

3. 跨境电商以电子技术和物流为手段，以商务为核心，把原来传统的销售、购物渠道转移到互联网上，打破了国家（地区）与国家（地区）间的壁垒。 （ ）

4. 跨境电商减慢了各国企业的全球化运营进程，有助于树立全球化的品牌定位，形成更加虚拟化的销售网络，大大提高生产者与全球消费者的交易成本。 （ ）

5. 跨境电商可以帮助中国外贸转型，利用电子商务所带来的产品创新寻求贸易的长期可持续发展模式。 （ ）

6. 跨境电商 B2C 是指处于同一关境的企业直接面对消费者个人开展在线销售产品和服务，通过电商平台达成交易、进行支付结算，并通过跨境物流送达商品以完成交易的一种国际商业活动。 （ ）

7. 跨境电商主要以跨境 B2C 与跨境零售模式为主。 （ ）

8. 和传统国际贸易相比，跨境电子商务呈现出传统贸易所不具备的特征，包括多变化、小批量、透明化、数字化。 （ ）

9. 跨境电商缩短了对外贸易的中间环节，提升了出口贸易的效率。 （ ）

10. 跨境零售包括 B2C 和 C2B 两种模式。 （ ）

11. 跨境电商平台运营专员负责管理与维护跨境电商账号、产品推广发布上架和信息更新工作。 （ ）

12. 截至 2022 年底，我国共分七个批次设立了 175 个跨境电子商务综合试验区。（ ）

13. 我国首个跨境电子商务综合试验区在上海。 （ ）

四、简答题

1. 跨境电商有哪些特点？

2. 跨境电商与传统外贸的区别是什么？

3. 跨境电商与国内电商的区别是什么？

4. 跨境电商对我国外贸转型升级有哪些影响？

5. 跨境电商的参与主体主要有哪几类？

6. 跨境电商有哪些具体的分类？

7. 跨境电商海外营销专员有哪些岗位职责？

8. 如果你将来从事跨境电商平台运营专员岗位的工作，目前需要从哪些方面进行准备才能适应岗位需求？

模块二 跨境电商平台

知识目标

1. 了解进口跨境电商平台。
2. 掌握主要的跨境电商出口 B2B 平台。
3. 熟悉主要的跨境电商出口 B2C 平台。

技能目标

1. 能够对阿里巴巴国际站平台进行操作。
2. 能够结合经营产品等情况选择合适的跨境电商平台。
3. 能够借助于跨境电商平台开发客户。

素养目标

1. 具有国际化互联网思维。
2. 具有良好的遵守跨境电商规则意识。
3. 具有良好的团队合作意识。

- 跨境电商平台
  - 进口跨境电商平台
    - 天猫国际
    - 考拉海购
    - 洋码头
  - 出口跨境电商B2B平台
    - 阿里巴巴国际站——中小企业全球化贸易平台
    - 中国制造网——中国极具商业价值的网站
    - 环球资源网——多渠道跨境电商B2B平台
    - 敦煌网——B2B跨境批发平台
  - 出口跨境电商B2C平台
    - 全球速卖通——“国际版淘宝”
    - 亚马逊——以商品为主导的跨境电商平台
    - eBay——全球线上拍卖及购物平台
    - Wish——智能化推荐商品的移动端平台
    - Shopee——东南亚市场电商平台
    - Starday——日本市场的跨境电商平台
    - Shopify—— 一站式电商服务平台

单元一　进口跨境电商平台

任务导入

2021 年中国跨境电商投诉数据与典型案例报告

2022 年 3 月 11 日，智库网经社电子商务研究中心发布了《2021 年中国跨境电商投诉数据与典型案例报告》。"电诉宝"2021 年受理的跨境电商领域用户有效投诉显示，入选投诉榜的依次为寺库、洋码头、小红书、海豚家、考拉海购、全球速卖通、德国 W 家、海狐海淘、亚马逊、天猫国际、海淘 1 号等 32 家。

其中，在"2021 年全国跨境电商消费评级榜"中，获"建议下单"的平台有小红书、海淘 1 号、海豚家、洋码头、海狐海淘；获"谨慎下单"的平台有寺库；获"不建议下单"的平台有考拉海购、亚马逊等；获"不予评级"的平台有全球速卖通、德国 W 家、天猫国际等。

数据显示，2021 年全国跨境电商用户投诉问题类型排名前十的依次为：退款问题、发货问题、商品质量问题、网络欺诈、虚假促销、霸王条款、退换货难、物流问题、网络售假、订单问题。其中，投诉问题类型为退款问题占比最高，达 65.01%。

2021 年全国跨境电商投诉地区分布 TOP20 依次为广东省、北京市、上海市、江苏省、浙江省、四川省、湖北省、辽宁省、湖南省、福建省、山东省、天津市、河北省、云南省、重庆市、陕西省、安徽省、吉林省、河南省、贵州省。数据显示，2021 年跨境电商女性用户投诉比例为 70.25%，男性用户投诉比例为 29.61%。

此外，2021 年跨境电商投诉金额分布主要集中在 1000 ～ 5000 元，占比 32.65%；5000 ～ 10000 元，占比 16.53%；10000 元以上，占比 16.12%；500 ～ 1000 元，占比 11.29%；100～500 元，占比 10.61%；0～100 元，占比 4.13%；未选择金额，占比 8.68%。

［任务 1］你熟悉或者了解的跨境电商进口平台有哪些？

［任务 2］你曾经在哪个跨境电商进口平台消费过？

［任务 3］你选择该平台购物的原因是什么？

知识精讲

进口跨境电商平台主要有天猫国际、考拉海购、洋码头等。

一、天猫国际

天猫国际（见图 2–1）是阿里巴巴集团在 2014 年 2 月 19 日宣布正式上线的电商平台，公司致力于为中国消费者提供全球的进口好物，让中国消费者直达海外生活方式，同时也是帮助海外品牌直接触达中国消费者、建立品牌认知和消费者洞察的首选平台。猫机长，是天猫国际官方 IP 形象——“有趣的海淘专家”，公司的口号最初为“原装进口全世界”，2020 年 7 月升级为“我的全球新发现”。

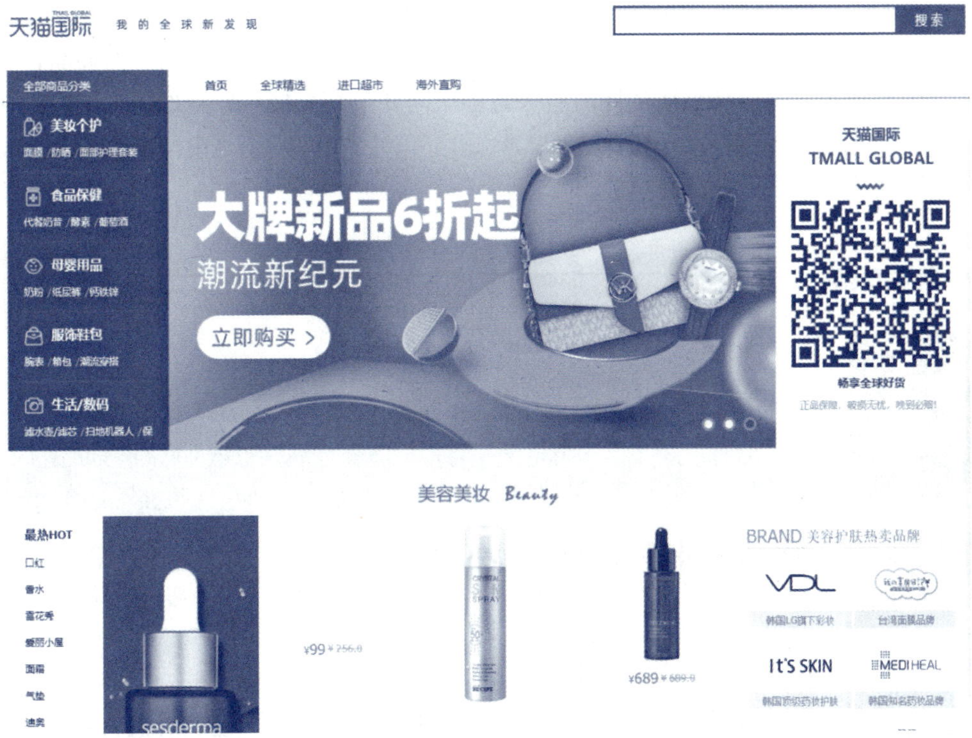

图 2–1　天猫国际首页

入驻天猫国际的商家均具有海外零售资质；销售的商品均原产于或销售于海外，通过国际物流经中国海关正规入关。所有天猫国际入驻商家将为其店铺配备旺旺中文咨询，并提供国内的售后服务，消费者可以像在淘宝购物一样使用支付宝买到海外进口商品。而在物流方面，天猫国际要求商家 120 小时内完成发货，14 个工作日内到达，并保证物流信息全程可跟踪。

自 2013 年 7 月天猫国际招商以来，众多海淘平台陆续在天猫国际开设海外旗舰店。

截至 2021 年，全球共有 87 个国家和地区的 29000 多个海外品牌入驻天猫国际，覆盖了 5800 多个品类，其中 8 成以上品牌首次入华。

二、考拉海购

考拉海购（见图 2–2）是网易旗下以跨境业务为主的综合型电商，于 2015 年 1 月 9 日公测，销售品类涵盖母婴、美容彩妆、家居生活、营养保健、环球美食、服饰箱包、数码家电等。目前，超过 80 个国家和地区的 10000 多个品牌在考拉海购销售，考拉海购已与全球 2000 多个品牌和供应商达成战略合作，为中国消费者提供更具竞争力的价格及更优质的体验。考拉海购以 100% 正品、天天低价、7 天无忧退货、快捷配送等服务方式，提供给消费者海量海外商品购买渠道，希望帮助用户“用更少的钱过更好的生活”，助推消费和生活的双重升级。

考拉海购主打自营直接采的理念，还在美国、德国、意大利、日本、韩国、澳大利亚设有分公司或办事处，深入产品原产地直接采购高品质、适合中国市场的商品，从源头杜绝假货，在保障商品品质的同时省去诸多中间环节，直接从原产地运抵国内，在海关和国检的监控下，储存在保税区仓库。除此之外，考拉海购还与中国海关联合开发二维码溯源系统，严格把控产品质量。

图 2–2　考拉海购首页

作为“杭州跨境电商综试区首批试点企业”，考拉海购在经营模式、营销方式、诚信自律等方面都取得了不少建树，获得由中国质量认证中心认证的“B2C 商品类电子商务交易服务认证证书”，认证级别四颗星，是国内首家获此认证的跨境电商。

作为一家媒体驱动型电商，考拉海购是网易集团投入大量优质资源打造的战略级产品，较好地解决了商家和消费者之间信息不对等的现状，并具有自营模式、定价优势、全球布点、仓储、海外物流、资金和保姆式服务七大优势。

三、洋码头

洋码头（见图 2–3）成立于 2009 年，是一个专门为国内用户代购外国货的平台，以价低质优的品牌商品吸引消费者的青睐。

现阶段，洋码头上的经营模式可以分为两类：一类是 C2C；另一类是 M2C。平台以 C2C 模式为主，M2C 模式为辅。以 C2C 模式销售的商品多为个性化的非标品，能够满足用户的多元化需求。同时，它围绕直播、粉丝等社交功能增强用户黏性和体验。

图 2–3 洋码头首页

“洋码头”移动端 App 内拥有首创的“扫货直播”频道，另一特色频道“聚洋货”则汇集了全球各地知名品牌供应商，提供团购项目，认证商家一站式购物，保证海外商品现货库存，全球物流护航直邮。为保证海外商品能安全、快速地运送到中国消费者手上，洋码头自建立以来就打造了跨境物流体系——贝海国际。目前洋码头全球化布局已经完成，在海外建成十大国际物流仓储中心（纽约、旧金山、洛杉矶、芝加哥、墨尔本、法兰克福、东京、伦敦、悉尼、巴黎），并且与多家国际航空公司合作实施国际航班包机运输，每周 40 多驾全球班次航线入境，大大缩短了国内用户收到国际包裹的时间。

值得关注的是，近年来跨境海淘类投诉占比上升明显，主要为售假、物流速度。客户服务是跨境进口电商需要解决的痛点问题，保证正品、完善物流是每个进口跨境电商的首要任务。

行业观察

互联网巨头不断加码跨境 中国电商平台海外崛起

2022年以来，拼多多、阿里巴巴、字节跳动等不断加码海外电商布局，其中以拼多多的一系列动作最受业内关注。

2022年9月1日，拼多多旗下跨境电商平台Temu上线北美市场，该平台拥有女装、珠宝首饰、鞋包、婴儿用品、电子产品、办公用品等十多个品类。此后，拼多多又宣布正式启动“2022多多出海扶持计划”，该计划将投入百亿资源包，首期打造100个出海品牌，扶持1万家制造企业直连海外市场。

自上线以来，Temu在美国的下载量持续攀升。据业内统计，11月以来，Temu的单日下载量已在10万以上；Temu的日均GMV（商品交易总额）规模近期也已达到150万美元。截至目前，Temu已夺得美国购物类App下载榜榜首。

2021年，国际电商的TikTok Shop产品进入了印度尼西亚、英国市场。2022年2月以来，马来西亚、泰国、越南、菲律宾和新加坡五个东南亚国家，相继推出了本地电商和跨境电商解决方案。2022年9月，字节跳动上线了新的快时尚独立站If Yooou，该品牌是一家集女装、配饰、家居用品为一体的国际DTC时尚生活网站。这项操作被业内视为字节跳动再次加码跨境电商业务。此外，公司在国际电商已上线的地区收获了商家、创作者和社区的显著增长。

不断增资布局东南亚市场的老牌电商巨头阿里巴巴也动作频频，并把业务“触角”伸向了欧洲市场。2022年9月，阿里巴巴再向东南亚部门增资9.125亿美元，2022年对Lazada的投资已达13亿美元。11月底，阿里巴巴在西班牙推出新的出海平台Miravia。此外，阿里巴巴旗下菜鸟持续拓展国际物流基建。截至2022年10月，菜鸟新增2个国际分拣中心投入使用，其在全球的分拣中心已增至12个。

国内电商巨头出海再次成为热潮，受到国内政策的推动，电商出海持续享受红利。2022年11月24日，国务院发布批复，同意在廊坊等33个城市和地区设立跨境电子商务综合试验区。此次扩围后，我国共批准设立了七批共165个跨境电子商务综合试验区，覆盖31个省、区、直辖市，这也被业内视为跨境电商领域再迎政策利好，头部平台海外电商有望加速拓展。电商出海也有利于推动国内、国外双循环经济的发展。而增加电子商务综合试验区，也是为了让跨境电商带动区域经济发展，将区域中的特色商品和服务销往国外，同时通过多点试点的方式，来提高跨境电商出海的便利性。

操作示范

［任务 1］天猫国际、考拉海购、洋码头、京东国际、唯品国际、苏宁云商海外购、顺丰海淘等。

［任务 2］京东国际、唯品国际等。

［任务 3］京东国际的京东全球购是京东在 2015 年开启的跨境电子商务新业务，旨在为用户带来更多、更优质的海外商品，让用户足不出户购遍全球。其平台的优势有：（1）全球直供，全球购选购商品均从海外或保税仓发至客户手中，配送物流稳定可靠。（2）海外商家：京东全球购平台所有全球购商家均为海外商家，通过建立京东香港平台实现直接与境外全球购商家签约。（3）海外货源：所有商品均属海外生产或销售。（4）全程监控：商品从中国（不含港澳台）以外的国家或地区发出，或从海关监管的中国保税区发出，进行阳光清关，物流信息全程可以查看。

实训演练

选取你感兴趣的有代表性的进口跨境电商平台，通过网络搜索方式对平台有关信息进行浏览，结合所学内容对至少 4 个平台的主营产品、特点以及优劣势进行分析，并将你的分析结果填写在表格 2-1 中。

表 2-1　进口跨境电商平台分析一览表

序号	平台名称	主营产品	特点	优劣势
1				
2				
3				
4				
5				
6				

单元二　出口跨境电商 B2B 平台

任务导入

阿里巴巴国际站

在“一带一路”的发展背景下，跨境电商出口 B2B 迎来了难得的发展机遇。目前跨境电商在广东、浙江、福建等网络、物流比较成熟的沿海区域已经率先形成规模，优先享受到跨境电商发展的历史机遇。

阿里巴巴国际站成立于 1999 年，是阿里巴巴集团的第一个业务模块，现已成为全球领先的 B2B 跨境电商平台之一。阿里巴巴国际站以数字化格局，重构跨境电商全链路，帮助跨境电商买卖双方精准匹配需求，为其提供数字化营销、交易、金融及供应链服务。

［任务］在交易履约方面，阿里巴巴国际站为卖家提供什么解决方案，保障交易能够安全、可靠地进行？

知识精讲

要想做好跨境电商出口 B2B 业务，卖家可以充分利用跨境电商出口 B2B 平台上提供的资源进行市场开发和拓展客户，从而利用平台把产品销售出去，而买家利用平台可以买到能够满足需求的产品。熟悉和掌握目前主流的跨境电商出口 B2B 平台非常重要，只有这样才能根据公司自身所处的行业、经营的产品等选择一个适合的平台。

目前，跨境电商出口 B2B 平台主要有阿里巴巴国际站、中国制造网、环球资源网、敦煌网、TradeWheel、TradeKey、Ecplaza、Tradeling 等。

一、阿里巴巴国际站——中小企业全球化贸易平台

阿里巴巴国际站成立于 1999 年，是阿里巴巴集团的第一个业务板块。目前，阿里巴

巴国际站已成为推动外贸数字化的主力平台，是全球领先的跨境电商 B2B 平台，累计服务 200 多个国家和地区的超过 2600 万活跃企业买家。它通过向海外买家展示、推广供应商的企业和产品，进而获得贸易商机和订单，是出口企业拓展国际贸易的首选网络平台之一。

（一）阿里巴巴国际站的特点

阿里巴巴国际站是出口企业拓展国际贸易的重要平台之一。与其他 B2B 跨境电商平台相比，阿里巴巴国际站具有以下特点。

1. 访问流量大，在境外知名度高

阿里巴巴国际站成立于国际电子商务发展早期，目前已经成长为极具实力的跨境电商平台之一。阿里巴巴国际站平台上的商品类别超过 5900 种，销售范围覆盖全球 200 多个国家和地区。阿里巴巴国际站平台上的注册会员数超过 1.5 亿人，拥有 2000 多万活跃的境外采购商，每天能产生近 30 万笔询盘订单。

近年来，阿里巴巴国际站在境外的知名度进一步提升，经过 20 多年的发展，成为阿里巴巴集团的支柱业务之一。

2. 功能完善，服务系统化

阿里巴巴国际站不仅能为卖家提供一站式的店铺装修、商品展示、营销推广、生意洽谈等服务和工具，还能为卖家提供较新的行业发展和交易数据信息，帮助卖家寻找更多的商机。此外，阿里巴巴国际站还能为卖家提供专业、系统的培训，帮助卖家全方位提高运营能力。

3. 大数据优势明显，形成数字化格局

借助阿里云、达摩院等一系列阿里系数字分析工具，阿里巴巴国际站能够为卖家提供客观、详细的行业动态数据分析，帮助卖家实现更加精准的营销。

2019 年 6 月，阿里巴巴国际站正式启动“数字化出海 2.0”计划，该计划覆盖了跨境贸易全链条，对阿里巴巴国际站的既有商品和服务矩阵进行了全面的数字化升级，旨在为卖家提供数字化交易、营销、金融服务及供应链服务等一系列数字化外贸解决方案。

（二）阿里巴巴国际站的服务内容

阿里巴巴国际站是中小企业的网上贸易平台，其服务对象是从事全球贸易的中小企业。阿里巴巴国际站坚持以“数字化人货场”为内环、“数字化履约服务”为外环、“数字化信用体系”为链接纽带的布局，为企业打造外贸领域内的数字化“商业操作系统”。阿里巴巴国际站提供的服务内容主要包括以下几种：

1. 商机获取服务

阿里巴巴国际站通过构建数字化及多元化营销场景，帮助卖家获取海量买家。在商机获取方面，阿里巴巴国际站提供的服务包括出口通、金品诚企、顶级展位、外贸直通

车、明星展播和橱窗等。

（1）出口通。出口通是阿里巴巴国际站推出的基础会员产品。卖家在阿里巴巴国际站办理出口通后即成为阿里巴巴国际站的付费会员，可以在国际站上开店、发布商品信息，并联系境外买家进行交易。出口通会员可以获得 10 个橱窗展示位，还可以享受数据管家、视频自上传和企业邮箱等服务。

（2）金品诚企。金品诚企是阿里巴巴国际站根据买家采购习惯推出的综合性推广服务，旨在帮助卖家快速赢得买家信任，促进交易。卖家加入金品诚企需要支付一定的费用（适合于品牌商家，目前费用为 80000 元 / 年）。

卖家成为金品诚企的会员后，可以获得 40 个橱窗展示位，除了可以享受出口通服务，还可以获得由第三方国际权威认证机构提供的企业认证服务，其发布的商品在展示时带有 Verified Supplier 标志。专业的第三方认证公司可以为卖家提供专业的认证报告，进一步彰显卖家的实力，提升买家对卖家的信任度。

此外，金品诚企会员还享有专属营销权益和专属营销场景，其商品在阿里巴巴国际站商品搜索结果页面有独立的筛选框，能够帮助卖家大大增加商品的曝光机会。

（3）顶级展位。顶级展位是阿里巴巴国际站为卖家提供的品牌营销产品，卖家通过购买关键词获得展示位置，其展示位位于搜索结果第一页的第一名，并带有专属皇冠标志和“Top Sponsored Listing”字样（见图 2–4）。通过顶级展位，卖家可以自定义商品视频、图片、广告语等创意，全方位展现自身商品的优势。

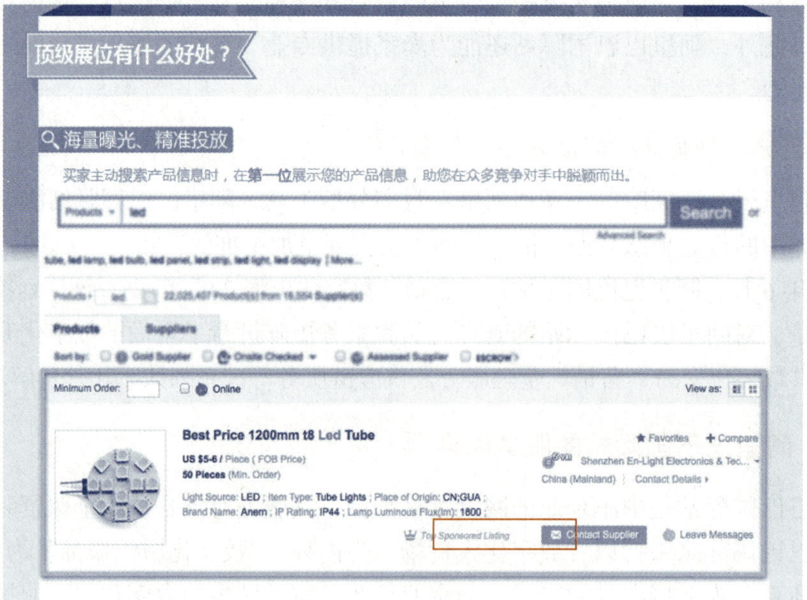

图 2–4　PC 端顶级展位

（4）外贸直通车。外贸直通车（ P4P ）是阿里巴巴国际站为卖家提供的一种按照效果付费的精准网络营销服务。卖家开通此服务后，其商品信息会在搜索结果的最优位置进行展现，所有展示免费，只有当买家点击展示广告时卖家才需付费。

（5）明星展播。明星展播是阿里巴巴国际站为卖家提供的专属展示机会。阿里巴巴国际站后台每月会在特定时间段内开放 80 个展示位，卖家可以在营销中心页面自助竞价搜索结果首页的焦点展示位，竞价成功后可以在次月获得品牌展示机会。明星展播的展示位包括阿里巴巴国际站 PC 端、App 端、WAP 端三端英文站点首页焦点图（见图 2–5）。

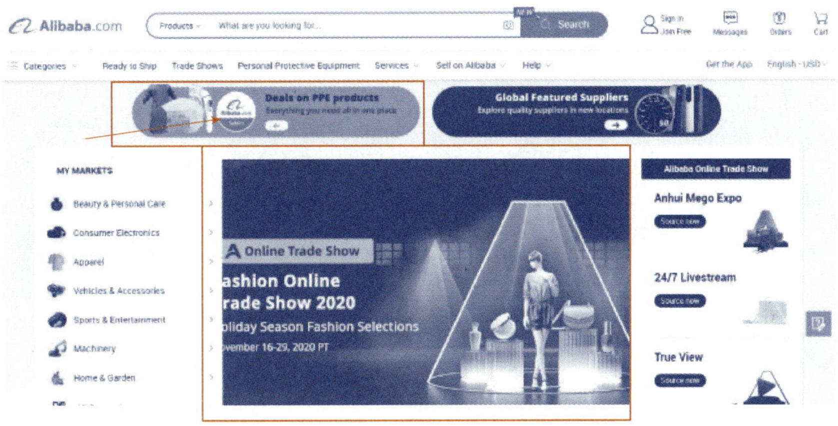

图 2–5　阿里巴巴国际站 PC 端首页焦点图展示位

（6）橱窗。橱窗是阿里巴巴国际站为卖家提供的用于展示主推商品的展示位，类似于实体店铺的展台，卖家可以将自己的热销或主营商品放在橱窗中进行展示。在同等条件下，橱窗商品与其他商品相比在搜索中更占优势。橱窗商品可以随时更换，橱窗可以按组购买，因需而定。

2. 交易履约服务

在交易履约方面，阿里巴巴国际站为卖家提供跨境供应链解决方案，保障交易能够安全、可靠地进行。

（1）信用保障服务。信用保障服务是指阿里巴巴国际站能够为卖家免费提供信用背书，提升买家对卖家的信任度。卖家开通信用保障服务后，其商品在搜索结果页面的展示会带有标志，并能获得流量加权。此外，阿里巴巴国际站的信用保障服务能够为卖家量身定制跨境收款解决方案，为卖家提供安全、低成本和高时效的收款渠道，提高资金周转效率。

（2）外贸综合服务。阿里巴巴国际站通过运用互联网技术为卖家提供快捷、低成本的通关服务，收汇、退税，以及配套的外贸融资、国际物流服务，利用电子商务手段解决卖家在流通环节遇到的服务难题。

（3）国际物流服务。阿里巴巴国际站联合菜鸟网络打造了货物运输平台，能够为买卖双方提供海运拼箱、海运整柜、国际快递、国际空运、集港拖车、中欧铁路和海外仓等跨境货物运输及存储中转服务。

（4）金融服务。阿里巴巴国际站能为卖家提供包括超级信用证、网商流水贷、备货融资等在内的跨境交易一站式金融解决方案（见表 2–2），帮助卖家缓解资金压力，提升接单能力。

表 2–2　阿里巴巴国际站为卖家提供的金融解决方案

序号	金融解决方案	适用对象	简介
1	超级信用证	适用于对信用证操作不熟悉、资金周转有困难的出口企业。	帮助卖家解决在信用证交易中面临的风险和资金问题，为中小企业提供一站式的包括审证、制单、审单、交单等在内的信用证基础服务及融资服务。
2	网商流水贷	企业法定代表人或个体工商户负责人［18～65 周岁的中国（不含港澳台）居民］，企业工商注册时间满半年，阿里巴巴国际站付费会员或者一达通会员。	阿里巴巴国际站联合网商银行打造的中小企业信用融资，具有申请流程简单、额度高、利率低的特点，最快 3 分钟即可到账。
3	备货融资	注册成立 1 年以上（阿里巴巴出口通会员可放宽至半年），已使用一达通退税融资产品，与同一海外买家在一达通有过一次以上良好的历史交易记录，收汇正常，首次融资不超过订单金额的 30%，单笔最多 30 万元；后续不超过 60%，单笔最多 60 万元，累计最高 300 万元（额度循环使用）。	阿里巴巴国际站联合网商银行推出的一款基于信用保障订单的低息短期贷款服务，帮助卖家解决在备货期间的生产、采购资金需求，提升卖家接单能力。收费标准：借款 1 万元，每天利息低至 2.7 元。

（5）支付结算服务。阿里巴巴国际站除了为买家提供信用证（Letter of Credit，L/C）、承兑交单（Documents against Acceptance，D/A）、付款交单（Documents against Payment，D/P）、电汇（Telegraphic Transfer，T/T）、西联汇款、速汇金等支付方式外，还为买家提供了一种全新的支付方式——Pay Later。

目前，Pay Later 已对美国区域的买家开放。买家使用 Pay Later 支付时，第三方金融机构直接代替买家将资金垫付给卖家，买家可以获得最长 6 个月的贷款期，这样既能缓解买家的资金压力，又能让卖家安全、快速地收款。

3. 业务管理服务

在业务管理服务方面，阿里巴巴国际站为卖家提供了客户通和数据管家两个工具，帮助卖家以数据为驱动提升管理绩效，全面洞察商业先机。

（1）客户通。客户通是阿里巴巴国际站为卖家打造的专业客户关系管理（Customer Relationship Management，CRM）工具。通过精准匹配，客户通赋能卖家实现更加有效的客户管理，构建端到端的买卖数据闭环。

（2）数据管家。数据管家是阿里巴巴国际站为卖家提供的数据化管理工具，通过数据沉淀与分析，为卖家提供关键词分析、商品采购与供应指数变化、买家行为分析等信息，帮助卖家实现数据化运营。

（三）阿里巴巴国际站的入驻流程

目前，阿里巴巴国际站只接受合法注册的生产或销售实体商品的企业加入（对企业的进出口权没有要求），暂不接受服务型企业，如物流、检测认证、管理服务等企业入驻。此外，离岸公司和个人也无法入驻阿里巴巴国际站。

目前，阿里巴巴国际站按年收费，费用由基础服务费和增值服务费组成，基础服务费（出口通）为 29800 元 / 年。卖家入驻阿里巴巴国际站的流程如图 2–6 所示。

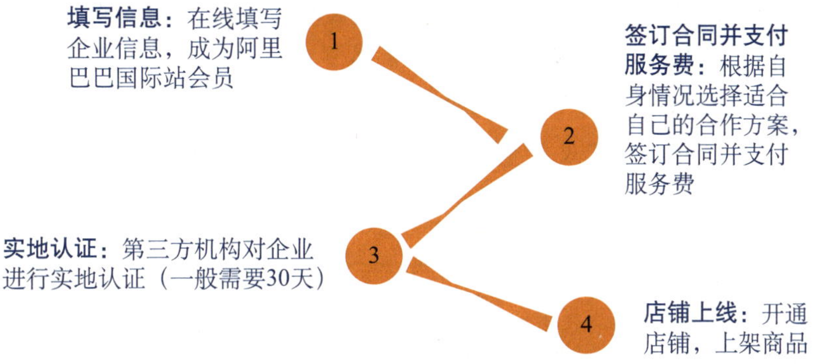

图 2–6 阿里巴巴国际站的入驻流程

行业观察

传统外贸转身新外贸 数字化趋势成定局

阿里巴巴国际站日前公布数据显示，2022 年上半年，阿里巴巴国际站实收交易额同比增长 80%。

这一数字与海关总署 8 月 7 日发布的数据——进出口增速双双转正的趋势一致：2022 年前 7 个月，我国货物贸易进出口总值 17.16 万亿元人民币，降幅较上半年收窄 1.5 个百分点。7 月份，出口强势增长达 1.69 万亿元，增长 10.4%；进口 1.24 万亿元，增长 1.6%。

在全球经济前景不明朗等诸多不确定因素下，外贸如何保持持续增长，阿里巴巴国际站总经理表示，新旧外贸的转换之间，数字化新外贸成为不确定之中最大的确定性，也将是中国出口的新引擎。比如履约成本降至全年最低。阿里巴巴国际站跨境供应链的通关、物流、支付、汇兑等服务，最高将为商家节约 50% 的成本。新买家需支付给银行的手续费则由平台买单。

“完税价格”模式也将首次在跨境 B2B 中使用。买家看到的价格即最终费用，附带清单列明了物流、清关、支付等环节的成本，买家不必担心再踩坑。B2B 直播、短视频、3D 展厅等新形式，将接入采购节。中国各地的工厂、义乌小商品城的档口，将利用这些新形式对接全球。

二、中国制造网——中国极具商业价值的网站

中国制造网（Made in China）（见图 2–7）是一个中国产品信息荟萃的网上世界，面向全球提供中国产品的电子商务服务，旨在利用互联网将中国制造的产品介绍给全球采购商。中国制造网创建于 1998 年，是国内最著名的 B2B 电子商务网站之一。中国制造网汇集中国企业产品，面向全球采购商，提供高效可靠的信息交流与贸易服务平台，为中国企业与全球采购商创造了无限商机，是国内中小企业通过互联网开展国际贸易的首选 B2B 网站之一，也是国际上有影响的电子商务平台。

截至 2020 年，中国制造网拥有注册会员超过 1820 万名，仅 2020 年就有来自超过 220 个国家和地区的用户访问了中国制造网，访问量超过 8.3 亿人次。中国制造网分为国际站和内贸站。

图 2–7　中国制造网首页

中国制造网关注中国企业特别是众多中小企业的发展，凭借巨大而翔实的商业信息数据库、便捷而高效的功能和服务，成功地帮助了众多供应商和采购商建立联系、提供

商业机会。

中国制造网面向全球，以推广中国企业为己任，努力营造良好的网络商业环境，搭建更为宽广的网上贸易平台，为国内贸易的繁荣开启了一扇方便的电子商务之门。

中国制造网为中国中小企业发掘了商业机会，创造了大量就业机会，并且为中小企业提供各类电子商务软件服务，以软件服务业带动和提升了传统制造业的信息化能力。

（一）中国制造网的网站特色

自 1998 年以来，中国制造网专注于出口推广，从不涉足任何与出口推广无关的领域。因为专注，中国制造网树立了在出口推广领域的专业级品牌；因为专注，中国制造网奠定了在全球优质买家社群当中的知名度和影响力。

专注于服务买家。因为专注，深刻了解专业买家的采购习惯和选择供应商的标准；因为专注，力求通过其推广的供应商信息能与专业买家的需求对称。

专注于服务希望不断提升自身竞争力的出口企业。因为专注，中国制造网懂得如何突出客户公司和产品的“独特卖点”；因为专注，中国制造网所关心的不仅是如何让买家接触到其客户的公司信息，更重要的还有帮助客户公司留住这些买家。

中国出口商要摆脱价格战的纠缠，必须以提供增值服务及创新产品取胜，然而销售增值服务及创新产品比销售低价产品更加困难，远远不止在网站上罗列出客户的产品信息那么简单。

中国制造网以专注于贸易推广领域的经验，协助出口企业突出自身卖点、独有的竞争优势，接触更为优质的买家社群，帮助供应商提升综合竞争力，改善单纯以价格竞争来获取订单的局面。

（二）中国制造网的产品服务

1. 采购商

通过中国制造网首页输入关键词搜索产品或通过中国产品目录查找产品，联系供应商；在商情板搜索销售商情并联系供应商；发布采购商情，将采购信息加入商情板；采用收费的贸易服务，有效开展同中国产品供应商之间的贸易往来。加入中国制造网后，免费查阅信息和获得多种功能。

2. 中国制造商、供应商或者出口商

将产品和公司信息加入中国产品目录；通过商情板，搜索全球买家及其采购信息；采用“名列前茅”推广服务，使公司的产品脱颖而出，获取无限商机；采用“产品展台”推广服务，迅速提高产品曝光率，直观、形象地引起目标买家的关注；采用“横幅”推广服务，将客户的产品和企业品牌刊登于页面显眼位置，有效推广产品和企业品牌；采用中国制造网的“中国供应商”高级会员服务，利用更高级的网站功能和服务，全面提升公司形象、增加贸易机会。采用中国制造网英文版“认证供应商”实地认证服务，获得更多买家的关注和信任。

3. 海外供应商

将产品和公司信息加入商情板；通过商情板搜索全球买家及其采购需求；有机会使用中国制造网的“横幅”推广服务，有效推广产品和企业品牌。

三、环球资源网——多渠道跨境电商B2B平台

环球资源网（见图 2-8）创建于 1970 年，是一家领先的多渠道 B2B 媒体公司，公司的核心业务是通过一系列英文媒体，包括网站、印刷及电子杂志、采购资讯报告、“买家专场采购会”、贸易展览会及“在线展会”等，促进亚洲各国的出口贸易。超过 118 万名国际买家，其中包括 85 家来自全球百强的零售商，使用环球资源网提供的服务了解供应商及产品的资料，帮助他们在复杂的供应市场进行高效采购。另外，供应商借助环球资源网提供的整合出口推广服务来提升公司形象、获得销售查询，赢得来自逾 240 个国家及地区的买家订单。环球资源网在中国设有超过 40 个办事机构，公司的中文媒体拥有逾 400 万名网上注册用户及杂志读者。

图 2-8 环球资源网首页

四、敦煌网——B2B跨境批发平台

敦煌网（DHgate）创立于 2004 年，是国内首个为中小企业提供 B2B 网上交易的网

站。经过十几年的发展，敦煌网目前已经在 50 多个国家和地区具有清关能力，形成了 200 多条物流专线，建成了 17 个海外仓，买家覆盖全球 200 多个国家和地区。敦煌网在品牌优势、技术优势、运营优势、用户优势四大维度上建立了强大的行业竞争优势。

同时，敦煌网是商务部重点推荐的中国对外贸易第三方电子商务平台之一，是中华人民共和国工业和信息化部指定的"全国电子商务指数监测重点联系企业"。

（一）敦煌网的特点

敦煌网是一个专注于小额 B2B 领域的跨境电商平台，侧重于帮助我国中小微企业开展小批量的 B2B 跨境交易。

敦煌网通过整合传统外贸企业在关检、物流、支付、金融等领域的合作伙伴，打造了集相关服务于一体的全平台、线上化外贸闭环模式，为中小企业提供专业、有效的信息流，快捷、简便的物流，以及安全可靠的资金流等服务，降低了中小企业对接国际市场的门槛，帮助我国中小企业直连国际市场，同时也帮助境外中小零售商获得质优价廉的货源，实现对供应端和采购端的双向赋能。

敦煌网为卖家打造了快捷便利的物流服务系统，平台整合了 EMS、UPS、DHL、FedEx、TNT 等物流服务商，让卖家实现一键发货。此外，敦煌网还为卖家提供了多种在线支付服务、金融抵押担保服务和营销推广服务等，为卖家的业务开展提供多方面的支持。

（二）敦煌网的收费模式

入驻敦煌网的卖家需要缴纳一定的平台使用费，目前敦煌网平台使用费的收费方式分为年缴、半年缴和季度缴三种，具体收费标准为一年有效 1099 元、半年有效 698 元、一个季度有效 499 元。

敦煌网采取佣金制，买卖双方交易成功后，卖家需要为该笔交易支付相应的佣金。敦煌网所采用的"平台使用费 + 佣金"收费模式打破了传统 B2B 跨境电商"会员制"的收费模式，不仅能够有效地降低卖家的经营风险，还有效地避开了与同行的竞争。敦煌网与其他 B2B 跨境电商平台的对比如图 2-9 所示。

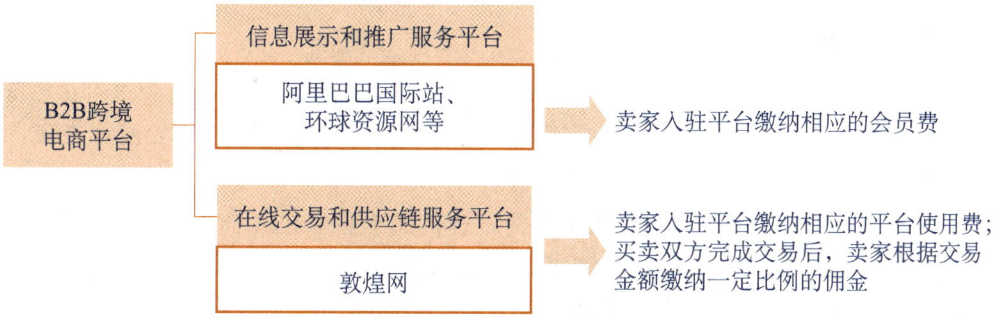

图 2-9 敦煌网与其他 B2B 跨境电商平台的对比

近年来，敦煌网与秘鲁、西班牙等国达成了战略合作协议，在东欧等地建立了数字贸易中心，不仅提升了敦煌网在世界范围内的影响力，还有效地解决了跨境电商落地的诸多问题。

（三）敦煌网“CEC 全球开店计划”

跨贸云是敦煌网推出的一站式通达全球的数字贸易系统，它以大数据和金融赋能每个环节，致力于为跨境卖家打造集商品、订单、仓储物流、客服、数据统计、收款结算、供应链金融于一体的服务体系。

跨贸云推出的“CEC 全球开店计划”是敦煌网内部孵化的全球本土化解决方案，它联合波兰、土耳其、巴西等新兴市场的本土电商，帮助卖家轻松对接新兴市场本土电商平台，让卖家快速完成在新兴市场本土电商平台上的商品上架和管理，通过整合资源实现多平台对接，从而获得更多的流量和成交机会。

目前，“CEC 全球开店计划”已经完成对接的市场有波兰、土耳其、巴西、墨西哥，参与“CEC 全球开店计划”的卖家可以打开跨贸云“全球开店”页面中的“产品刊登”菜单，通过表格导入的方式将自己的商品刊登在波兰、土耳其、巴西、墨西哥的本土电商平台上。

知识拓展

TradeWheel、TradeKey、Ecplaza、Tradeling 平台

一、TradeWheel

TradeWheel 于 2003 年成立于美国，于 2018 年进入中国市场，在上海成立办事处，并于 2019 年 3 月正式成立分公司，开启进入中国市场的新篇章。

TradeWheel 覆盖全品类产品出口类目，是一个全球综合性电商 B2B 平台。该平台的海外客户服务中心可提供多种语言支持（如英语、西班牙语、俄语、法语、阿拉伯语），以英文售后服务中心为主。来自全球的中小企业供应商及国际采购商，可以免费注册平台，发布 10 个橱窗产品，拥有企业的线上旺铺。

二、TradeKey

TradeKey 平台成立于 2006 年，总部位于沙特阿拉伯的利雅得，运营中心在巴基斯坦的卡拉奇。TradeKey 于 2009 年进入中国，开放招商机会。分别在 2011 年成立了上海分公司，2012 年成立了广州分公司。

TradeKey 平台是中东目前最大的电商平台，位于全球 B2B 行业排名第五位。该平台的谷歌网页等级 PR 值为 7，每月平均访问量有 1000 多万，每月页面访问量为 3000 多万，每月新增 10 万多名注册会员。

三、Ecplaza

Ecplaza 是韩国的一个 B2B 平台，创始于 1996 年，现已发展为提供线上线下服

务的B2B领导者。Ecplaza作为一家全球知名的全球性电子商务网站，拥有来自世界200多个国家和地区的100万名注册会员，每日有100万的访问率、新增2000多条供求信息，拥有517600名来自全球的活跃买家。Ecplaza采用线上线下资源相整合、线上电子商贸工具和线下商务手段相结合的方式，为全球买家和卖家提供信息以及贸易成交服务。平台组织了从事国际贸易多年的资深行家，在美国、日本等国以及欧洲、南美洲等建立买家代理，提供线下贸易撮合及成交配套。已在韩国、中国、美国、日本、智利等45个国家和地区设立代表处。平台收费标准是：YES Silver会员（银牌会员）3880元/年，YES Gold会员（金牌会员）8800元/年。

四、Tradeling

Tradeling于2020年4月成立，该平台已覆盖13个垂直领域的数百种产品，包括食品饮料、办公用品、消费电子等。Tradeling已拥有来自25个国家和地区的超过10000名注册买家和供应商。

在2021年的4月22日，京东与Tradeling签署合作协议，将助力中国品牌进入中东、北非市场，并进一步推动当地B2B电商生态发展。Tradeling将会上线京东的品牌和产品，使当地的消费者可触达数百万中国品牌。

行业观察

2022年跨境电商市场规模达15.7万亿元

近年来，随着跨境电商贸易机制的逐步完善、国际物流网络的持续疏通，跨境电商渠道加快拓宽，越来越多的市场主体正通过这一渠道实现“买全球、卖全球”。我国跨境电商规模增长迅速，有力支撑了我国进出口贸易的增长。在此背景下，网经社电子商务研究中心联合网经社跨境电商台发布《2022年中国跨境电商市场数据报告》。

报告显示，2022年中国跨境电商市场规模达15.7万亿元，较2021年的14.2万亿元同比增长10.56%。报告显示，2018—2021年中国跨境电商市场规模（增速）分别为9万亿元（11.66%）、10.5万亿元（16.66%）、12.5万亿元（19.04%）、14.2万亿元（13.6%）。2022年中国跨境电商交易额占我国货物贸易进出口总值42.07万亿元的37.32%。2018—2021年跨境电商行业渗透率分别为29.5%、33.29%、38.86%、36.32%。在进出口结构方面，2022年中国跨境电商的进出口结构总体相对稳定，出口占比达到77.25%，进口比例22.75%。在跨境电商模式结构方面，2022年中国跨境电商的交易模式中，跨境电商B2B交易占比达75.6%，跨境电商B2C交易占比达24.4%。

操作示范

［任务］在交易履约方面，阿里巴巴国际站为卖家提供跨境供应链解决方案，保障交易能够安全、可靠地进行。主要有信用保障服务、外贸综合服务、国际物流服务、金融服务、支付结算服务和 Pay Later 支付。

实训演练

跨境电商平台有很多，卖家在决定做跨境电商之前面临的一个重要问题就是选择平台。每个跨境电商平台都有自己的特点和运营规则，卖家要根据自身特点选择适合自己的跨境电商平台。请以卖家的身份结合自身经营的至少两种产品、产品销售的目标市场、不同跨境电商平台的特性等因素选择合适的跨境电商平台，并完成表 2-3。

表 2-3　卖家选择跨境电商出口 B2B 平台

序号	平台名称	主营产品	目标市场	平台特点 / 特性	平台运营规则
1					
2					
3					
4					
5					
6					

单元三 出口跨境电商 B2C 平台

任务导入

智利全国商会报告：全球速卖通成为智利最受欢迎的跨境平台

2022 年 5 月 31 日，智利全国商会在当地权威媒体上发布了一份《智利 2022 年 1 季度电商报告》，显示全球速卖通以 24% 的订单量占比成为智利人使用较多的跨境电商平台，亚马逊排名第二，占比为 18%，Shopee 占比仅为 3%。

［任务 1］全球速卖通、亚马逊、Shopee 各自属于跨境电商出口的 B2C 还是 B2B 平台？

［任务 2］你还了解哪些主要的跨境电商出口 B2C 平台？

［任务 3］请对你了解的其中一个跨境电商出口 B2C 平台的特点进行分析。

知识精讲

目前，跨境电商出口 B2C 平台主要有全球速卖通、亚马逊、eBay、Wish、Shopee、Starday、Shopify 等。

一、全球速卖通——“国际版淘宝”

全球速卖通（AliExpress），简称速卖通，于 2010 年 4 月正式上线，是中国最大的跨境零售电商平台，被广大卖家称为“国际版淘宝”，业务范围覆盖全球 200 多个国家和地区，主要交易市场为俄罗斯、美国、西班牙、巴西、法国等地，支持 18 种语言，其销售的商品备受境外消费者欢迎。

（一）全球速卖通平台的特点

全球速卖通平台的特点是对价格比较敏感，平均单价不高，使用低价策略，以走量为主。全球速卖通市场的侧重点在于新兴市场，尤其是俄罗斯和巴西。

全球速卖通卖家账号后台的页面操作简单整洁，便于新人上手。另外，阿里巴巴有非常优质的社区和客户培训系统，通过社区和阿里巴巴的培训，即使是跨境新手也可以快速入门。因此，全球速卖通比较适合跨境新人，尤其适合所售商品符合新兴市场需求的卖家，以及商品具有供应链优势、价格优势的卖家。

（二）全球速卖通平台的店铺类型

目前，全球速卖通平台的店铺分为官方店、专卖店和专营店三种类型，各店铺类型的特点如表 2-4 所示。

表 2-4　全球速卖通平台的店铺类型及特点

	官方店	专卖店	专营店
店铺类型介绍	卖家以自有品牌或经权利人独占性授权（商标为 ® 商标且非中文商标）入驻全球速卖通开设的店铺	卖家以自有品牌（商标为 ® 商标或 TM 状态），或者持他人品牌授权文件在全球速卖通开设的店铺	经营 1 个及以上他人或自有品牌（商标为 ® 商标或 TM 状态）商品的店铺
单店铺可申请品牌数量	仅 1 个	仅 1 个	可多个
平台允许的店铺数	同一品牌（商标）仅 1 个	同一品牌（商标）可多个	同一品牌（商标）可多个
店铺名称	品牌名 +official store（默认店铺名称）或品牌名 + 自定义内容 +official store	品牌名 + 自定义内容 +store	自定义内容 +store
二级域名	品牌名（默认二级域名）或品牌名 + 自定义内容	品牌名 + 自定义内容	自定义内容

（三）全球速卖通平台的入驻流程

全球速卖通接受依法注册并正常存续的个体工商户或企业身份的卖家开店，一个个体工商户 / 企业最多可开通 6 个全球速卖通店铺。在全球速卖通注册开店之前，卖家须通过企业支付宝账号或企业法人支付宝账号在全球速卖通完成企业身份认证。

全球速卖通平台将行业划分为若干经营范围，每个经营范围分设不同经营大类，卖家在全球速卖通注册店铺账号后，每个店铺账号只能选择一个经营范围，但可以在该经营范围内经营一个或多个经营大类。

卖家申请在全球速卖通开设店铺的基本流程如图 2-10 所示。

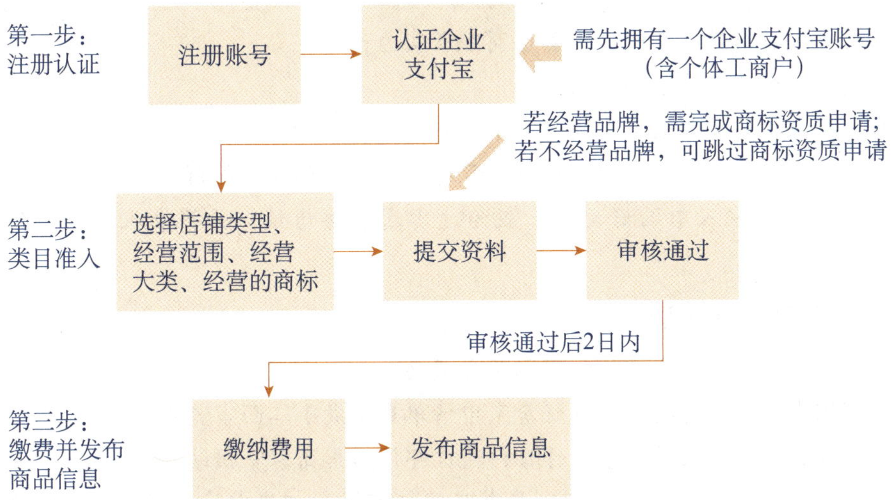

图 2-10　卖家申请在全球速卖通开设店铺的基本流程

（四）全球速卖通平台的收费模式

全球速卖通平台的收费模式为“保证金 + 交易佣金”模式。

首先，卖家入驻全球速卖通需要按要求缴纳保证金。在申请入驻经营大类时，应指定缴纳保证金的支付宝账号，并保证其有足够的余额。保证金按店铺入驻的经营大类收取，如果店铺入驻多个经营大类，则保证金按多个经营大类中的最高金额收取。平台将在卖家的入驻申请通过后，通过支付宝冻结相关金额。如果支付宝账号内金额不足，权限将无法开通。其次，卖家在全球速卖通的交易完成后需要按照规定缴纳相应的交易佣金，交易佣金按订单成交总金额（包含商品金额和运费）的 8% 或 5% 收取。

（五）中国好卖家

自全球速卖通平台执行集约化、特色化升级以来，为了帮助更多的优质企业、优质品牌出境，全球速卖通平台于 2015 年推出了“中国好卖家”项目，为企业量身定制了各种资源及保障计划，为其出境保驾护航。

全球速卖通“中国好卖家”可以帮助卖家拓展海外市场，提升自主运营能力，并且快速成长为速卖通实力卖家。卖家加入全球速卖通“中国好卖家”的方式主要有以下三种：一是卖家自主申请，二是线下招商会申请；三是平台予以准入。

知识拓展

加入“中国好卖家”的三种方式

一、卖家自主申请

1. 店铺为最近 12 个月内开设的店铺（新卖家）；

2. 已经完成店铺的装修，具备电商经营实力；

3. 提供符合认证要求的产品；

4. 商家点击“我要报名”提交“中国好卖家”申请；

5. 小二在7个工作日内完成审核，且将审核结果邮件通知商家；

6. 商家成功准入中国好卖家，成为速卖通银牌店铺，并将准入结果邮件通知商家。

二、线下招商会申请

1. 商家报名参加速卖通的线下招商会活动；

2. 商家在活动现场提交中国好卖家申请单且完成小二面审流程；

3. 小二在活动结束后7个工作日内通过邮件通知商家审核结果；

4. 审核通过的商家在小二指定要求时间之前提交相应申请资料且完成相应要求的工作；

5. 商家成功准入中国好卖家，成为速卖通银牌店铺，并将准入结果邮件通知商家。

三、平台予以准入

全球速卖通平台每个月都会向“中国好卖家”相关负责人员推送近12个月内开店（第一个商品上架在12个月以内）的卖家清单，相关负责人员会查阅清单上卖家店铺的经营指标，评价其是否符合“中国好卖家”的标准，对于符合的卖家，平台将予以准入。

二、亚马逊——以商品为主导的跨境电商平台

亚马逊（Amazon）总部位于华盛顿州的西雅图，一开始叫Cadabra，只经营网络的书籍销售业务，现在扩及了范围相当广的其他产品，已成为全球知名的网上零售商和全球第二大互联网企业。亚马逊及其他销售商为客户提供了数百万种独特的全新、翻新及二手商品，如图书、影视、音乐和游戏、数码下载、电子和电脑、家居园艺用品、玩具、婴幼儿用品、食品、服饰、鞋类和珠宝、健康和个人护理用品、体育及户外用品、玩具、汽车及工业产品等。

亚马逊在多个国家建立了本地化的网站，在商品、定价等方面存在差异化。目前亚马逊的站点包括：美国站、加拿大站、墨西哥站、英国站、法国站、德国站、意大利站、西班牙站、荷兰站、瑞典站、波兰站、日本站、澳大利亚站、印度站、阿联酋站、沙特站、新加坡站、土耳其站、越南站。

亚马逊平台能够为卖家提供包括物流、推广、商业顾问在内的一系列服务。亚马逊拥有专业的顾问团队，向平台商家免费提供首次上线的技术支持和咨询服务，并定期提供网络培训。

（一）亚马逊平台的特点

与其他电子商务平台相比，亚马逊平台具有以下五个特点：

1. 重产品，轻店铺

亚马逊平台非常注重产品的质量及品牌的知识产权，国内平台广告推广形式在亚马逊平台是不受用的，国内老店就是优势，在亚马逊不论是新店、老店，只要产品描述完善、质量有保障，介绍刚好是客户所需，就会受到平台的流量支持，提高产品曝光率，提升订单量。

2. 重展示，轻客服

产品展示页面详细描写出产品的特性、材质、颜色等特征，直观清晰地展示给买家，让买家了解产品是不是自己所需要的，不像国内电商一样需要客服长期维护。买家只需要通过电子邮件形式与店铺卖家进行沟通即可，所以在店铺运营中节省了大部分人力。

3. 重推荐，轻广告

亚马逊平台针对新入驻的卖家给予三个月的保护期，对新入驻店铺给予大力支持，不用大量资金进行广告直推，只要产品质量好，满足买家需要，就会给店铺足够的曝光量，增加成单率。

4. 重买家，轻卖家

亚马逊平台的买家较注重购物体验及产品性价比，比较注重生活质量，平台也一再强调产品与图片的符合性，不能出现夸大和美工特性，也减少了不必要的售后麻烦。与国内电商平台相比，亚马逊产品拥有独立的页面展示，内容详细，其中包括商品详情、买家评论、卖家报价及其他信息。而且在买家搜索一种产品时，只会出来这一种产品，这种单一产品页面不需要支付任何推广费用就能增加曝光量，卖家只需要专注于商品的销售量，可以好好地享受新手保护期。

亚马逊对于新手卖家来说是很友好的跨境电商平台，也是成单率较高、平均单价利润较高的平台。店铺等级不会影响商品销量，没有店铺等级之分，只重视产品质量。买家质量也较好，消费水平较高。

5. 完善的物流服务系统

亚马逊平台构建了完善的物流体系（Fulfillment by Amazon，FBA），为卖家提供包括仓储、拣货、包装、终端配送、客户服务与退货处理等在内的一站式物流服务，以缓解卖家的物流压力，帮助卖家提高物流服务水平。

FBA 是亚马逊提供的代发货服务，卖家把货物发往 FBA 的仓库，亚马逊提供包括仓储、拣货打包、派送、收款、客服、退货处理等一系列服务。亚马逊平台非常看重卖家的物流配送和售后服务的品质，为了达到平台的物流标准，对于大部分卖家来说都建议使用 FBA 服务。尤其是欧洲市场，国内寄往欧洲的物流时间长、费用高，如果卖家不能保证买家在 7 ～ 10 天内收到包裹，就会严重影响综合评分。所以，选择 FBA 是明智之举。

（二）亚马逊平台卖家账户类型

在亚马逊平台上，卖家账户分为三大类，即亚马逊供应商平台（Amazon Vendor Central，AVC）账户、亚马逊卖家平台（Amazon Seller Central，ASC）账户、亚马逊商业卖家（Amazon Business Seller，ABS）账户。其中，亚马逊商业卖家账户也可以理解为亚马逊卖家平台账户的升级版。

1. 亚马逊供应商平台账户

亚马逊供应商平台账户是亚马逊为拥有品牌的制造商和分销商创建的，卖家需要收到亚马逊的邀请后方可入驻。

在亚马逊供应商平台账户上，卖家主要担任供应商的角色，而亚马逊就是卖家的经销商。卖家将商品直接销售给亚马逊，亚马逊购买和储存卖家的商品，并负责商品的定价、运送、退货和客户服务等，商品在亚马逊金牌服务中自动注册，并显示为“亚马逊销售”（Sold by Amazon）。目前，亚马逊的自营商品大多来自亚马逊供应商平台账户。亚马逊供应商平台账户的特点如表 2–5 所示。

表 2–5　亚马逊供应商平台账户的特点

特点	具体表现
入驻方式	亚马逊供应商平台账户相对来说比较封闭，基本采用邀请入驻制。如果卖家没有获得亚马逊的邀请，是不能申请入驻的，AVC 在商品上传数量上没有限制，且全面支持“A+”界面。
商品定价	商品页面由亚马逊设计，亚马逊会通过其自动化系统为卖家的商品制定价格，所以在第三方销售平台上的商品价格可能低于卖家自己的定价。卖家的利润在一定程度上会有所减少，这是因为卖家的销售是与中间人（亚马逊）进行的，而不是直接面向终端客户的。
推广工具	卖家可以访问亚马逊营销服务（Amazon Marketing Services，AMS），这项服务为卖家提供了许多功能，如赞助商品、标题搜索广告、产品展示广告等，帮助卖家进行推广宣传。在亚马逊供应商平台上，卖家还可以获得季节性礼品指南、闪电交易、“A+”界面、品牌商店等服务。
物流系统	亚马逊负责库存和订单处理，物流部分会相对简化，第三方销售平台每周都会提供批量订单，然后交付给亚马逊分销中心，这意味着卖家不需要处理每个客户的订单。
客服	卖家使用亚马逊供应商平台账户时，亚马逊会负责所有客户服务，以及涉及欺诈的问题。

概括来说，亚马逊供应商平台账户为卖家提供了一些可以提高曝光率的促销工具，并且会帮助卖家管理所有物流。此外，商品上带有的“Sold by Amazon”标签是能在买家购买商品时带来信任感的指标。

2. 亚马逊卖家平台账户

亚马逊卖家平台账户是指零售商作为第三方卖家在亚马逊上销售商品，亚马逊在这里是第三方电子商务平台，属于 B2C 模式。对于中国卖家来说，亚马逊卖家平台账户有“自注册”和“全球开店”两种入驻方式。

注册为亚马逊卖家平台账户后，卖家不仅可以为商品定价，而且可以随时调整商品价格，还可以使用亚马逊的赞助商品广告服务。卖家需要管理库存，可以选择渠道进行分配，也可以使用 FBA 服务。卖家可以通过“服务窗口”解决商品库存、收款等环节遇到的问题，并且在添加商品目录时具备更大的灵活性。此外，FBA 有专业客服为卖家提供服务。

在亚马逊卖家平台账户中，卖家在商品定价上享有更多的自主权，而且可以更好地管理库存，访问后台“帮助中心”，在商品页面上添加信息时更加轻松。然而，卖家在销售时可以使用的促销工具较少，需要自己处理所有的物流问题，包括库存、运输、退货等，除非卖家使用 FBA 服务。

亚马逊供应商平台账户与亚马逊卖家平台账户的对比如表 2-6 所示。

表 2-6　亚马逊供应商平台账户与亚马逊卖家平台账户对比

项目	亚马逊供应商平台账户	亚马逊卖家平台账户
申请方式	由亚马逊邀请	自注册（通过官网链接注册）、全球开店（通过招商经理渠道注册）
账户类型	亚马逊供货商	第三方自营卖家
卖家名称显示	亚马逊	卖家店铺名称
广告位	AMS 广告位、亚马逊所有广告位	卖家广告位
商品售价	由亚马逊决定	由卖家决定
物流选择	FBA	自发货、FBA
开店收费	2% 佣金，4% ～ 10% 弹性成本，3% ～ 15% 市场开发费用，2% ～ 3% 物流损耗费用，1% ～ 2% 商品损耗费用	8% ～ 20% 品类费用，专业计划卖家店铺月租费用
结款时间	30 ～ 90 天	14 天

3. 亚马逊商业卖家账户

亚马逊商业卖家账户是亚马逊于 2015 年发布的针对企业及机构买家的一站式商业采购站点。通过亚马逊商业卖家账户，企业及机构买家可以专享商品特有价格及两日商品免费送达服务，并且能够轻松完成采购审批流程，让商业采购变得更加便捷。

简单来说，亚马逊卖家平台账户是亚马逊第三方卖家账户（即 B2C 账户），而亚马逊商业卖家账户可以帮助企业购买所需要的一切商品，提供一站式服务，同一个公司可以同时申请这两种账号。卖家以第三方卖家身份注册亚马逊账户后，满足亚马逊业务相关要求即可在卖家平台直接开通亚马逊商业卖家账户。

（三）亚马逊平台卖家销售计划类型

亚马逊第三方卖家可以选择个人销售计划（Individual）和专业销售计划（Professional）两种开店模式，这两种计划的主要区别体现在费用结构和功能使用权限上。以美国市场为例，“个人销售计划”账户没有月租费，但需要支付交易佣金；而“专业销售计划”账户则需要支付月度的订阅费。个人销售计划与专业销售计划的主要区别如表2-7所示。

表 2-7　个人销售计划与专业销售计划的主要区别

主要区别	个人销售计划	专业销售计划
销售数量限制	可以上传少于 40 件的商品	可以上传超过 40 件的商品
批量操作	无	有
订单数据报告	无	有
是否有机会获得黄金购物车	无	有
费用	零月租 + 每件商品 0.99 美元 + 其他费用	39.99 美元月租 + 其他费用

以上两种销售计划可以相互转化。如果卖家注册的是个人销售计划，以后就可以在后台自助升级为专业销售计划；如果卖家注册的是专业销售计划，以后也可以降级为个人销售计划。因此，卖家若想在亚马逊平台上销售商品，即使没有公司资质，同样可以在亚马逊平台上申请专业销售计划。

（四）亚马逊平台的优势

（1）亚马逊是线上最受欢迎的跨境电商平台，拥有很高的知名度和大量的卖家。

（2）亚马逊拥有比较高的门槛和公平竞争的规则。

（3）亚马逊的客户价格敏感性较低，产品利润最高。

（五）亚马逊平台的劣势

（1）因为亚马逊门槛比较高，所以通过个人注册的机会也较低。

（2）主要以跨国业务为主。以国际物流来说，个人的小物流成本太高。

（3）主要针对国外客户，语言系统不方便，遇到问题不容易沟通，对运营的要求比较高。

（4）平台时间太久。新手卖家入驻后如果没有很好的运营方法，很容易运营遇阻。

三、eBay——全球线上拍卖及购物平台

eBay 是一个可让全球民众在网上买卖物品的线上拍卖及购物网站。eBay 于 1995 年创立于加利福尼亚州圣荷塞。借助强大的平台优势、安全快捷的支付方式及完善的增值服务，eBay 在线交易平台成为全球领先的线上购物网站之一，数以万计的企业和个人用户通过 eBay 在线交易平台将商品销售至全球 200 多个国家和地区。

（一）eBay 平台的优势

eBay 平台拥有数目庞大的网上店铺，每天更新的商品可达数百万件，每天有数百亿元的资金通过 PayPal 快捷支付方式安全地实现流通。面对巨大的国际市场，eBay 平台的优势主要体现在以下几个方面。

1. 门槛较低

卖家只需注册 eBay 账户，就可以在 eBay 设立的全球各个站点上轻松地开展外贸销售。

2. 平台交易的商品具有独特性

eBay 是一个成熟的二手商品交易平台，卖家销售的商品只要不违反法律和 eBay 平台政策规定，均可在 eBay 平台上刊登销售。卖家刊登的商品可以是稀有且珍贵的物品，也可以是个人收藏的小物品。

eBay 平台使用 PayPal 在线支付工具，既安全又便捷，支持美元、欧元、英镑、日元等多种国际上主要流通的货币，让卖家的外贸支付畅通无阻。

3. 销售方式灵活

eBay 平台为卖家提供了多种销售方式，包括拍卖方式、一口价方式及“拍卖 + 一口价”方式，让卖家和买家有了更多的选择。

（二）eBay 平台的劣势

（1）后台难度高。eBay 后台是英文显示，对于一些英文较薄弱的卖家来说，增加了操作难度。

（2）付款方式比较单一。eBay 目前只支持 PayPal 付款方式。

（3）偏向买家，对卖家要求高。eBay 更看重买家的购物体验，所以对于卖家的产品质量以及售后服务比较看重，如果店铺被投诉，严重的话会被封店。

（4）收款项目较多。eBay 将卖家的店铺分为很多级，每个等级的收费标准都不同。eBay 除了收取店铺费用外，如果卖家需要使用特殊功能，也要支付相应的费用。

（5）审核周期长，产品数量有起始限制，需要积累信誉才能越卖越多，出单周期也

长，需要慢慢积累，店铺需要沉淀。

（三）eBay 平台卖家账号类型

eBay 平台的卖家账号分为个人账号和商业账号，卖家可以根据自身需要注册适合自己的账号。如果卖家想要临时销售一些商品，如销售一些自己不再需要的商品，可以选择注册个人账号；如果卖家想要销售大量的商品，可以选择注册商业账号。

卖家注册个人账号后，可以将其升级为商业账号。但是，如果卖家将个人账号升级为商业账号后，就不能再将商业账号改回个人账号。如果卖家想要将商业账号转换为个人账号，则需要联系 eBay 客户服务中心。

（四）eBay 平台卖家销售方式

eBay 平台为卖家提供了三种刊登物品的方式，即拍卖方式、一口价方式和“拍卖 + 一口价”方式。卖家可以根据自己的需要和实际情况选择物品刊登方式。

1. 拍卖方式

拍卖，顾名思义就是通过竞拍的方式进行销售，价高者得，这是 eBay 卖家常用的销售方式。卖家为商品设置起拍价格和在线时间进行拍卖，商品下线时出价最高的买家就是该商品的中标者，商品即可以中标价格卖出。

采取这种方式销售商品时，卖家需要根据自己设定的起拍价缴纳一定比例的刊登费。此外，根据商品最后的成交价格，还需缴纳一定比例的成交费。

为商品设置较低的起拍价，能够很好地激起买家踊跃竞拍的兴趣，通过连番竞拍也可以为卖家带来不错的利润。此外，拍卖的销售方式还可以增加商品的搜索权重。在商品的搜索排序中，即将结束拍卖的商品可以在“即将结束的商品”搜索排序中获得较为靠前的排名。

以拍卖的方式销售商品是一种低成本、高收益的销售方式，以下四种情况适宜卖家选择拍卖的方式对商品进行销售。

（1）卖家自己无法确定商品的价格，但又希望快速售出商品，可以采取拍卖方式借助 eBay 市场决定商品的价格。

（2）所售的商品非常独特，平时难以买到，能够引起买家的竞争。

（3）在售商品有较高的成交率，通常在刊登后就能售出。

（4）在 eBay 上销售商品，但最近没有成交的情况下，可以借助拍卖方式使商品按照“即将结束的商品”排序提高商品搜索排名。

2. 一口价方式

一口价方式就是以定价的方式刊登商品，这种销售方式便于买家非常快捷地购买商品。商品采取一口价方式进行销售享有很多优势，具体表现在以下五个方面。

（1）成交费用低。采用一口价方式，卖家可以根据自己为商品设定的价格支付刊登费，商品成交后只需缴纳较低比例的成交费。

（2）有议价功能。平台有议价功能，若商品最后的成交价即讲价后的价格，按照成交额支付一定的成交费即可。

（3）商品展现时间长。采用一口价方式，商品的在线时间最长可设置为 30 天，这样能够保证商品得到充分的展示。

（4）一次性刊登。当商品数量较多时，可以采用“多数量物品刊登”方式，一次性完成销售刊登，操作简单、快捷。

（5）操作省时省力。店铺中热卖的库存商品采取一口价方式刊登时，可以使用预先设置好的商品说明和商品描述，进而使商品刊登省时、省力。

在下列四种情况下，适合卖家选择一口价方式刊登自己的商品。

（1）卖家自己非常清楚所售商品的价值，或者对商品的价值有清晰的预估，希望从商品上获得相应的价值。

（2）希望自己的商品能够获得更长时间的展示，供买家购买。

（3）所售商品有多件，此时可以采取多数量刊登的方式将所有商品整合到一起一次性刊登。

（4）所售商品库存较多且不想花费太多的刊登费。

3.“拍卖＋一口价”方式

“拍卖＋一口价”方式就是卖家在销售商品时选择拍卖方式，在设置最低起拍价时，再根据自己对商品价值的评判设置一个满意的“保底价”，也就是“一口价”。这种方式能够综合拍卖和一口价方式的所有优势，让买家根据自身需要和情况灵活地选择购买方式，还能为卖家带来更多的商机。

在下列两种情况下，适合卖家选择“拍卖＋一口价”方式进行销售。

（1）所售商品种类较多，想吸引更多的具有不同需求的买家。

（2）希望提升销量，扩大买家对商品的需求，通过“拍卖＋一口价”方式让更多买家了解自己的店铺和其他在售商品。

（五）eBay 平台的费用构成

eBay 平台会根据卖家的使用情况收取相应的费用，站点不同，费用构成也有所不同。下面将以 eBay 美国站为例，详细介绍 eBay 平台的费用构成。

1. 非店铺卖家费用构成

非店铺卖家是指只在 eBay 美国站刊登商品进行销售，而没有在 eBay 美国站开设店铺的卖家。eBay 美国站非店铺卖家费用主要包括两种：一种是刊登商品时的刊登费，另一种是商品出售时的成交费。

（1）刊登费。卖家在 eBay 美国站上创建商品刊登时，eBay 会向每个刊登商品收取相应的费用，即刊登费。刊登费会根据商品的售价、刊登形式、卖家所选择的商品分类、刊登是否使用升级功能等有所不同。

每个月每个卖家可以获得至少 200 条的免费刊登，卖家只需为超出的商品刊登支付刊登费。如果卖家订阅了 eBay 店铺，就可以获得更多的免费刊登数。

卖家在创建商品刊登的时候可以为商品刊登添加特色功能，如加入副标题或使用粗体字等，让商品刊登更具吸引力。需要注意的是，卖家使用这些特色功能要支付相应的费用，特色功能的费用因商品价格、商品刊登形式和刊登天数的不同而不同。

（2）成交费。当卖家刊登的商品售出时，卖家需要支付成交费。成交费是按照商品销售总额（即买家支付的金额）的百分比来支付的。如果卖家账号表现不佳，卖家需要支付的商品成交费就会增加。

2. 店铺卖家费用构成

店铺卖家是指在 eBay 美国站订购 eBay 店铺的卖家。卖家在 eBay 上订购 eBay 店铺后，每月可以获得更多的免费刊登数。在 eBay 美国站，店铺卖家需要缴纳店铺订购费，其他费用结构与非店铺卖家相同，主要包括刊登费、成交费。如果卖家在刊登商品时使用了特色功能，还需要支付商品刊登特色功能费。

在 eBay 美国站，卖家所选店铺的级别不同，每月需要支付的月租费也有所不同，具体收费标准如表 2-8 所示。卖家在第一次订购店铺时，需要选择是每月自动续订还是每年续订，无论选择哪种形式，都是按月来支付店铺订购费的。

表 2-8 eBay 美国站店铺订购费收费标准

店铺类型	每月店铺订购费（美元）	
	每月续订	每年续订
初级（Starter）	7.95	4.95
基础（Basic）	27.95	21.95
精选（premium）	74.95	59.95
超级（Anchor）	349.95	299.95
企业（Enterprise）	目前无法使用	2999.95

四、Wish——智能化推荐商品的移动端平台

Wish 是由来自谷歌和雅虎的工程师 Peter Szulczewski 和 Danny Zhang 于 2011 年在美国创立的，是一家专注于移动购物的跨境电商 B2C 平台。该平台上约有 90% 的卖家来自中国。Wish 使用优化算法大规模获取数据，并为买家推送符合其兴趣和偏好的商品，让买家在移动端便捷购物的同时享受购物的乐趣。

（一）Wish 平台的特点

Wish 平台以“Shopping Made Fun”（娱乐购物）为品牌口号，与全球速卖通、亚马逊、eBay 等平台相比，主要具有以下特点。

1. 以瀑布流的形式展示商品

与其他跨境电商平台同时兼顾 PC 端流量和移动端流量不同，Wish 是一个专注于移动端的跨境电商平台。基于移动端的特性，Wish 平台在商品展示上与其他跨境电商平台相比有很大的区别。

首先，Wish 平台并不十分看重商品的描述，而更加看重商品图片的展示，对商品图片的质量要求较高，因此卖家在 Wish 平台上销售商品时要注重商品图片的展示。

其次，Wish 平台采取瀑布流的形式展示商品，商品图片能够不断地自动加载到页面底端，买家在 Wish 平台上浏览商品时无须翻页，就能不断地看到新的商品图片。

2. 以智能推荐为主

与其他电商平台需要买家主动搜索商品不同，Wish 平台能够根据买家的购买偏好为其提供个性化的商品推荐。Wish 平台拥有一套自己的智能算法，它能够运用算法分析买家的购物行为，为买家贴上大量的标签，然后将买家的标签与平台上的商品标签进行匹配，从而向买家精准地推荐符合其购买偏好的商品。

依靠独特的智能算法，Wish 平台将卖家的商品精准地推送到喜欢它的买家面前，同时买家看到的商品都是符合其自身喜好的商品。从某种意义上来说，Wish 平台的智能推荐让商品能够“主动”地展示在买家面前，而不是被动地依赖买家的搜索才能展示在买家面前。

（二）Wish 平台的费用构成

卖家在 Wish 平台上开设店铺销售商品需要支付相应的费用。Wish 平台的费用主要包括以下几项。

1. 店铺预缴注册费

卖家在 Wish 平台上新注册的店铺需要缴纳 2000 美元的店铺预缴注册费。如果卖家选择关闭账户，或者卖家的账户在注册过程中被关闭，卖家可以要求 Wish 平台退回店铺预缴注册费。如果卖家在运营过程中出现严重违规的情况，其账户将会被暂停，店铺预缴注册费将会被扣除且不予退还。

2. 平台佣金

在 Wish 上创建账户、开设店铺都是免费的，上传商品信息也不会被收取任何费用。不过卖家售出商品后，Wish 将从每笔交易中按照一定的百分比收取相应的佣金，即卖出物品后收取这件物品收入（售价 + 邮费）的 15% 作为佣金。

3. 其他费用

Wish 平台的其他费用主要包括提现手续费、广告费用、物流运费、平台罚款等。例如：卖家如果使用 Wish 物流项目（Fulfillment by Wish，FBW）、产品推广（Product Boost），均需支付相应的费用。

（三）Wish 平台的优势

（1）精准客户。Wish 的主要市场是北美地区，客户群体比较集中，卖家进入 Wish 市场后可以进行精准营销。

（2）移动端前景大。Wish 目前大量的客户成交单都来自移动端，且根据现在移动端的发展趋势，Wish 移动端具有非常大的潜力。

（四）Wish 平台的劣势

（1）佣金费用较高，Wish 的成交订单需要缴纳产品成交费以及提现费。

（2）产品审核时间长，审核严格。Wish 对于产品质量有较高的要求，对于仿品的审查极为严格。审核周期也比较长，一般在两周左右，如果审核时间长，也可能延长到2个月。需要注意的是，如果卖家被平台抓到销售侵权或假冒产品，有很大的风险会被关店封号。

（3）Wish 物流主要是以自发货为主，发货方式比较单一。

五、Shopee——东南亚市场电商平台

Shopee 成立于 2015 年，是一个主要面向东南亚市场的电商平台。自 Shopee 成立之日起，加入的卖家数量一直处于增长状态，平台总订单数也呈增长趋势，Shopee 成为很多卖家开拓东南亚市场必选平台之一。

（一）Shopee 平台的特点

与其他跨境电商平台相比，Shopee 具有以下特点。

1. 专注于移动端

Shopee 专注于移动端，顺应东南亚地区电商移动化的发展趋势。

2. 市场前景广阔

东南亚市场是 Shopee 的主要市场之一，东南亚市场人口基数大，具有较大的人口红利。同时，随着互联网技术的发展和智能手机在东南亚地区的普及，人们对网购的需求和理解日益加深，这为 Shopee 带来了庞大的用户基础。

此外，虽然有些东南亚地区尚处于发展中状态，但并不代表当地的人没有跨境购物的消费能力，而正是因为当地的发展水平有限，会在一定程度上刺激人们购买进口商品的需求。同时，东南亚地区距离中国较近，东南亚的人们对中国商品有较强的认可度，这也为中国卖家创造了更多的发展机会。

3. 具有较强的社交属性

Shopee 拥有较强的社交基因，具有即时聊天功能，能够让买卖双方进行即时沟通，为买家带来更好的购物体验，有效地帮助卖家提高转化率，降低退单率和纠纷率，提高重复购买率。

此外，Shopee 还具有社交分享功能，卖家和买家可以将商品分享在各种社交媒体平台上，以扩大商品的传播范围。Shopee 设有“关注”功能，买家可以在 Shopee 上“关注”自己喜欢的卖家，以便及时了解卖家商品更新和最新优惠活动。

（二）Shopee 平台的入驻流程

Shopee 是一个免费入驻的平台，不收取任何入驻费用。卖家入驻 Shopee 流程如图 2-11 所示。

图 2-11　卖家入驻 Shopee 流程

（三）Shopee 平台的优势

Shopee 平台的特点比较明显，优势也较多，如果想做东南亚跨境电商，可以考虑一下 Shopee 平台。

1. 支持卖家运营多家店铺

与其他跨境电商平台不同，Shopee 是支持每个卖家在一个站点中开三家店铺的，而且每个站点都可以开店，只要符合条件即可。

2. 支持铺货模式

目前 Shopee 也不会禁止卖家铺货，这对于新手卖家来说，是能更快出单的，同时也能节省一定的运营成本。

3. 国内有仓库

Shopee 在国内有好几个仓库，可以帮助国内的卖家备货，不用通过国际快递运输，这样可以节省一笔运输费用，同时提升产品的运输效率。

4. 不用交保证金

在 Shopee 开店，卖家不用缴纳保证金和年费，而且新店前 3 个月不收取佣金，第 4 个月开始才收取一定的站点佣金。

六、Starday——日本市场的跨境电商平台

Starday 是一家发源于日本的一站式跨境电商服务平台。Starday 线上平台于 2017 年开始筹备，并在 2019 年正式上线。在此之前，Starday 的主业是零售，在日本已经积累了数百万的用户。

Starday 致力于打造一个面向全球、公平公正、资源共享的一站式跨境电商平台。它依托全球建立的供应链体系，输出各类优质产品，通过共享平台资源，采用市场公平竞争机制，赋能跨境电商贸易后端供应链体系，助力全球合作伙伴顺利出海，为全球消费者提供高品质、真实惠的购物体验。

（一）Starday 平台的优势

1. 开店门槛低

相比于亚马逊的高门槛，Starday 力求最大限度地降低卖家的开店门槛。

首先，Starday 支持个人和企业入驻。其中，个人开店只需要准备身份证、银行卡就可完成开店。

在开店过程中，会有招商经理全程一对一辅导，帮助卖家完成注册和入驻开店的流程。在开店完成后，招商经理还会指导卖家如何操作后台。

2. 平台流量大、分配公平

虽然上线时间不长，但由于 Starday 之前在日本市场已经积累了数百万的用户，因此本身就带有巨大的流量。

目前，Starday 平台的流量已经超过千万，并保持着高速增长。平台自流量月增 30%，平台活跃卖家日增 15%。日新增注册用户超过 2 万，GMV 月增幅超过 23%。

在流量充足的情况下，Starday 还尽力保证流量分配公平，无论是新老卖家，还是大小卖家，都能得到。

3. 配套设施完善，运营成本低

平台自建国内中转仓和日本海外仓，并提供高标准的仓储管理流程。Starday 还为卖家提供了免费的 ERP 管理系统，帮助店铺完成商品管理、订单数据分析和店铺运营，为卖家降本增效。同时，平台配有中日双语客服，负责店铺的售后服务，解决卖家的沟通难题，降低卖家的客服人员成本。

（二）入驻所需资料

Starday 平台支持企业和个人入驻。

1. 企业入驻所需资料

营业执照［公司或个体工商（中国）］，法人身份证正反面照片，经营场地照片、银行卡照片，房屋租赁合同（非必要），水电费缴费证明（非必要）。

2. 个人入驻所需资料

个人身份证正反面照片，手持身份证照片（清晰），诚信经营承诺书（勾选），紧急联系人身份证正反面照片，银行卡照片。

（三）选品思路

想要做好日本市场，就需要对日本消费者和日本市场有全面的了解。整体来说，日本市场的消费者有以下特征：

1. 注重商品质量

日本消费者对于产品质量的要求非常高，哪怕是细节上的问题也会被注意到。

2. 高复购率

一般来说，如果日本消费者在一家店铺或品牌购买的产品没有问题，那么他们下次还会在这家店铺购买商品，所以，日本消费者的复购率很高。

3. 节日消费热情高

日本在节日期间往往会迎来电商的消费高峰。日本既有当地的特色文化节日，又受西方文化影响，像万圣节、圣诞节等节日在日本的影响力也很大。值得一提的是，大部分日本公司会在每年的 7 月和 12 月发放奖金，这段时间也是电商销售的高峰期。

知识拓展

日本市场热销品类

1. 玩具、兴趣爱好和 DIY 产品（日本市场最受欢迎的电商品类）
2. 家具与家电（日本市场第二大受欢迎的电商品类）
3. 电子产品
4. 时尚产品（增长很快）

（四）物流和回款

Starday 平台支持自发货，同时卖家也可以使用平台物流。

Starday 通过自建国内中转仓和海外仓，并与中日两国头部物流商合作，保证物流质量、速度和品质，进一步降低卖家的物流成本。此外，卖家使用日本海外仓可在第一个月免除仓储费。

因为日本消费者对于产品质量的要求非常高，所以如果是没有可靠货源的新卖家，还可以从海外仓的商品库中挑选产品上架，下单后商品会直接从海外仓发货，在保证商品质量的同时，可以进一步降低卖家的经营成本。

不同于普通的跨境电商平台，Starday 会由平台负责卖家的回款结算，并补贴交易费率。卖家每月可回款两次，加快资金流转，降低卖家的运营资金，用更少的资金运营更大的事业。

七、Shopify——一站式电商服务平台

Shopify 总部位于加拿大首都渥太华，是一站式 SaaS 模式的电商服务平台，为电商卖家提供搭建网店的技术和模板，管理全渠道的营销、售卖、支付、物流等服务。2015 年 Shopify 在纽约与多伦多两地证券交易所上市。

降低小型商户在网店经营上的技术门槛，是 Shopify 最基础的业务。商户注册账户，选择网站模板，上传商品并添加描述，设置价格和物流选项，添加收款方式，短时间内就能生成一个美观且可靠的独立站。

Shopify 提供 14 天的试用期，月费 29～299 美元不等，另外，还有面向更大型商户的，提供更个性化定制的 Shopify Plus 方案。目前已有超过一百万家企业使用 Shopify 平台创建了在线店铺。2022 年 1 月，京东与 Shopify 达成战略合作，向 Shopify 全球商户开放商品池。

（一）Shopify 平台的优势

（1）专业精美的模板。Shopify 官方提供超过 60 种精美的专业模板，移动端完全自适应，与各种移动设备完美兼容。

（2）提供全年 365 天、全天 24 小时在线支持。可以随时通过电话、在线聊天或电子邮件跟 Shopify 官方联系。

（3）提供稳定安全的服务器，在全球部署免费高速的 CDN。

（二）Shopify 平台的劣势

（1）交易费用。这个交易费用应该是 Shopify 最致命的一点了。除了每月套餐费外，Shopify 还会向用户收取 0.5%～2%的交易费用，但如果使用 Shopify Payment 作为收款方式，就不会被收取交易费用。

（2）虽然 Shopify 为商家提供超过 1400 种应用程序来扩展在线商店的功能，但许多应用程序不是免费的，并且每月向商家收取费用。

（3）网站程序采用 Liquid 语言，专业的开发程序员少。

（4）批发功能基本没有涉及，多语言的支持不是很好。某些要做 B2B 小额批发的商家会用 Shopify 来做，但它没有批发功能，比如要对价格进行阶梯设置，Shopify 需要借助 App。

知识拓展

主要的跨境电商出口 B2C 平台搜索排名规则

对于新手卖家而言，选择电商平台往往是首先会做的事情之一，选择好平台后要考虑的事情就是如何引流客户到自己的店铺里了。很多新手卖家朋友会详细了解各种开店技巧，但是依然无法让自己的店铺排名提升，下面就给大家介绍一下亚马逊、全球速卖通、eBay 和 Wish 跨境电商出口 B2C 平台的搜索排名规则。

一、亚马逊搜索排名规则

（一）亚马逊自营和 FBA 卖家排名靠前

不难发现，在亚马逊排名靠前的一般是亚马逊自营和使用 FBA 的卖家，亚马逊对于使用 FAB 的商品优先展示的比重很大，主要是亚马逊用户的行为习惯导致的，大部分亚马逊用户习惯使用货到付款的功能。

（二）店铺指标因素

主要影响店铺排名的店铺指标有销量、好评率及绩效。三个因素表现越高，排名越靠前。

（1）销量：销量的高低会直接影响亚马逊的销售扣点，销量越高，排名越靠前。

（2）好评率：亚马逊非常重视用户体验，而好评率就是口碑的体现之一。

（3）绩效：绩效由很多方面组成，包括订单缺陷率、订单取消率、延迟发货率等。

（三）搜索及类目相关性

搜索相关性：标题中必须含有关键词，商品的 5 个搜索关键词、材质相关关键词、款式相关关键词等都对排名有帮助。

类目相关性：亚马逊每个商品类目下都有属性可供选择，在商品上架时选择好商品属性、材质等对排名有帮助。

二、全球速卖通搜索排名规则

不同于亚马逊，全球速卖通与 eBay 类似，都是遵循搜索排名规则的，而影响全球速卖通搜索排名的因素主要是搜索词与商品相关性和商品质量。

（一）搜索词与商品相关性

（1）商品的标题描述与搜索词的匹配程度。

（2）商品属性的正确性对排名的帮助。

（二）商品质量

全球速卖通对于商品质量的因素判断有四个方面：商品图片、商品价格、商品销售情况、商品销售转化率。

（1）商品图片：对于图片要求除了清晰外，还需要在上传主图时上传6～8张副图，且要求图片必须包含商品主体、细节、包装、材质等要素，简单理解就是用户可以通过图片对商品主要性质进行了解。

（2）商品价格：全球速卖通更偏向于上传的商品与平台上同类商品的主流价格越接近越好。

（3）商品销售情况：即店铺商品的历史销售数据，数据越合理，商品质量越好。

（4）商品销售转化率：即其他所有条件相同，在固定时间内商品的销量越高，排名越靠前。这里需要注意的是，如果在一定时间内商品的曝光次数很高而销量很少的话，商品质量会被全球速卖通判定为不好。

三、eBay搜索排名规则

对eBay来说，商品的排名有一个最重要的指标就是最佳匹配，而影响最佳匹配的因素包括近期销售记录、即将结束时间、卖家评级、买家满意度、商品标题相关性、商品价格和运费、卖家表现、退换货服务。

（1）近期销售记录：这个记录主要是对eBay定价类商品，它是判定卖家的Listing中，有多少item被不同买家所购买的数据。商品的记录越高，所能获得的曝光度就越多。

（2）即将结束时间：这个因素主要是针对拍卖类商品，事实上就是拍卖商品的下架时间。拍卖的商品在即将下架时的排名是最好的。

（3）卖家评级：评价的维度有四个方面，包括商品描述、客服、物流时间、运费。评价越高，商品排名越靠前。

（4）买家满意度：有三个衡量标准。中差评数、买家评价中1～2分数量、投诉数量。满意度越高，排名越靠前。

（5）商品标题相关性：即用户的搜索词与商品的标题和关键词的匹配程度。

（6）商品价格和运费：eBay的规则是提高免运费的商品排名，降低高运费或者运费不明确的商品排名。

（7）卖家表现：这里的卖家表现指的是卖家在诚信方面的表现，因素比较多，包括买家投诉的比例，买家满意度和评价等。

（8）退换货服务：卖家如果提供退换货服务，排名会更好。

四、Wish规则

Wish与其他几大平台的不同之处在于，它本是基于移动端的平台，且前身又类似于社交软件。所以Wish在规则上弱化了搜索的功能，增强的是个性化的推送功能。每个用户通过Wish看到的商品都是不一样的，那么想要提高推送就需要符合Wish的规则。

Wish会根据用户的兴趣特征、社会属性、自然属性给用户贴上不同的标签，再结合用户的需求标签进行匹配。同时Wish还可以通过Facebook、谷歌邮箱账户直接登录，因此Wish可以调取这些平台的数据记录，通过用户平时的兴趣爱好等对用户进行细分类。

因此，在Wish这样的规则下，卖家需要做的就是结合自己的商品做目标客户的用户画像，然后通过标签设置将自己的商品与Wish上的目标客户进行匹配。

每个平台都有自己独有的排名规则，卖家在如何选择跨境电商平台这一问题上需要多总结，摸索出最适合自己商品的规律。当然，有的卖家是已经有了商品之后再去考虑如何选择跨境电商平台，但是在国内跨境电商高速发展的背景下，更多新手卖家则是先了解平台然后考虑选品，然后选品又是跨境电商中最重要的环节之一。选品的方式、方法有很多种，可以通过互联网搜索、朋友或者资深卖家的推荐、批发市场去找等。每个方式都有自己的技巧和困难点，很多时候会让卖家望而却步。

行业观察

跨境电商：中国品牌出海的战略新通道

据海关总署统计，2021年我国跨境电商进出口规模达到1.98万亿元，同比增长15%，其中出口1.44万亿元，增长24.5%。跨境电商已经成为我国进出口贸易的重要组成部分，是外贸企业开展进出口业务的重要渠道，是贸易方式创新的重要趋势。当下，在我国努力构建以国内大循环为主体、国内国际双循环相互促进的新发展格局过程中，充分发挥跨境电商助力中国品牌出海的战略新通道作用显得尤其重要。

1. 为品牌出海带来新的确定性

当今世界正经历百年未有之大变局，国际环境日趋复杂，黑天鹅、灰犀牛事件频发，不稳定性、不确定性明显增加，世界经济陷入低迷期，经济全球化遭遇逆流，供给冲击、需求收缩、预期转弱现已成为全球经济面临的共同挑战。但同时，我们也看到新一轮科技革命和产业变革深入发展，以电子商务为代表的新经济正在加速与传统经济深度融合，全社会数字化进程大大加速。

党的二十大报告提出要“推动货物贸易优化升级，创新服务贸易发展机制，发展数字贸易，加快建设贸易强国”，要“加快发展数字经济，促进数字经济和实体经济深度融合，打造具有国际竞争力的数字产业集群”。对外发展数字贸易，对内建设数字中国已经是未来我国创新发展的确定性路线，这充分表明紧抓全球数字化发展新机遇，大力发展数字经济，既是经济发展的必然趋势，也是驱动双循环新发展格局的重要动能。

跨境电商作为数字经济在国际贸易领域的重要业态，其出现和发展适应了贸易小额化、灵活化的发展需求，更适应快节奏的现代社会，同时极大降低了国际贸易的门槛，让更多的中小微主体可以通过跨境电商寻找商机、拓展市场、销售产品、创立品牌，展现出强大的生命力和发展活力。

2. 降低中国品牌出海的门槛

对品牌出海企业而言，通过跨境电商出海可以极大降低开拓海外市场的门槛。依托传统渠道，在海外市场建立品牌需要大量的投入和长期的运营，品牌知名度需要多年的积淀才能逐步占领目标市场。只有具备相当实力的大企业才有成功的机会。

传统经济时代，中国品牌成功“走出去”的寥寥无几，成为国际知名品牌的更是凤毛麟角。华为、联想、海尔、TCL、海信、李宁等无不是经过了长期持续的产品创新和大量的渠道投入与宣传才逐渐在海外市场站稳脚跟，这些企业也都是国内市场各领域的佼佼者，具备雄厚的实力。相对而言，近年来一批中国新锐品牌依托快捷的线上渠道，迅速在海外市场打出品牌知名度，这些品牌基本成立时间很短，很多是从零起步，甚至在国内没有什么知名度，在海外市场建立起强大品牌影响力后才逐渐为国人所知。

在跨境电商领域，安克创新（Anker）、希音（Shein）、飒芙（Zaful）、致欧家居等品牌依托第三方平台或自建独立站平台快速成长为各细分市场的头部品牌，有数据显示跨境电商领域中国出海品牌已达5000余家。新国潮品牌的元气森林、完美日记、泡泡玛特等在品牌出海过程中也非常注重线上渠道，借助跨境电商快速建立品牌心智。

3. 补足品牌出海的渠道短板

品牌的建立离不开渠道的支撑。长期以来，我国外贸企业处于全球价值链的底端，只能依靠廉价的人工、原材料、土地资源投入和大量的能源消耗建立起的产品价格优势赢得市场。尽管近年来从外贸出口结构上看，一般贸易占比已经大大高于加工贸易，高科技产品、机电产品、电子产品、汽车等有较强技术含量的产品逐步成为出口主力产品，但从价值增值角度，产品价格中的品牌增加值仍然很少。究其原因，很大程度上在于中国产品在海外市场缺乏渠道控制力，出口过程中大都采用FOB模式，产品装船离岸后，后续的销售已经跟出口企业没有关系了，大量OEM、ODM产品的设计溢价、品牌溢价均被海外有渠道能力的企业占据。

数字贸易时代，西方国家在渠道市场方面的垄断优势被跨境电商新通道削弱。跨境电商服务的是全球消费者和采购商对优质商品的线上采购需求，连接的是各国众多的生产商、品牌商、贸易商甚至是个体网商，在技术的支持下搭建起一条高效率的线上贸易和交易通道。依托跨境电商新通道，中国品牌出海企业可以直接触达全球终端消费及采购需求，其战略价值不言而喻。

eMarketer调研数据显示，2021年全球零售电子商务交易额达4.9万亿美元，预计2022年有望达到5.4万亿美元，成为全球消费新的增长点。超5万亿美元的线上零售大市场，也为中国品牌出海提供了足够大的市场空间。更重要的是，这个线上市场对于所有企业都是开放的，规则都是平等的，渠道都是透明的，这就为中国品牌出海企业提供了一个全新的赛道，在这个赛道上，渠道能力不再是中国品牌出海企业的短板。

4. 提升品牌出海企业的核心能力

品牌是建立在用户的心智共识中的。用户在哪儿、如何触达、触达后如何强化是品牌建设的核心问题。依托互联网、大数据、云计算、虚拟现实、人工智能等数字技术在全球范围的广泛连接与深度渗透，生产供给、流通贸易、消费市场的协同效应正得到快速强化，技术驱动下的全球新流通时代正在加速到来。同时，伴随全球新兴经济体快速崛起，区域全面经济伙伴关系协定（RCEP）生效实施，在区域经济一体化趋势持续加强的背景下，跨境电商正在突破国家和地区间的障碍，成为重要的数字化贸易基础设施。

基于跨境电商的基础设施服务能力，品牌出海企业可以化整为零，有效降低贸易风险；同时，可以借助跨境电商进一步提升对海外市场的需求判断能力，及时优化产品研发设计，调整供应链，强化品牌建设，持续增强企业的核心竞争能力。在这方面，很多中国品牌出海企业已经开展了成功实践。

品牌出海企业在消费者前端可充分利用跨境电商平台、社交媒体、搜索引擎提供的智能化数据分析工具，基于消费大数据及时掌握海外消费需求趋势，更有品牌建立起强势的独立站App直接连接消费群体，掌握第一手的消费数据，实现面向细分市场的消费需求洞察；同时，在供给侧借助数字化工具建立起供应商网络，搭建小单快反的柔性制造供应链，实现产品的快速迭代和有针对性的创新研发，再通过快速物流实现产品及时交付。整个过程充分体现了跨境电商赋能品牌出海企业的消费洞察能力、精细运营能力、持续创新能力，而这些恰恰是品牌出海企业最有价值的能力护城河。

数字贸易新时代的大幕已经开启，在跨境电商新的赛道上，品牌出海企业机遇无限，我们共同期待更多的中国产品成为中国品牌，引领中国制造转型为中国智造。

资料来源：李鸣涛．跨境电商：中国品牌出海的战略新通道．新华社客户端．

操作示范

［任务1］全球速卖通、亚马逊、Shopee都属于跨境电商出口的B2C平台。

［任务2］跨境电商出口B2C平台有eBay、Wish等。

［任务3］eBay平台的特点有：门槛较低，平台交易的商品具有独特性，支付方便，销售方式灵活。

实训演练

1. 某个主营婚纱的商贸公司打算通过入驻跨境电商 B2C 平台开启跨境电商之路，在入驻平台之前，公司管理者需要了解各个跨境电商平台的运营模式和特点。请你以公司业务员的身份根据公司主营产品选取几个具有代表性的跨境电商平台，分析不同平台的运营模式、特点、优劣势，并完成表 2-9。

表 2-9 跨境电商 B2C 平台比较

序号	跨境电商平台名称	网址	成立时间	目标市场	优势劣势
1					
2					
3					
4					

2. 在搜索引擎中输入想浏览的跨境电商平台的名称，如“Amazon”“全球速卖通”，在搜索结果页面中单击其网址，浏览其页面，在首页搜索框搜索“desk lamp”（台灯）关键词，进一步总结平台的特点。

项目练习

一、单项选择题

1. 天猫国际的品牌吉祥物是（　　）。

A. 猫机长　B.“饺子皮”La'eeb　C. 冰墩墩　D. 乐乐

2. 天猫国际是（　　）正式上线的。

A. 2014 年　B. 2015 年　C. 2009 年　D. 2013 年

3. 考拉海购成立于（　　）年。

A. 2014　B. 2015　C. 2009　D. 2013

4. 洋码头成立于（　　）年。

A. 2014　B. 2015　C. 2009　D. 2013

5. 阿里巴巴集团的第一个业务模块是（　　）。

A. 全球速卖通　B. 阿里巴巴国际站　C. 淘宝网　D. 国际支付宝

6. 外贸直通车英文表示正确的是（　　）。

A. P4P　B. FBA　C. FBW　D. C2C

7. 在全球速卖通平台上，个体工商户 / 企业最多可开通（　　）个全球速卖通店铺。

A. 4　B. 5　C. 6　D. 7

8. 在 eBay 平台上，如果卖家无法确定商品的价格，但又希望将商品快速售出，可以选择（　　）的销售方式。

A. 拍卖　B. 一口价　C. 拍卖 + 一口价　D. 随机定价

9.（　　）是工业和信息化部指定的“全国电子商务指数监测重点联系企业”。

A. 全球速卖通　B. 阿里巴巴国际站　C. 敦煌网　D. Shopee

10. 亚马逊平台始终坚持（　　）的理念，并将这一理念落实到很多细节上。

A. 技术支持　B. 买家至上　C. 咨询服务　D. 物流时速至上

11. Shopee 的主要市场是（　　）。

A. 东南亚　B. 北美　C. 俄罗斯和巴西　D. 欧洲

12.（　　）是一个专注于小额 B2B 领域的跨境电商平台，侧重于帮助我国中小微企业开展小批量的跨境电商 B2B 交易。

A. 阿里巴巴国际站　B. 中国制造网　C. 环球资源网　D. 敦煌网

13. eBay 平台使用（　　）在线支付工具。

A. PayPal　B. VISA　C. MasterCrad　D. T/T

14. Starday 平台是（　　）的跨境电商 B2C 平台。

A. 东南亚　B. 日本　C. 俄罗斯和巴西　D. 欧洲

二、多项选择题

1. 下列属于全球速卖通平台专卖店特点的是（　　）。

A. 卖家以自有品牌（商标为 ® 商标或 TM 状态），或者持他人品牌授权文件在全球速卖通开设的店铺

B. 单店铺可申请多个品牌

C. 店铺名称是“品牌名 + 自定义内容 +store”的格式

D. 二级域名是“品牌名 + 自定义内容”的格式

E. 单店铺只可申请一个品牌

2. 下列属于阿里巴巴国际站的特点的是（　　）。

A. 访问流量大，在境外知名度高

B. 大数据优势明显，形成数字化格局

C. 功能完善，服务系统化

D. 专注于移动端

E. 国际版淘宝

3. 下列对 Shopee 平台的描述正确的是（　　）。

A. 以瀑布流的方式展示商品　　B. 专注于移动端

C. 较强的社交属性　　D. 向买家智能推荐商品

E. FBA 物流选择

4. 亚马逊平台构建了完善的物流体系 FBA，为卖家提供包括（　　）等在内的一站式物流服务。

A. 仓储　B. 拣货　C. 包装　D. 终端配送　E. 客户服务与退货处理

5. 全球速卖通的店铺分为（　　）三种类型。

A. 官方店　B. 专卖店　C. 品牌店　D. 专营店　E. 旗舰店

6. 亚马逊卖家账户可分为（　　）。

A. 亚马逊供应商平台账户　　B. 亚马逊卖家平台账户

C. 亚马逊商业卖家账户　　D. 亚马逊销售账户

E. 亚马逊保证金账户

7. eBay 平台为卖家提供了哪几种刊登物品的销售方式？（　　）

A. 拍卖方式　B. 一口价方式　C.“拍卖＋一口价”方式

D. 包邮方式　E. 竞标方式

三、判断题

1. 全球速卖通市场的侧重点在于新兴市场，尤其是俄罗斯和巴西。（　　）

2. 亚马逊卖家平台账户是指零售商作为第三方卖家在亚马逊上销售商品，亚马逊在这里是第三方电子商务平台，属于 B2B 模式。（　　）

3. eBay 是一个成熟的二手商品交易平台，卖家销售的商品只要不违反法律和 eBay 平台政策规定，均可在 eBay 平台上刊登销售。卖家刊登的商品可以是稀有且珍贵的物品，也可以是个人收藏的小物品。（　　）

4. 与其他跨境电商平台同时兼顾 PC 端流量和移动端流量不同，Wish 是一个专注于移动端的跨境电商平台。（　　）

5. Shopee 成立于 2015 年，是一个主要面向中东市场的电商平台。（　　）

6. 亚马逊是一个跨境电商 B2B 平台。（　　）

7. 阿里巴巴国际站是一个跨境电商 B2B 平台。（　　）

8. Wish 是一个跨境电商 B2B 平台。（　　）

9. 全球速卖通是一个跨境电商 B2B 平台。（　　）

四、简答题

1. 简单说明卖家在选择跨境电商平台时需要考虑哪些因素。

2. 列举说明两个出口跨境电商 B2B 平台的名称及概况。

3. 列举说明三个出口跨境电商 B2C 平台的名称及概况。

4. eBay 平台为卖家提供了哪三种刊登物品的方式？

模块三　跨境电商市场调研与选品

知识目标

1. 了解跨境电商市场调研的基本策略。
2. 掌握市场调研的内容及方法。
3. 熟悉主流市场的消费特点。
4. 掌握跨境电商外部数据分析和内部数据分析工具。
5. 理解选品要考虑的因素、选品的基本逻辑和原则。
6. 熟悉主流跨境电商平台选品规则。

技能目标

1. 能够进行跨境电商市场调研。
2. 能够根据调研情况撰写调研报告，对企业提供决策支持。
3. 能够结合市场选择合适的产品。
4. 能够根据选品原则做好跨境电商不同平台的选品。

素养目标

1. 培养学生具有良好的沟通习惯和沟通技巧。
2. 提高学生的核心竞争力，增强其民族自豪感，培养其爱国主义精神和家国情怀。
3. 培养学生具有认真踏实的工作态度和精益求精的工匠精神。

- 跨境电商市场调研与选品
  - 跨境电商市场调研
    - 国际市场调研的内容
    - 跨境电商市场调研的基本策略
    - 跨境电商市场调研的方法
    - 跨境电商市场调研报告的基本要求和内容
  - 跨境电商选品
    - 跨境电商选品概述
    - 跨境电商选品的方法
    - 跨境电商选品思路
    - 主流跨境电商平台选品原则

单元一 跨境电商市场调研

任务导入

KERUI：精细化商品定位，决胜小众类目

KERUI 是最早一批入驻全球速卖通平台的卖家之一，它主要销售的商品是其自主研发设计生产的防盗报警设备，主要销售市场为美国、法国、西班牙、俄罗斯、乌克兰等国家和地区（见图 3–1）。经过多年的发展，KERIT 在全球速卖通平台上的官方店铺的销售额在防盗报警设备类目下名列前茅，店铺积累了超过 40 万的粉丝。KERUI 之所以能获得如此骄人的成绩，离不开其采取的商品精细化定位策略的助力。

防盗报警类商品需要根据境外买家的使用习惯、家庭环境、网络环境等进行精准定制。KERUI 采取的策略就是竭尽所能地了解买家所在地的环境特点和买家需求，为其提供最合适的商品，例如：KERUI 通过调研发现，俄语系国家和地区的买家更需要手机卡类的商品，而美国、西班牙等国家和地区的买家需要 Wi-Fi 类商品。为了提高转化率，KERUI 根据各国（地区）买家消费能力的不同为商品搭配不同价位的赠品，如果某款商品的目标市场买家的消费能力较强，那么 KERUI 会为该款商品搭配一些较贵的赠品，这样通常能带来更高的转化。

传统的报警器有一定的安装门槛，为了克服语言障碍，让境外买家方便地安装和操作报警器，KERUI 根据不同国家和地区买家的需求，推出了能够提供英语、法语、俄语、西班牙语等不同语言模式选择的语音使用说明，能够满足全球六成以上国家和地区买家的需求。同时，KERUI 还通过改进商品外观与内置软件降低报警器的使用门槛。KERUI 推出了一款如手机一般的家用报警器，它以无线操作为主，买家通过 KERUI 提供的操作视频即可自行安装，在平时使用时通过简单的按键就能操作，基本上不需要使用说明书。

当前防盗报警类商品除了向智能化方向发展，同时也从室内应用场景向室外应用场景延伸，KERUI 的运营者也认识到这一点，并在商品研发上做出更多尝试。针对户外人群，KERUI 尝试开发野外报警设备，此外，KERUI 也正在将自己的经营品类延伸到智能家居、智能防护系统和远距离呼叫系统上，使自己的商品能够为买家提供全方位的家庭防护。

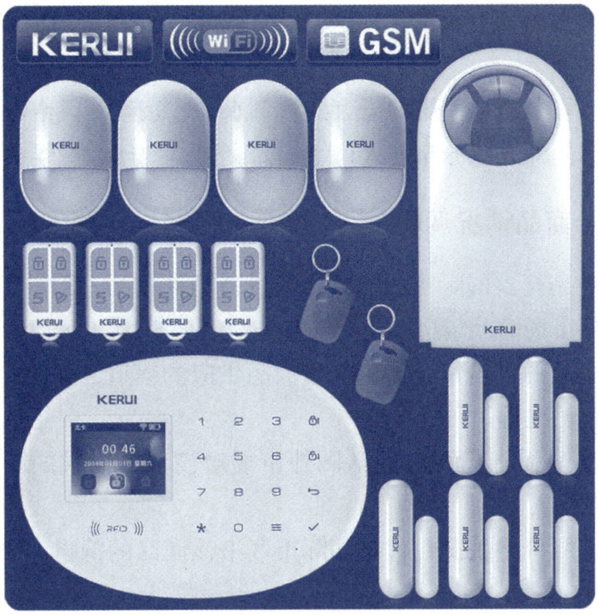

图 3-1　KERUI 产品

［任务 1］跨境电商国际市场调研的内容有哪些？
［任务 2］俄罗斯跨境电商市场的消费者特点是什么？

知识精讲

一、国际市场调研的内容

一般而言，从国际贸易商品进出口角度看，国际市场调研主要包括国际市场宏观环境调研、国际市场商品情况调研、国际市场营销情况调研和国外客户情况调研。

国际市场调研的内容

（一）国际市场宏观环境调研

企业想要开展进出口业务，如同军队作战首先须分析地形、了解作战环境一样，需要先了解宏观的商务市场环境，做到知彼知己，方能百战不殆。企业对国际市场宏观环境调研的主要内容有以下几项。

（1）国外经济环境。包括一国的经济结构、经济发展水平，经济发展前景、就业、收入分配等。

（2）国外政治和法律环境。包括政府机构的重要经济政策，政府对贸易实行的鼓励政策、限制措施，有关外贸方面的法律法规，如关税、配额、国内税收、外汇限制、卫生检疫、安全条例等。

（3）国外文化环境。包括使用的语言、教育水平、宗教、风俗习惯、价值观念等。

（4）其他。包括国外人口分布、人口结构、交通、地理、气候条件等情况。

（二）国际市场商品情况调研

企业要将某种产品打入国际市场或从市场进口某种产品，除需了解国外市场宏观环境外，还要了解国际市场商品情况，主要包括：

（1）国外市场商品的供给情况，包括该商品供应的渠道、来源，国外生产厂家、生产能力、数量及库存情况等。

（2）国外市场商品需求情况。包括国外市场对该商品需求的品种、数量、质量要求等。

（3）国际市场商品价格情况，包据国际市场上该商品的价格，价格与供求变动的关系等。

（三）国际市场营销情况调研

国际市场营销情况调研是对国际市场营销综合情况的调研，除上述已经提到的商品及价格外，一般还应包括以下几项。

（1）商品销售渠道。包括销售网络设立、批零商的经营能力、经营利润、消费者对销售商的印象、售后服务等。

（2）广告宣传。包括消费者购买动机、广告内容、广告时间、广告方式、广告效果等。

（3）竞争分析。包括竞争者产品质量、价格、政策、广告、分配路线、占有率等。

（四）国外客户情况调研

国外客户情况的调研用于目标客户的定位，每个商品都有自己的销售（进货）渠道。销售（进货）渠道是由不同的客户组成的，企业进出口商品必须选择合适的销售（进货）渠道与客户，一般来说，商务企业对国外客户群体的调研主要包括以下内容：

（1）客户政治情况，主要了解客户的政治背景、与政界的关系、公司企业负责人参加的党派及对我国的政治态度。

（2）客户资信情况，包括客户拥有的资本和信誉两个方面。资本指企业的注册资本、实有资本、公积金，其他财产及资产负债等情况，信誉指企业的经营作风。

（3）客户经营业务范围。主要指客户的公司经营的商品及其品种。

（4）客户类型调研，指客户是中间商、使用者、专营商，还是兼营者等。

（5）客户经营能力。指客户业务活动能力、资金融通能力、贸易关系、经营方式和销售渠道等。

二、跨境电商市场调研的基本策略

跨境电商市场调研的基本策略

（一）收集网上客户和潜在客户的信息

跨境电商市场调研的目的是收集网上采购者、购物者和潜在顾客的信息，加强与消费者的沟通，了解需求并更好地服务于客户。

（二）设置企业站点

只有让更多的客户访问企业的站点，接受企业的调研询问，才能使调研人员了解和掌握更多、更真实的信息。网络市场调研中最复杂的一个问题就是调查人员无法确切知晓谁是本公司站点的访问者，调研人员必须采取适当的策略来识别访问者，因为在互联网上要求访问者回答有关问题不是一件容易的事。

在进行跨境电商市场调研时应注意以下问题：

（1）及时调整调研问卷内容组合以吸引访问者。网络市场调研的最大优势是可以方便地随时调整、修改调研问卷上的内容，可以实现不同调研内容的组合。比如产品的性能、款式、价格及网络订购的程序，如何付款，如何配送产品等。时期不同、产品不同，访问者的兴趣也不同。调研人员应通过不同因素组合的测试，分别判断何种因素组合是访问者最重要、最关心和最敏感的，进而调整调查问卷的内容，使调研主页对访问者更具吸引力。同时，调研的主题要明确、简洁，方便调查者正确理解和回答，调查问卷也应该方便调研人员和数据统计人员的工作，便于调查结果的处理。

（2）采取适当的激励措施以吸引访问者。采取适当的激励措施是必不可少的，但要注意避免引起样本失真。有些用户参与调查的目的可能只是为了获取奖品，在网站上同一个客户多次填写调查表的现象时有发生，即使在技术上给予一定的限制条件，也很难杜绝。因此在考虑吸引更多网民的同时，也要尽量减少不真实问卷发生的可能性。

（3）有针对性地跟踪目标顾客。调研人员在互联网上或通过其他途径获得了顾客或潜在客户的电子邮件地址，可直接使用电子邮件向他们发出有关产品和服务的询问，请求他们反馈回复，也可以在电子调查表中设置让顾客自由发表意见和建议的板块，请他们发表对企业、产品、服务等各方面的见解和期望。通过这些信息，调研人员可以把握产品的市场潮流及消费者的消费心理、消费爱好、消费倾向的变化，根据这些变化来调整企业的产品结构和市场营销策略。

（4）多种调研方式相结合进行市场调研。由于中国的网络环境和网络市场调研还有许多不完善的地方，在调研时，可以运用网络市场调研与传统市场调研相结合的方法，使用一手数据调研与二手数据调研相结合的方法。通过不同调研数据的对比，对数据进行必要的修正和调整，以获得有价值的市场数据，必要时还可以同访问量大的网站合作以增加参与者的数量。

三、跨境电商市场调研的方法

跨境电商市场调研的方法

（一）国际市场调研的方法

国际市场调研是一项复杂、细致的工作，需要以科学的方法去指导。国际市场调研的方法可以分为实地调研和案头调研。

1. 实地调研

（1）实地调研的含义。实地调研是指调研人员直接从国际市场中收集资料的调研方法。采取这种方法收集到的资料就是原始资料，又称第一手资料。原始资料是针对特定问题而收集的资料，具有较强的目的性。原始资料的数据是当前数据，数据来源明确，具有较强的时效性和可靠性。

（2）实地调研的方法。实地调研的方法主要有观察法、实验法和询问法。

①观察法。观察法是指调研人员直接到达现场，通过直接观察或借助工具、机器观察被调研者的行为，从而获得原始资料的调研方法。例如：调研人员可以运用仪器设备记录买家的购买行为，也可以在展览会、订货会现场进行观察（如观察商品的展销情况、不同款式商品的订购情况等），从而取得相关资料。

②实验法。实验法是指调研人员挑选合适的目标群体，将其分为测试组和对照组，并对测试组进行某种处理，然后观察两个组的反应，从而获取相关信息的调研方法。

在国际市场调研中，实验法具有很强的应用性。当卖家想要调查店铺装修风格、商品价格、商品陈列方式、广告推广等因素对买家购买行为所产生的影响时，就可以采取实验法获取相关资料。例如：卖家想要调查店铺内商品价格对买家购买行为的影响，就可以在不改变店铺装修风格、商品陈列方式、广告推广模式等因素的前提下调整商品价格，发现不同价格对买家购买行为的影响，从而找到最能激发买家购买行为的价格。

③询问法。询问法是指调研人员通过提问的方式向被调研者了解情况，从而获得原始资料的调研方式。询问法分为当面访谈、问卷调查和电话访谈。

第一，当面访谈。当面访谈是指调研人员对被调研者进行当面访问，从而获得相关资料的方法。当面访谈又分为个人深度访谈和焦点集体访谈。

个人深度访谈是指调研人员逐个访问被调研者，与其进行单独面谈，从而获得有效信息。调研人员采取个人深度访谈的方法，不应注重话题的广泛性，而应注重话题的深度，从而挖掘出有深度的信息。例如：调研人员提出问题："您有几套西装？"被调研者回答："两套。"调研者可以追问："是定做的，还是直接购买的？"如果被调研者回答："定做的。"调研者可以追问："您觉得定做西装有哪些优势？""您在哪里定做西装？"如果被调研者回答："直接购买的。"调研者则可以问："您在哪里购买的？""您经常购买哪个品牌的西装？""您购买的西装价位是多少？"

焦点集体访谈是指将 5 ～ 10 个被调研者召集在一起，由受过训练的调研人员引导他们就某一个话题展开讨论，并记录讨论结果，以供后期进行深入分析的方法。与个人深度访谈不同，焦点集体访谈通常不提供统计意义上的信息，只提供被调研者情感、感知方面的信息，体现其对某个事物的感觉或想法。

第二，问卷调查。问卷调查是指调研人员通过制定详细周密的问卷，要求被调研者问答问卷上的问题以收集资料的方法。调查问卷又称调查表或询问表，是以问题的形式系统地记载调查内容的一种问卷。调查问卷中的问题和答案的设计会影响调研的结果，所以调查问卷的设计非常重要。

在设计调查问卷时，需要注意以下几点：语气要亲切、自然，让被调研者愿意配合；问题要简单易懂，避免使用专业性太强的术语；设计的问题要简短，具有较强的概括性；问题和答案不带有偏见和倾向性；问题顺序要由浅入深，循序渐进；文字表达清晰，避免用词模棱两可、含糊不清；避免直接询问比较敏感的问题（如年龄、收入等）。如不要问"您的年龄是多少"而是问"您是哪一年出生的"，或者给出年龄段（如18岁以下，18～25岁，26～35岁，36～50岁，50岁以上）供调研者选择。

第三，电话访谈。电话访谈是指调研人员通过电话访问被调研者，从而获得相关资料的方法。在做电话访谈时需要注意几点：一是调研人员提出的问题要尽量简单、口语化，语气要客气、有礼貌；二是尽量采取自由式问句，如"您喜欢什么款式的裤子"；三是要迅速记录访谈的内容，以供后续深入分析。三种调查方法的优缺点如表3–1所示：

表3–1 当面访谈、问卷调查与电话访谈的优缺点

类型	优点	缺点
当面访谈	①可以灵活选择询问的地点； ②速度快； ③专业的调研人员能够引导被调研者回答并解释一些较为复杂的问题。	①人均调查成本较高； ②被调研者可能会受到调研人员问话方式的影响，从而做出不符合实际的回答。
问卷调查	①调查的空间范围较广； ②费用较低； ③被调研者有比较充足的时间作答； ④有较强的匿名性； ⑤无须对调研人员进行专门的培训和管理，可以节省一部分时间和成本。	①问卷回收率低，容易影响样本的代表性； ②问卷回收周期长，时效性较差。
电话访谈	①能够较快获得一定数量的信息； ②与邮寄问卷相比，电话访谈的回应率较高。	①与邮寄问卷相比，人均调查成本较高； ②被调研者可能会对调研人员存在怀疑，拒绝合作，或者反馈虚假信息； ③被调研者的回答可能会受到调研人员说话方式的影响。

2. 案头调研

（1）案头调研的含义。案头调研又称文案调研，指对二手资料进行再收集、整理和分析，从而获取自己所需要信息的调研方式。二手资料又称间接资料，是指由他人收

集、记录、整理过的资料，或者是他人已经发表过的资料。

（2）二手资料的类型。二手资料分为两种类型，即内部资料和外部资料。内部资料包括卖家营销系统中储存的各种统计数据，如卖家的历史成交金额、各款商品销量统计、推广活动数据、主要竞争对手的销售数据等；外部资料是指各国（地）的政府或相关机构公开的各类数据和信息，以及各类专业的调研机构、市场调研工具提供的相关数据统计和分析资料。

（3）二手资料的来源与收集渠道。具体来说，二手资料的来源和收集有以下渠道：

①企业内部资料。

②大学、科研机构、公共图书馆发表的关于境外市场的分析报告。

③境外组织和商会提供的贸易统计资料、税收政策、海关规定、进出口商资料等各类统计资料。

④我国在境外设置的商务处可以提供一些与该地相关的市场情报。

⑤国际组织发布的一些可供市场调研参考的资料。

⑥各类海外数据分析工具。

与原始资料相比，二手资料具有收集简单、成本较低和花费时间较短的优势，但二手资料也存在一些劣势，如资料的可靠性不稳定，资料的可比性和通用性较差。因此，在收集和使用二手资料时，企业需要对其进行评估与验证，以确保二手资料的准确性、可靠性与有效性。评估二手资料的角度如图 3–2 所示。

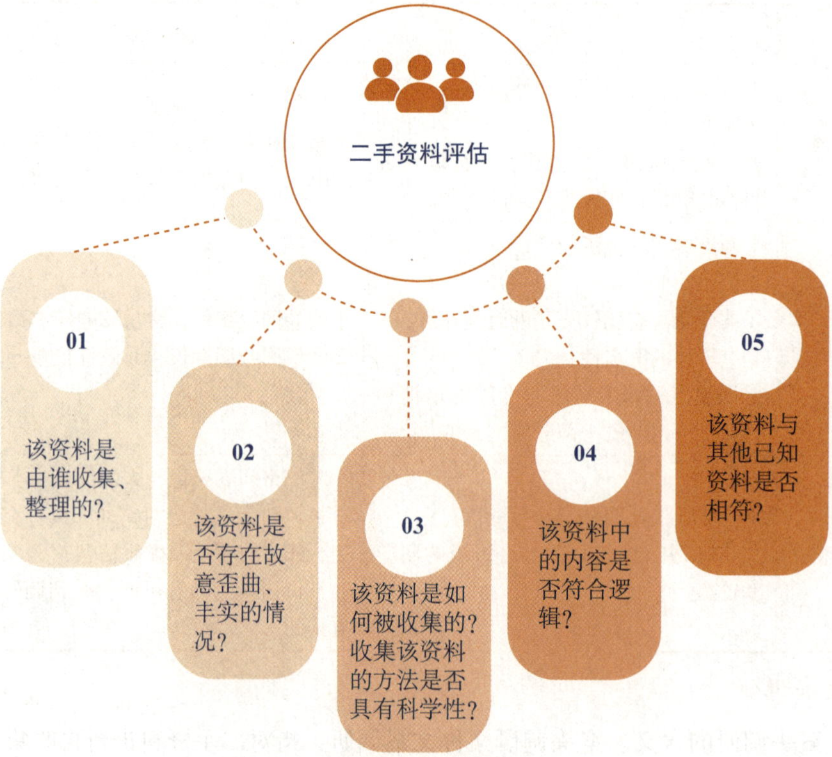

图 3–2　评估二手资料的角度

（二）跨境电商市场调研的基本方法

1. 网站数据观察

初级卖家可以通过互联网收集现有的数据和信息，经过分析判断得出结论。站内数据调研是指卖家根据跨境电商平台的情况，结合一定的数据分析及自身情况，选择自己要经营的行业及具体类目下的商品。

（1）阿里巴巴国际站平台数据。在阿里巴巴国际站平台上，经过一段时间的流量数据沉淀，就可以在后台通过数据显示顺利完成选品。阿里巴巴国际站中的选品工具查看位置是：“营销中心”→“外贸直通车”→“推广工具”→“优化工具”→“选品工具”（见图 3–3）。该工具可以依据商家已经发布的产品的潜力买家覆盖（即可以覆盖关键词的流量）能力，为商家推荐适合直通车推广的产品及其匹配的优质关键词，同时挑选出当前不适合推广的产品。

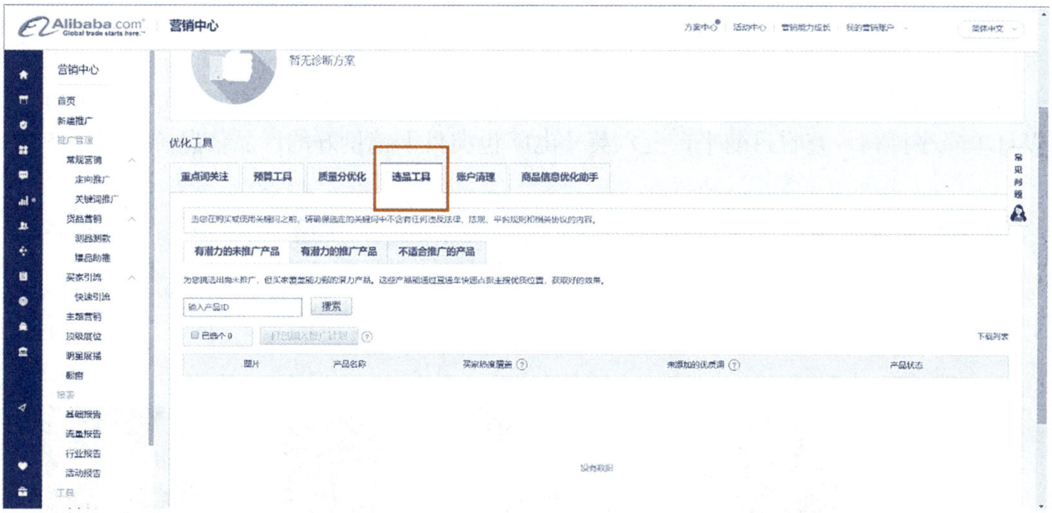

图 3–3　阿里巴巴国际站中的选品工具

①适合直通车推广但目前未推广的产品及其关键词，需要商家去添加的产品和关键词会出现在“有潜力的未推广产品”中。

②适合直通车推广的产品，但是目前还没有覆盖到优质关键词，需要商家去添加的优质关键词会出现在“有潜力的推广产品”中。

③几乎没有获得什么流量的产品会出现在“不适合推广的产品”中，需要商家优化对应的产品信息质量。

（2）速卖通平台数据。“Best Selling”频道收集了最新热门商品和每周热销商品，可以按照经营类目查看热门商品排行（见图 3–4）。

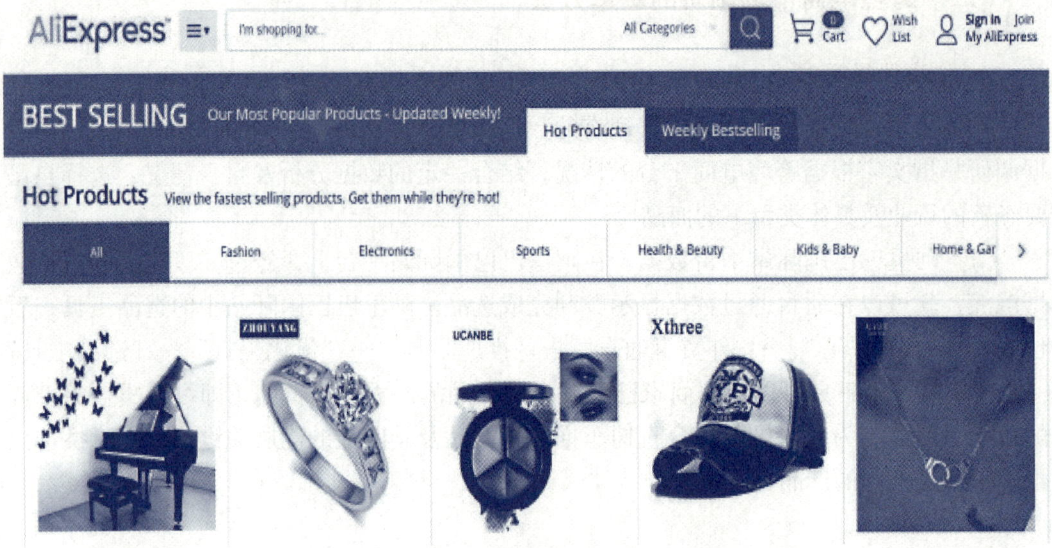

图 3–4　按照经营类目查看热门商品

可以参考同行卖家的商品。在买家首页搜索想了解的商品，比如“6 inch laptop”，以订单降序排列，查看目前平台上六英寸电脑包类目下销量好的产品信息（见图 3–5）。

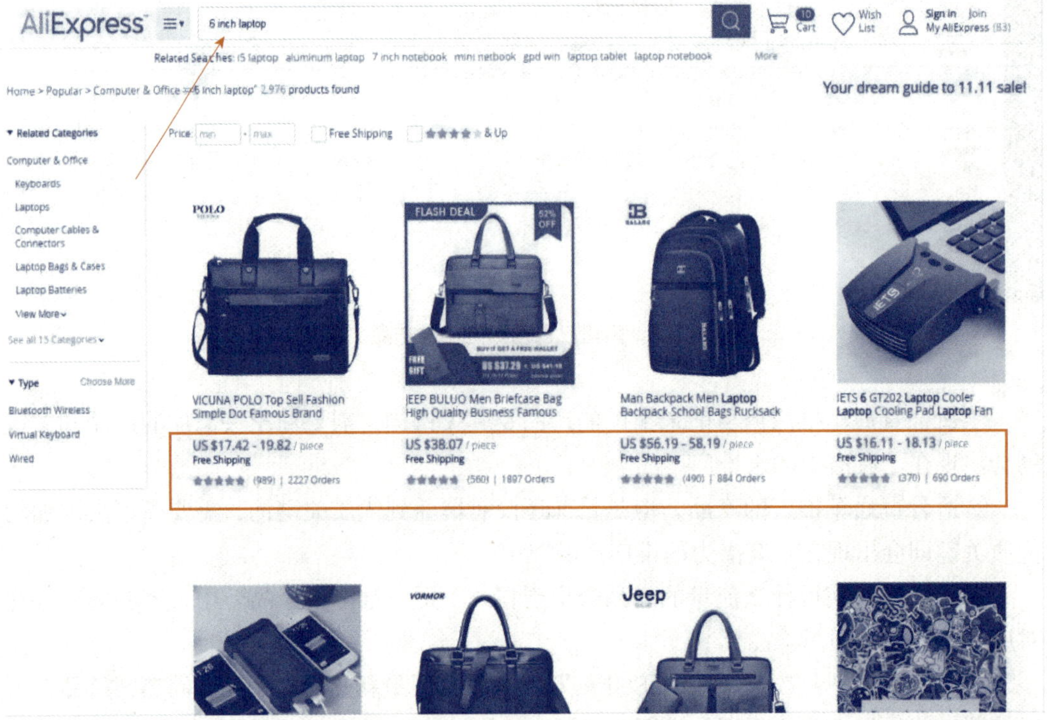

图 3–5　六英寸电脑包类目

（3）亚马逊平台数据。在亚马逊平台上可以选择“Best Sellers”，对热销产品的相关信息进行观察。操作步骤：

①打开亚马逊平台首页，找到需要查看的类目（见图 3–6）。

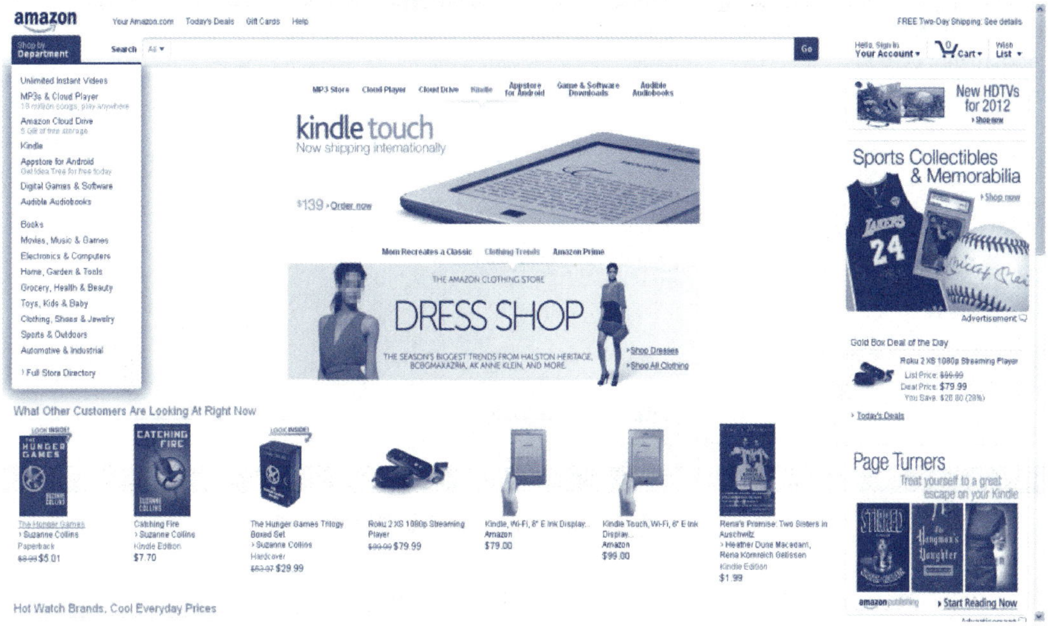

图 3–6 亚马逊平台首页类目

②选择“Best Sellers”（见图 3–7）。

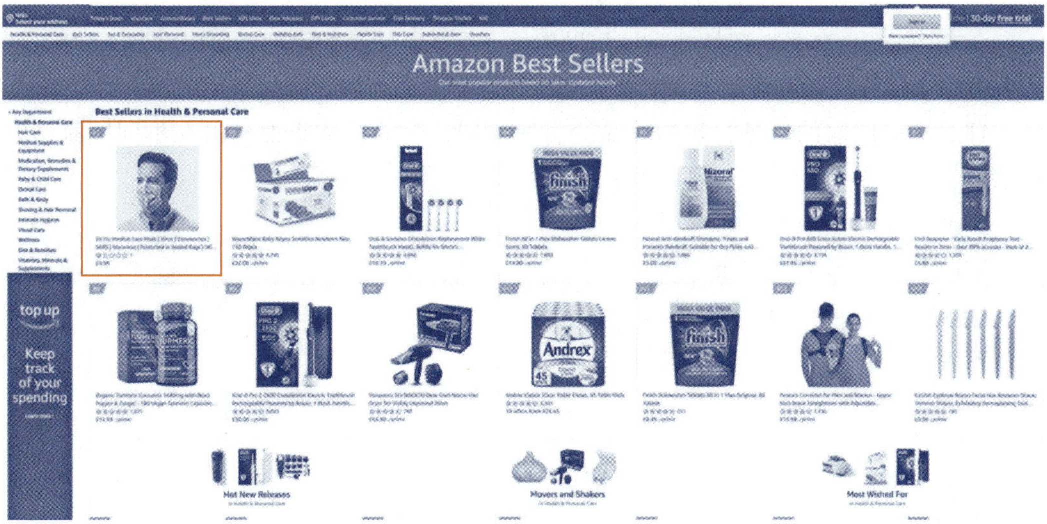

图 3–7 “Best Sellers”产品

在“Best Sellers”里面显示的是这个类目下的热销商品，上面有更多热销商品的推荐（见图 3–8）。

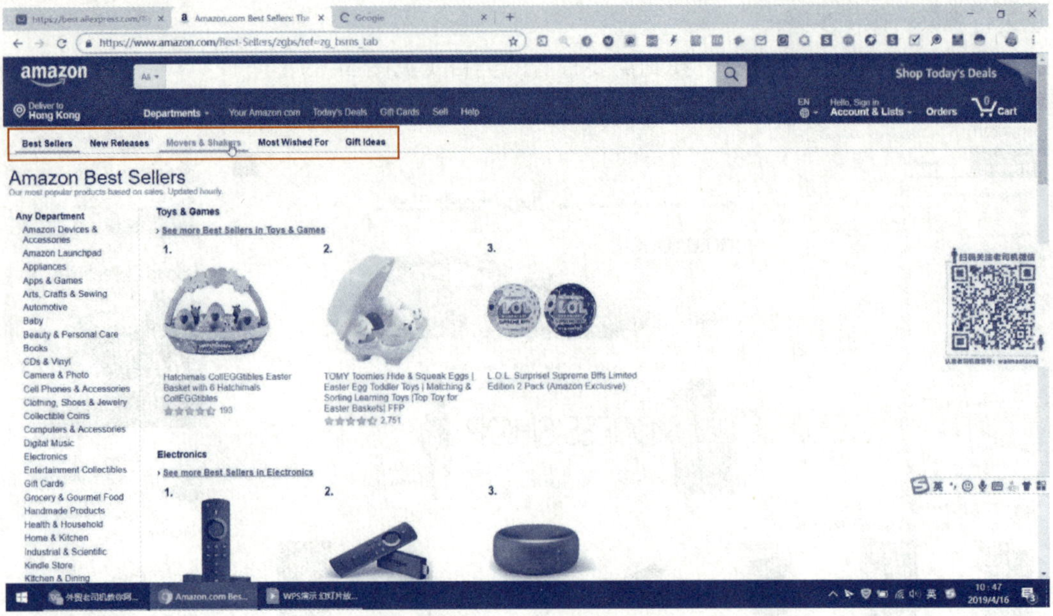

图 3–8　“Best Sellers”热销商品推荐模块

· New Releases，热门新品榜单，每小时更新一次数据。

· Movers & Shakers，一天内销量上升最快的商品，通过这个数据可以寻找潜力商品。

· Most Wished For，愿望清单，买家想买但是还没买的商品，一旦愿望清单里的商品降价了，平台就会主动发通知给买家。

· Gift Ideas，最受欢迎的礼品，如果你的产品具有礼品的属性，可以关注这块信息，这些数据会每日及时更新。

针对不同国家的市场，热销商品会有所不同，下面是关于亚马逊在不同国家站的链接。

https://www.amazon.com/ 美亚

https://www.amazon.co.jp/ 日亚

https://www.amazon.co.uk/ 英亚

https://www.amazon.co.de/ 德亚

2. 观察流行趋势

（1）观察其他国家的本土电商网站。

①美国电商网站。

除了本书中讨论的几大电商平台外，美国有一些以线下大型实体店为基础向电商发展的平台，也是美国买家的主要网购平台。

· Walmart，沃尔玛百货，美国最大的线下零售商，经营连锁折扣店和仓储式商店的美国跨国零售公司。

· Best Buy，百思买，美国跨国消费电子公司，专注消费类电子产品。

· Macy's，梅西百货，美国中档连锁百货公司，以消费类产品为主，产品涵盖种类丰富。

· Sears，西尔斯，美国著名的连锁百货公司，和梅西百货类似。

②俄罗斯电商网站。

· Ulmart，俄罗斯最大的电商平台，成立于 2008 年，销售 12 万种商品，囊括家电、手机、电脑、汽配、服装、母婴、家装、图书等品类。

· Ozon，俄罗斯老牌电商平台，1998 年上线，主营业务为在线销售图书、电子产品、音乐和电影等。

· Wildberies，时尚类电商平台，成立于 2004 年，是俄罗斯本土的鞋服及饰品在线销售平台。

· Citilink，3C 家电电商平台，成立于 2008 年，为客户提供数码下载、电脑、3C 家电等产品。

· Lamoda，时尚服装电商平台。

③巴西电商网站。

· Mercadolivre.com.br，巴西本土最大的 C2C 平台，利用好这个平台有利于了解巴西各类物价指数、消费趋势、付款习惯等市场信息。

· Americanas.com.br，巴西本土的连锁零售商店，1929 年成立于里约热内卢，目前该公司在巴西的 25 个州及首都巴西利亚拥有 860 家实体商店。

④西班牙电商网站。

· Elcorteingles，西班牙最大的百货集团，同时也有电商平台，在这里可以看到一些西班牙本土品牌的产品。

⑤法国电商网站。

· Cdiscount，法国排名靠前的购物网站，拥有 1600 万买家，平台经销范围涉及文化产品、食品、IT 产品等诸多品类，商品销往南美洲、欧洲、非洲等地。

· Fnac，法国老牌的图书和电子产品零售商，拥有数百家实体店。

· PriceMinister，欧洲地区流量较高的电商平台，总部在法国，主营 3C、Fashion 及家居品类。

· La Redoute，乐都特，法国时尚品牌，1995 年开始从事网络销售，现覆盖 120 多个国家和地区，拥有 70 多个品牌。

（2）通过社交网络平台（SNS 平台）了解流行趋势。SNS 网站通常是信息发源地，各领域的最新信息和流行趋势都会最先在 SNS 网站开始传播，卖家可以在国外流行的 SNS 网站关注行业相关意见领袖和热门话题，通过观察发掘潜在商机。比如时尚达人经常会分享最新的设计款式，这些设计款式可能会在未来的三个月到两年时间内逐渐在不同国家开始流行，卖家通过判断可以提前预备相关产品。下面介绍三种可能会出现销售商机的流行趋势。

①电影流行趋势。关注院线未来一年的上映计划，尤其是好莱坞出品的影视作品，

选出观众期待较高的电影，这些电影很可能会带动一股文化潮流，卖家可以针对这些电影里的热门元素提前开发周边产品。但是在开发电影周边产品时要非常注意不可产生侵权行为。

②时尚博主流行趋势。做时尚产品的卖家要多关注 Instagram 和 Pinterest 等 SNS 网站，寻找符合自己品牌风格的时尚博主、影视明星并关注，其穿着或者关注的话题很可能会引起普通消费者的跟风潮流。

③大型文体活动流行趋势。体育比赛和走秀节目都可能带来流行趋势的购买热潮，以下推荐几个值得卖家关注的大型活动。

· 全球性体育赛事都会引起阶段性的流行趋势，比如奥运会和世界杯足球赛。四年一次的世界杯是全球球迷狂欢的日子，这个时期球赛周边产品销量直线上升，比如 2010 年南非世界杯期间中国产的“呜呜祖啦”爆卖。

· 美国超级碗（Super Bowl），美国国家美式足球联盟（也称为国家橄榄球联盟）的年度冠军赛。超级碗被称为美国的“春晚”，美国大牌的演艺明星都会在超级碗演出。超级碗直播在美国的收视率很高。

· 明星演唱会，各国每年都会有很多明星演唱会，也会带动周边纪念品的销售。

知识拓展

数据分析常用指标

开展店铺数据分析需要用到一些指标，以更好地帮助卖家了解并掌握店铺运营状况。表 3–2 列举了一些数据分析常用的指标。

表 3–2　数据分析常用指标

指标名称	释义
浏览量	店铺各页面被访问的总次数。一个页面被点击一次即被记为一次浏览，同一个用户多次点击或刷新同一个页面会被记为多次浏览。
访客数	店铺各页面的访问人数。在所选时间段内，同一个用户多次访问页面会进行去重计算，即同一个用户多次访问会被记为一个访客。
收藏量	用户访问店铺页面过程中添加收藏的总次数（包括首页、分类页面和商品页的收藏次数）。
访问深度	用户一次连续访问的店铺页面数。
平均访问深度	用户平均每次连续访问的店铺页面数。
跳失率	用户通过相应入口进入，只访问了一个页面就离开的访问次数占该入口总访问次数的比例。

续表

指标名称	释义
人均店内停留时间	所有用户的访问过程中，平均每次连续访问店铺的停留时间。
商品页浏览量	店铺商品页面被查看的次数，用户每打开或刷新一个商品页面，该指标就会增加。
商品页访客数	店铺商品页面的访问人数。在所选时间段内，同一访客多次访问会进行去重计算。
商品页收藏量	用户访问商品页面时添加收藏的总次数。
入店页面	单个用户每次浏览店铺时查看的第一个页面。
出店页面	单个用户每次浏览店铺时查看的最后一个页面。
停留时间	用户关闭店铺最后一个页面的时间点减去打开本店第一个页面的时间点。
到达页浏览量	到达店铺入口页面的浏览量。
平均访问时间	打开某个商品页面到打开下 ·个商品页面的平均时间间隔。
搜索次数	在店铺搜索关键词或价格区间的次数。
成交用户数	成功拍下并完成付款的人数。在所选时间段内，同一用户发生多笔成交会进行去重计算。
成交回头客	曾在店铺内发生过交易并再次发生交易的用户数。在所选时间段内会进行去重计算。
人均成交件数	平均每个用户购买的商品件数，即人均成交件数——成交总件数 / 成交用户数。
人均成交笔数	平均每个用户购买的交易次数，即人均成交笔数——成交总笔数 / 成交用户数。
当日拍下付款件数	当日拍下且当日付款的商品件数。
当日拍下付款笔数	当日拍下且当日付款的交易次数。
当日拍下付款金额	当日拍下且当日付款的金额。
成交转化率	店铺成交人数占总访客数的比率，成交转化率 = 成交人数 / 总访客数。
客单价	每个客户平均购买商品的金额，即平均交易金额。
老客户占比	成交客户中老客户所占的比例。一般将老客户定义为两年内在店铺内有过交易行为的客户。老客户占比 = 成交客户中老客户数 / 成交客户数。

四、跨境电商市场调研报告的基本要求和内容

（一）市场调研报告的含义

市场调研报告是指调查、收集、记录、整理和分析市场对商品的需求情况以及与此有关的资料的文书。换句话说，就是用市场经济规律去分析，进行深入细致的调查研究，透过市场现状，揭示市场运行的规律、本质。市场调研报告是市场调研成果的集中体现，其撰写的好坏将直接影响整个市场调研工作的成果质量。一份好的市场调研报告，能给企业的市场经营活动提供有效的导向，能为企业的决策提供客观依据。

（二）市场调研报告的基本要求

1. 客观真实，实事求是

市场调研报告必须符合客观实际，引用的资料、数据必须真实可靠。切勿弄虚作假或迎合上级的意图，挑他们喜欢的材料撰写。总之，要用事实来说话。

2. 调查资料和观点相统一

市场调研报告是以调研资料为依据，即市场调研报告中的所有观点、结论都有大量的调研资料为依据。在撰写的过程中，要善于运用资料说明观点，用观点概括资料，二者相互统一，切忌调研资料与观点相分离。

3. 要突出市场调研的目的

撰写市场调研报告时，必须目的明确、有的放矢，任何市场调研报告都是为了解决某一问题或者为了说明某一问题。市场调研报告必须围绕市场调研的上述目的来论述。

4. 语言简明、准确、易懂

市场调研报告是给人看的，无论是厂长、经理，还是其他读者，他们大多不喜欢冗长、乏味、呆板的语言，也不精通调研的专业术语。因此，撰写调研报告时语言要力求简明、准确、通俗易懂。

（三）市场调研报告的内容

（1）调研目的；

（2）调研对象及其情况；

（3）调研内容；

（4）调查方式（问卷、访谈、观察法等）；

（5）调研时间；

（6）调研结果；

（7）调研体会（可以是对调研结果的分析，也可以是找出结果的原因及应对办法等）。

【跨境电商 B2C 数据运营职业技能等级证书（中级）职业技能要求】

能够根据店铺运营方案，运用数据采集工具，通过站内渠道采集行业信息，整理平台上不同行业的访客数、搜索指数、供需指数等数据，分析行业结构及行业容量。

行业观察

海外销售破亿，挪客出海为何一路顺畅？

挪客是浙江挪客运动用品有限公司旗下品牌，公司成立于2010年，位于浙江宁波，是一家面向全球提供一站式户外露营装备及旅行产品的企业。成立之初，挪客就确立了全球化的布局。经过12年的发展，如今挪客已成长为国内户外用品类目的知名商家。而助其品牌从默默无闻到被人熟知的核心竞争力正是产品。

挪客境外的主要渠道分为B2C线上自营及B2B海外代理经销，线上还布局了亚马逊和速卖通等第三方平台，如今已在日本、韩国、东南亚区域及北美和欧洲地区取得一定的成绩，公司在海外主力市场销售破亿，年均销售额增长超过40%。

根据挪客的介绍，其在海外掘金的优势主要有以下几点：

（1）价格更具竞争力。就大多数国外消费者而言，他们可能更青睐于本土品牌，本土品牌的优势是先入为主，但与这些品牌相比，挪客的产品在具备设计感的同时，还有一定的价格竞争力。尤其是前期，公司会给消费者提供一些性价比不错的产品，慢慢占据目标市场。

（2）国内日益成熟的供应链资源。国外品牌开发产品的周期大约是1～2年，相比于欧美品牌，挪客的市场反应速度更快。背靠强大的供应链，公司能在半年之内完成产品开发，大大缩短了开发周期。

（3）认真做市场调研。挪客会对不同地区的消费群体进行分析，通过市场调研，针对不同地区人群的喜好开发产品。比如在日本和韩国，消费群体比较注重户外拍照的美感；美国的消费群体相对来说需求比较多样化，一些低收入人群更多是追求产品的性价比，所以户外产品在美国竞争也很激烈。挪客全球速卖通市场总监介绍，公司产品遵循的核心逻辑并不仅是卖出多少货，达到多少销售额，而是专注于目标市场消费群体的需求。从需求分析，给消费者提供真正需要的东西。该总监说："以爆款产品睡袋为例，我们一直在研究目标市场的用户需求，比如买家可能会在哪个场景使用这个产品，全球不同市场的消费群体使用后都会给到一些反馈，我们根据这些反馈进行整合，根据不同市场的反馈进行调整，把产品做到最贴合买家的需求。"

（4）提升品牌认知。前期提供有竞争力的价格，挪客的第一阶段是在目标市场积累消费群体，在第二阶段逐步提升品牌力，让消费者认可品牌、感受服务。跟随电商平台的步伐，在卖货的基础上抢占消费者的品牌购买心智。

操作示范

［任务 1］跨境电商国际市场调研的内容主要有国际市场宏观环境调研、国际市场商品情况调研、国际市场营销情况调研和国外客户情况调研。

［任务 2］俄罗斯各季节温差较大，商品营销的季节性较强，在室外较注重保暖，围巾、手套、帽子成为必备品，尤其对于女性来说，她们热衷于购买保暖性较强的大衣。俄罗斯女性喜欢化妆和打扮，美容类商品在俄罗斯的销路很好。俄罗斯成年女性不喜欢太过可爱的穿衣风格，俄罗斯男性对加大码的衣服有特殊的偏好。俄罗斯人热爱运动，经常购买专门的运动鞋、运动衣和运动配件类商品。俄罗斯人有去海滩度假的习惯，所以会经常购买一些海滩用品，如泳装、沙滩鞋等。此外，俄罗斯人热衷于送礼，在新年、圣诞节等节日，都要准备礼物。俄罗斯人最喜欢用的支付方式是 WebMoney（一种在线电子商务支付系统）和 Qiwi（一个类似于支付宝的支付工具）。

实训演练

1. 从物流绩效指数①、经商容易度指数②、联合国电子政务发展指数③等方面调研评价中国与欧盟（美国、日本、RCEP 某一成员国或者金砖国家某一成员国）的跨境电商发展现状与规模、消费者年龄结构、经济发展水平、政策环境等，结合一个你感兴趣的产品类目进行分析并形成调研报告。

2. 开展店铺数据分析需要用到一些指标，以更好地帮助卖家了解并掌握店铺的运营状况。下表列举了一些数据分析常用的指标，请将指标释义填写在表 3-3 中。

表 3-3　店铺数据分析指标释义

指标名称	释义
浏览量	
访客数	
收藏量	
访问深度	

① 物流绩效指数查询：https://lpi.worldbank.org/international/global。

② 经商容易度指数查询：https://www.worldbank.org/en/programs/business-enabling-environment。

③ 联合国电子政务发展指数查询：https://publicadministration.un.org/en/。

续表

指标名称	释义
平均访问深度	
跳失率	
人均店内停留时间	
商品页浏览量	
商品页访客数	
商品页收藏量	
入店页面	
出店页面	
停留时间	
到达页浏览量	
平均访问时间	
搜索次数	
成交用户数	
成交回头客	
人均成交件数	
人均成交笔数	
当日拍下付款件数	
当日拍下付款笔数	
当日拍下付款金额	
成交转化率	
客单价	
老客户占比	

单元二　跨境电商选品

任务导入

选品的三种价值逻辑

选品的重要性毋庸置疑，选对产品比什么都重要。卖家入行积累的经验不足，对选品根本没有头绪和方法。现在从选品的视觉价值、实用价值和认知价值三种价值逻辑为大家介绍跨境电商选品案例。

一、视觉价值

视觉价值不是指产品的美观问题，因为每个用户的审美都不同，这里的视觉价值是指产品能够让用户眼前一亮的惊喜感，它决定了能不能把用户留住。视觉价值在营销上有两点优势：便于制作出有冲击力的视频广告；获得免费的红人营销机会。例如：抖音和 Instagram 上有很多网红博主，他们需要流量和热度，对于中小量级的博主来说，只要你的产品足够有意思，并且赠一个样品给对方，他们会欣然答应为你做广告，而不用额外支付营销费用。因为中小博主也需要流量，测评一些新奇好玩的东西本身也会增加他们自己的曝光（见图 3–9）。

图 3–9　视觉价值举例

二、实用价值

例如：纳米吸附手机壳、车载手机支架、手机屏幕放大器。纳米吸附手机壳曾出现在 Oberlo 的官方教程视频中，光这一个产品就卖了 16 万美元，它独特的实用价值再加上官方背书，使得这个产品热度极高。车载手机支架其实不算新品了，但据某资源公司最新报告显示，该产品一直是商家咨询量最多的产品之一。

三、认知价值

不同于实用价值案例中的产品，认知价值的产品侧重的不是产品能够到达什么功效，而是在消费者认知中的价值能够达到的功效。所有这类产品逻辑是销售导向的，用户看上去觉得有价值和产品宣扬的价值在短期内很难评估。例如：某站长在 23 岁时经营 YouTube 频道与店铺，主打产品是瘦腰神器，她的 YouTube 频道的视频点击率热度极高，在当时她已月入约 4 万美元。健身的人都知道，要减肥靠的是健康的饮食结构、坚持不懈的运动、良好规律的睡眠作息等，和产品本身功效关系不大。

不论通过哪种价值逻辑分析产品，选品时最重要的就是多思考、多深挖，要有把产品底层逻辑全盘挖出的习惯，只有不怕麻烦，做好前期工作，店铺后续工作才会顺利完成。

［任务 1］对于选品，你有何建议？

［任务 2］另类的产品，另类的网红，都能为跨境市场带来巨大的流量。如何在研发产品和选品时捕捉到另类的自带流量的产品？

知识精讲

一、跨境电商选品概述

跨境电商选品概述

（一）选品的基本逻辑

选品要有清晰的思路，这样才能做到有的放矢。一般来说，卖家在选品时可以从广泛、专业、精选、分析数据、坚持、重复六个角度出发，理性、有逻辑地开展选品工作。

1. 广泛

跨境电商卖家在选品时首先要从大范围、多类目的角度进行筛选，这就要求卖家在初期选品时拓宽自己的思路，广泛接触并了解多个类目的商品，从而从众多类目中选出最适合自己的类目。

2. 专业

卖家确定了自己要经营什么类目的商品后，还要向专业的方向努力，即了解并掌握有关该类目商品的专业知识。卖家如果对自己所销售的商品仅有一个简单的了解，而没有专业、全面的认识，是很难有所作为的。因此，要想在当前几近透明的市场状态下战胜竞争对手，卖家应该先让自己在对商品的专业认识上超越竞争对手。

3. 精选

通过不断学习和积累，卖家对所选类目商品的理解和认识越来越全面，也越来越深刻。在此基础上，卖家还要对类目商品进行精挑细选和反复筛选，进一步缩小选品的范围。在商品交易过程中有个“二八定律”，即 20% 的商品能够带来 80% 的利润，卖家需要尽力挖掘这 20% 能够带来高利润的商品。

4. 分析数据

在初期，卖家也许在很大程度上是凭借自身直观感觉或者比较基础性的分析进行选品的，这种做法难免会导致卖家出现认知偏见，进而错失良品。因此，卖家还要尽可能地结合大数据分析辅助选品，可以借助大数据分析工具多维度地搜集各类数据。与个人认知相比，大数据所反映出来的信息更具客观性，卖家可以从中挖掘出一些之前未曾意识到的信息和商品。

5. 坚持

选品并非一蹴而就，而是一项需要长期坚持的工作，它贯穿于店铺运营的始终。因此，在开展选品工作时，卖家不要存在一劳永逸的想法，今天选品的成功并不意味着明天这款商品也能带来好销量。卖家应该坚持经常性地做好店铺的选品工作，在打造热卖爆款的同时，持续开发有潜力的趋势款，为后续运营做准备。

6. 重复

坚持的过程，也是一个重复的过程。在不断重复的过程中，很多卖家会产生厌烦情绪，逐渐丧失激情和斗志，这也是为什么经常会出现一些卖家凭借某款产品引爆市场成为销售明星后，却又很快沉寂，最终消失的原因。为了保持运营的长期稳定，卖家要始终保持对基本工作的热情。选品是一个无趣的过程，但如果卖家能够长期坚持、反复精选，一定会有新的发现。

（二）选品的基本原则

选品要有一定的选品原则，主要有三大原则：一是从兴趣出发的原则，二是从市场需求出发的原则，三是从平台特性出发的原则。

1. 从兴趣出发的原则

选品要从自己感兴趣的商品入手，这样卖家才愿意花费更多时间了解商品的品质、功能、特性和用途，才有动力投入更多的精力研究商品的优势、价值和目标销售群体等。卖家只有对商品有充足的认识，才能切实解答客户关于产品的各种疑问，增强客户对商品及卖家的信任感。

如果卖家对商品有足够的热情，就愿意攻坚销售过程中遇到的任何问题，愿意克服运营过程中遇到的任何困难。这样一来，将某种商品打造成爆款也就有了可能性。

2. 从市场需求出发的原则

不同国家（地区）的买家有着不同的文化背景、生活习惯和消费习惯，同一件商品不可能符合所有国家（地区）买家的需求，例如：销往欧美市场的服饰类商品尺寸不同于销往亚洲市场的服装类商品尺寸；销往巴西的饰品类商品，要选择颜色鲜艳且样式夸张的款式。因此，在选品前，卖家务必要对目标市场的买家需求进行分析和研究，了解当地消费群体的消费习惯和市场流行趋势。

3. 从平台特性出发的原则

有的卖家选择自建网站开展跨境电商业务，有的卖家选择入驻跨境电商平台开展跨境电商业务。对于选择入驻各类跨境电商平台的卖家来说，他们要对不同的跨境电商平台有足够的了解，掌握各个平台的特点和相关规则、政策，要清楚在各个平台上哪些品类是热销品，哪些品类是该平台大力扶持的，还要清楚各个平台的商品搜索排序规则等。

（三）跨境电商数据分析工具

从数据来源看，数据分为外部数据和内部数据。外部数据是指企业以外的其他公司、市场等产生的数据。内部数据是指企业内部经营过程中产生的数据信息。“知彼知己，百战不殆”，要想做出科学、正确的决策，需要对内外部数据进行充分的调研和分析。

1. 外部数据分析

灵活综合运用各个分析工具，全面掌握品类选型的数据依据。通过 Google Trends（谷歌趋势）工具分析品类的周期性特点，把握产品开发先机；借助 Keyword Spy（关键词搜索）工具发现品类搜索热度和品类关键词，同时借助 Alexa（网站流量查询）工具，选择出至少 3 家该品类中以该市场作为主要目标市场的竞争对手网站，作为对目标市场产品品相分析和选择的参考。

（1）Google Trends。工具地址：http://google.com/trends；查询条件：关键词、国家、时间。

（2）Keyword Spy。工具地址：http://www.keywordspy.com；查询条件：关键词、站点、国家。

（3）Alexa。工具地址：http://slexa.chinaz.com；查询条件：目标市场网址。以 www.landsend.com 为例，在查询结果页面，我们重点关注该 landsend.com 这个网站的日均 IP 流量（代表网站的整体知名度）及该网站在各个地区的排名（代表网站在各个地区的知名度）。

2. 内部数据分析

内部数据是指企业内部经营过程中产生的数据信息，是已上架的产品产生的销售信息，是判断企业选品成功与否的验证，也可用于以后选品方向的指导。内部数据工具主要有 Google Analytics（谷歌分析，简称 GA）。

GA 工具地址：http://www.google.com/analytics。通过 GA 分析工具获得已上架产品的销售信息（流量、转化率、跳出率、客单价等），分析哪些产品销售得好，整体动销率如何，从选品成功和失败的产品中逐步积累选品经验，结合外部数据，一步步成为选品高手。

二、跨境电商选品的方法

选品的方法有很多种，卖家可以多尝试一些不同的方法，在不断尝试的过程中找到最适合自己的方法。下面介绍几种常用的跨境电商选品方法，分别为评价数据分析法、组合分析法、行业动态分析法和买家消费习惯分析法。

跨境电商选品的方法

（一）评价数据分析法

评价数据分析法是指卖家通过收集并分析买家对商品的评价数据进行选品的方法，包括好评数据分析法和差评数据分析法。

好评数据分析法是指卖家通过收集并分析各个跨境电商平台上热卖商品的好评数据，挖掘买家对商品的需求点和期望值，从而开发出能够满足买家需求的商品的方法。

差评数据分析法是指卖家通过分析买家对商品的差评数据进行选品的方法。具体来说，卖家收集各个跨境电商平台上热卖商品的差评数据，并对这些数据进行深入分析，找出买家对商品感到不满意的地方，然后对商品进行改良与升级，从而形成符合买家需求的新品。概括来说，差评数据分析法就是从差评中寻找商品的不足之处，然后对商品进行完善。

（二）组合分析法

组合分析法是指用商品组合的思维进行选品的方法。卖家在建立产品线时，要合理规划各类商品在整个产品线中所占的比例。通常来说，在产品线中，核心商品占 20%，用于获取高额利润；爆款商品占 10%，用于获取流量；基本商品占 70%，用于配合销售。核心商品要选择小众化、利润高的商品；爆款商品要选择热门商品，或者紧跟当前热点并将要流行的商品；基础商品要选择性价比较高的商品。

此外，卖家在选品时要兼顾不同买家的需求，不能选择同一个价格区间和同一种品质的商品。只有抓住不同价格和不同品质的商品，才能更好地满足不同买家的需求。

（三）行业动态分析法

从行业的角度研究商品品类，是将每个品类都建立在中国制造的产品面向海外销售的整个行业背景下。对于卖家来说，了解某个商品品类在中国出口贸易中的市场规模和主要目标国家和地区分布，对于认识该品类的运作空间和方向有着较大的指导意义。卖家可以通过以下三种途径了解某个品类的出口贸易情况。

1. 第三方研究机构或贸易平台发布的行业或区域市场调查报告

第三方研究机构或贸易平台具备独立的市场研究团队，它们拥有全球化的研究视角和资源，因此其发布的研究报告颇具参考价值，往往可以为卖家带来比较系统的行业信息。例如：敦煌网“行业动态”模块发布的各类行业报告，中国制造网的行业分析报告，环球企业家的外国人眼中的中国公司调查等。

2. 行业展会

行业展会是各大供应商为了展示新商品和技术、拓展销售渠道、传播品牌而进行的一种宣传活动。通过参加行业展会，卖家可以获得各个行业的最新发展趋势和市场动向。例如：卖家可以登录深圳会展中心官网和中国行业会展网官网查询展会信息。

3. 出口贸易公司或工厂

卖家在开发新品时，需要与供应商进行直接的沟通。资质较老的供应商对其所属行业的出口情况和市场分布都很清楚，产品专员可以通过他们获得较多有价值的市场信息。需要注意的是，卖家需要先掌握一定的行业知识后再与供应商进行沟通。

（四）买家消费习惯分析法

卖家要对目标市场的季节、节假日等各个方面有所了解，然后在此基础上开发新品。

1. 季节分析

首先，卖家要根据各个国家（地区）的季节变化开发应季商品。在冬季来临之前，卖家可以开发能够保暖的商品，如帽子、围巾、手套、保暖衣等；在夏季来临前，卖家可以开发能够降温的商品，如笔记本散热器、笔记本冰垫、迷你风扇等。

此外，卖家要对目标市场的气候有所了解。例如：英国住宅室内有暖气供应，英国人在冬天也喜欢在室内穿 T 恤和外套，所以 T 恤在英国的冬季会有不错的销量；另外，英国的雨量偏多，所以具有防水功能的商品在英国非常受欢迎，如汽车防雨罩、烧烤防雨罩等。

2. 节假日分析

在节假日来临之前，各个国家（地区）的消费者会大量采购节假日用品。例如：在圣诞节来临前，境外买家会采购装饰品、圣诞礼物等；在万圣节来临前，他们会采购化妆用品、面具等。因此，卖家要充分了解各个国家（地区）的节假日时期的消费热点，挖掘符合节假日氛围的商品。由于跨境物流耗费时间较长，为了抢占市场先机，卖家在开发节假日商品时一般要提前一个月开发并上架。

三、跨境电商选品思路

跨境出海卖家纷纷寻求海外网红带货，赚取新的消费流量。他们在以 TikTok 为代表的海外社交平台上开疆拓土，并且寄希望于照搬国内短视频平台运作经验，快速出海捞金。一起来了解下跨境电商有哪些选品思路，以及如何抓住海外网红分销红利。

（一）找对选品思路

（1）选择更应季、更贴合当下潮流的热门商品。

（2）独特小众产品的数据会“鹤立鸡群”，远超同品类均值。

（3）了解市场容量，市场上有多少竞争对手。

（4）确定自己准备的推广预算、做好营销推广计划。

（5）了解消费者需求，消费者需求可以从 Google Adwords 的搜索量推敲。

（6）在社交电商平台，使用场景更贴近生活的产品的展示数据更佳，种草表现往往更好。比如日用百货、美妆个护、运动户外，相应地，这些品类的平均点赞、分享、评论量也往往更高。当然，它们面临的竞争也更激烈。

（7）迎合年轻用户偏爱的商品。比如拳击和击剑，在所有类目中，视频平均播放量分别高达 50 多万和 40 多万。曾有专业人士指出，“近乎消亡”的拳击运动在近两年重回美国热门运动的行列，原因是数以千万计的 GEN–Z 爱上了这项快节奏的运动。

（8）通过不同的数据分析，可以对选品起到不同的指导作用。比如通过对选品专家的数据处理，分析它们具备哪些共同的属性。通过对搜索词的分析，反向进行选品。同时根据关键词的竞争度分析出对应的产品的竞争度，从而辅助选品。

（9）同步线上法。例如通过各种渠道了解到某一个产品想要做的目标市场的线下销售渠道已经爆了，但是这个产品目前还没有在线上进行销售，那么把这个产品拿过来做，成功概率就会大很多。

（10）判断目标市场用户需求和流行趋势。各地区买家的生活习惯、购买习惯、文化背景都不一样，一件商品不可能适合所有地区的买家。在选品前，要先研究目标市场的买家需求，了解他们的消费习惯和流行趋势。

（11）货源优势。对于初级实家，如果其所处的地区有成规模的产业带，或者有体量较大的批发市场，则可以考虑直接从市场上寻找现成的货源。在没有货源优势的情况下，再考虑从上寻找货源。

（二）抓住“网红分销”的社交电商新红利

“选对品”只是走对了第一步，后续还需要卖家“选对网红”，做好社交电商传播，以收获源源不断的海外订单。

（1）在社交电商平台上，消费者对流行话题的反应更快、内容更敏感。出海卖家要进行超前预判，提前优化选品结构和产品设计。

（2）由于社交平台的最终数据和大众购物心理直接挂钩，可尝试从反馈的数据量直观看到短板，由此复盘网红产出内容的实质问题。

（3）重点关注“平均评论增量”指标和“平均分享增量”指标。“评论”和“分享”的增长情况是某产品相关视频的评论和增长与总数之比，更能代表消费者的兴趣和喜爱度。

（4）挑选合作网红，重点关注忠实粉丝数和近期活跃度。

（5）商家真正需要的是“适配网红”。预算充足、品牌矩阵丰富的头部商家，需要拥有一定忠实粉丝基础并能产出兼具高质量、专业度和个性化，且能详细讲解产品特色和价值观视频的头部网红；而预算不足、还在试水阶段的新手卖家，可以选择粉丝基数相对较少，但近期关注度高，视频推送频繁，能引起高讨论、高转发的高性价比的精品网红。

跨境电商看似门槛低，其实里面也有大学问。最令刚接触跨境电商的人头疼的问题就是选品，所以各位跨境人员想要在这个行业抓住消费者，获得消费者的青睐及认可，一定要做好电商选品。

四、主流跨境电商平台选品原则

（一）阿里巴巴国际站选品原则

1. 下拉框搜索

打开国际站 App 下拉框搜索，会显示国际站每日热搜产品的排名，可以研究买家近期的搜索喜好，寻找类似的产品。

2. 商品榜单

在国际站 App 搜索结果页面可以看到商品榜单，可以看一下热度排行前几的是什么产品，然后寻找类似产品即可。

3. 后台征品板块

可以打开后台，产品运营工作台里有一个行业定向征品板块，里面的产品是小二统计的目前供不应求、询盘多且供给不足的产品，可以进行参考。

4. 后台客户管理分析

打开后台客户管理分析，可以看到近期客户都在关注哪些产品，并经常给哪些产品发布询盘。

5. 关键词指数

进入国际站后台数据管家，输入想查的关键词，看一下近期关键词的涨幅。

6. 直通车后台

可以在直通车后台看一下趋势明星、流量趋势、蓝海榜单，并结合关键词指数查找对应产品。

（二）亚马逊平台选品原则

对于多数中国卖家来讲，亚马逊留给他们的销售产品路线只有跟卖 Listing 和自建 Listing。那么，如何通过跟卖 Listing 和自建 Listing 进行选品呢？

1. 跟卖 Listing

这类产品大多数是标准化产品，选品思路是中国式采购思维，如电子、汽配、家具和运动器材类等，加上目前亚马逊的规则，很多都已经是 FBA（亚马逊物流）配送，所以选择这一品类的时候，可以根据要跟卖的母 Listing 是否是品牌来确定有无侵权风险；剩下的主要精力就要放到采购成本的分析和国内头程物流的计算上。卖家要围绕市场的销售价格区间，不断对产品做测试。在产品标题、关键词、页面、图片、本地派送一样的情况下，根据每个跟卖竞争账号的绩效表现、运营费用判断争夺 Buy Box（黄金购物车）的实力。卖家们选品就是为了销售，这是选品的根本和核心。

2. 自建 Listing

这类产品大多数是已经得到认可的品牌。选择这类产品，除了品牌自有的号召力之外，产品标题、关键词、描述、图片、页面等都要自己做。除了账号绩效表现、优质物流和性价比之外，选品的核心是这里产品市场的销售容量。此类产品往往是非标准化和主观性产品，且是高毛利、竞争对手相对较少的小众市场产品。只有在这种情况下，才能在非中国式采购思维的门槛前，在特定的用户群和竞争小的市场缝隙中获得发展。

【跨境电商 B2C 数据运营职业技能等级证书（中级）职业技能要求】

能够分析不同跨境电商平台行业发展现状及趋势，为店铺精准选择行业及行业产品提供数据支撑，不断优化和丰富店铺选品。

知识拓展

跨境电商中的知识产权保护

知识产权具有垄断性、地域性、时间性、无形性、政府确认性等特征，互联网的无国界特征使得地域性的知识产权受到了严峻的挑战。我国正处于蓬勃发展跨境电商阶段，但从发展过程看，知识产权问题一直是困扰我国企业的一个难题。商品境外来源复杂、进货渠道多，有些来源于国外品牌工厂，有些来源于国外折扣店，有些来源于国外买手等；此外，境内收货渠道复杂，且多为个人消费，无规律可言；而商品进境时品牌众多，与其他进口渠道比较，其涉及的商品品牌将大幅增加，且商品种类也较丰富。这些特点都会给海关开展知识产权确权带来一定困难，需要确权的数量、难度也会大大增加。

一、知识产权在跨境电商中的作用

知识产权因为自身的价值特性、成为消费者降低寻找成本和获得优质服务、提升生活体验品质的重要因素。跨境电商作为利用电子数据处理技术进行贸易活动的电子化商务运作模式，其核心是数据信息，而这些数据信息的内容大多是一连串的文字、图形、声音、影像、计算机程序等，这些客体都涉及商标、作品等不同种类的知识产权。

在跨境电商活动中，知识产权已成为传递品牌信赖的标志，买家主要通过专利、商标、版权识别消费产品的信息、可靠度进行比较。在无法亲眼看见货物的情况下，绝大多数买家只能通过知识产权辨别远在万里之外的商家的信誉和商品的品质。因此，知识产权（特别是商标）在跨境电商营销活动中就显得特别重要，知识产权的价值相应增加。在跨境电商平台上，知识产权的价值更加凸显，有知识产权的产品销售火爆，不含知识产权（如商标、专利技术）的产品，点击率低，甚至无人问津。

在跨境电商领域，客户既通过知识产权（商标），也通过第三方服务商（ISP）搭建的交易平台识别远在大洋之外的商品品质、信誉信息，而平台商和卖家的知识产权能力建设关系到跨境电商产业的持久、健康发展。跨境电商不仅为中小企业带来了新活力、新契机，也为电子商务自身注入了血液，但是知识产权是中小企业通过跨境电商模式走向海外的短板。

跨境电商知识产权问题仍然是电子商务知识产权问题，具有电子商务知识产权问题的共同属性，但在“跨境”的经营环境下，它又具有显著的独特性。这对平台商和卖家的知识产权能力和风险防控建设提出了更高的要求。换言之，如果知识产权做得不够完善，那么产生的或许仅仅是短暂的繁荣，知识产权问题很可能影响平台商和卖家在国际市场中的信誉和形象，成为跨境电商可持续发展的重要障碍。

二、跨境电商侵权的表现形式

（一）商标权侵权

跨境电商平台中，商标权保护的问题最为突出，也最需要解决。商标权遭遇侵权主要有以下几种情形：网络销售侵犯注册商标专用权的商品，在相同或类似商品上使用与他人注册商标相同或者近似的商标，商标被注册为域名，商标被使用于企业名称等。而且这几种情形并不是单独存在的，有时候会同时发生。随着电子商务向纵深方向不断发展，商标侵权行为将越来越多地以综合化和新类型化的形式出现。这将给商标保护带来一定的困难。在电子商务平台上，既有网络店家销售假货的问题，也有使用侵权商标、标志、图案的问题，还有使用侵权网店名称、网店标志等问题。

（二）著作权侵权

跨境电商过程中，通常要将享有著作权的作品进行数字化，如将文字、图像、音乐等通过计算机转换成计算机可读的数字信息，以进行网络信息传输。将数字化的作品上传到网络后，由于网络的无国界性，任何人都可以在任何地点、任何时间通过网络下载得到该作品。除了自己下载以外，侵权行为人还可以通过电子公告板、电子邮件等传播、交换、转载有著作权的作品，并利用享有著作权的作品在网上盈利，这显然侵犯了著作权人的网络传播权，使著作权人的利益受到损失。具体表现为：网络店家在“第三方电子商务平台”中销售未经授权的出版物；在网店中使用未经授权的广告描述、广告语与原创性广告图片、产品图片等。

（三）专利权侵权和假冒专利

在跨境电商中，涉及专利侵权的主要行为类型是为销售专利产品或者使用其专利方法。与版权和商标侵权的易判断性不同，专利权保护缺乏像著作权中信息网络传播权那样详细而清晰的规范，加上专利权权属的判定是非常专业的问题，而第三方电子商务平台仅仅掌握产品的信息，而无法掌握产品的实物。因此，交易平台与第三方电商很难对相关权属做出判断，也无法清晰界定自己的责任范围。

三、我国跨境电商知识产权保护现状

在传统的国际贸易活动中，大多是国外买家采取大批量订货的方式完成，进口商通常在进口商品前主动进行知识产权调查和风险防范，进行知识产权的把关，国内出口商虽然没有过多关注知识产权问题，也不会存在知识产权侵权风险。然而，与传统的外贸模式不同，跨境电商中，卖家以中小企业为主，甚至很多自然人，他们往往缺乏有关知识产权方面的专业知识，而面对的国外买家也具有不确定性，因此知识产权问题变得突出。目前，知识产权方面的纠纷构成了电子商务的主要问题。在电子商务产业高速发展的形势下，侵犯知识产权的行为不断发生，严重影响了中国商家的国际形象和跨境电商产业的长足、健康发展。国内电子商务和知识产权属于新兴领域，原有问题本已千头万绪、梳理不清，而跨境电商知识产权尤显棘手。

国内跨境电商行业的市场秩序比较混乱，侵犯知识产权、贩卖假冒伪劣产品等违法行为时有发生，海外消费投诉众多，“劣币驱逐良币”现象严重，中国卖家集体知识产权形象不佳，严重影响国外买家对中国产品的消费信赖。一方面是我国有部分的假冒伪劣产品以及违反知识产权的产品通过快递出口这种方式逃避国家监管，进入国际市场，影响我国商品的国际形象；另一方面是国内企业对知识产权，特别是国际知识产权及相关法律重视及了解度不够，在知识产权纠纷中往往是失利方。在跨境电商活动中，国内中小卖家知识产权意识和能力不足，电子商务的知识产权风险往往成为其面临的主要风险因素。国内只有一些大公司有财力进行知识产权保护的投入，更多中小企业无意识、无动力、无能力做跨境电商知识产权能力沉淀和风险防范工作，纠纷及败诉越多，越影响中国卖家的集体形象，影响买家对中国产品的信赖和忠诚度。换言之，如果知识产权做得不够完善，那么产生的或许仅仅是短暂的繁荣，知识产权问题很可能影响平台商和卖家在国际市场中的信誉和形象，成为跨境电商可持续发展的重要障碍。

四、跨境电商知识产权保护面临的问题

（一）各方侵权认识不足

一是消费者辨别能力低，因为国内食品安全等问题，国人对国外产品信任度高，对国外高品质商品需求量大，但国外产品也存在侵犯知识产权问题，也有假冒伪劣商品，对此风险，消费者普遍认识不足；二是商家知识产权保护观念淡薄，尊重他人知识产权、维护自身合法权益的意识和能力普遍缺乏，跨境电商多为邮件小包，价值较低，即使海关查获侵权商品也只能予以收缴，但无法适用罚款等其他制裁措施，商家侵权成本低廉，使得重视不足、一再尝试。

（二）海关对侵权行为认定困难

跨境电商这种新型业务形态有别于传统的进口货物，呈现出境内境外两头复杂的特点，即商品境外来源复杂，进货渠道多，有些来源于国外品牌工厂，有些来源于国外折扣店，有些来源于国外买手等；此外，境内收货渠道复杂，且多为个人消费，无规律可言；而商品进境时品牌众多，与其他进口渠道相比，其涉及的商品品牌将大幅增加，且商品种类也较丰富，而海关执法人员对相关品牌认识不足，难以确认是否有侵权行为。这些特点都会给开展知识产权确权带来一定困难，需要确权的数量、难度也会大大增加。

（三）侵权责任划分困难

跨境电商是指交易主体（企业或个人）以数据电文形式，通过互联网（含移动互联网）等电子技术、开展跨境交易的一种国际商业活动。涉及境内外电商平台、商家以及支付、报关、仓储、物流等环节，而电商平台又可分为自营型电子商务平台、第三方电子商务平台，主体多元、形式多样、结构复杂。其中在所有类型的平台中，第三方电子商务平台涵盖的知识产权客体极为广泛，成为知识产权侵权纠纷的重灾区。而在第三方电子商务平台纠纷案件中，争议最大、最缺乏法律规范规制的就是第三方电子商务平台的责任问题，诸如审查义务、归责原则等。实际上，从一般的电子商务到跨境电商的知识产权保护责任划分问题，一直争议不断，难以划分。

（四）国际争端解决困难

1. 司法管辖权认定困难

跨境电商的支撑载体是国际互联网，就网络空间中的活动者来说，他们分处于不同的国家和管辖区域之内，跨境电商的随机性和全球性使得几乎任何一次网上活动都是跨国的，很难判断侵权行为发生的具体地点和确切范围，使得司法管辖区域

的界限变得模糊、难以确定。

2. 国与国之间立法差异较大

在跨境电商中，还没有国际组织统一的立法指导，各国根据自己国家的实际需要，制定不同的立法标准，而我国更是缺少相关的法律法规，有关的立法在知识产权的保护方面还存在很多分歧。

3. 国际维权困难

跨境电商涉及大量的中小电商企业，有的甚至是个人，这部分商家个人缺少对国外法律的认知，加上跨国诉讼费用高昂，在出现涉及侵权问题时，国际维权困难。如 2015 年年初，国际第三方支付平台 PayPal 被爆出有大量中国跨境电商商家的账户因为侵权诉讼遭到冻结。由于不了解美国相关法律且在美国打官司费用高昂，大部分商户没有选择积极应诉，但随之而来的是他们的 PayPal 账户及资金被冻结甚至清零。

五、跨境电商中知识产权保护的建议

（一）完善我国现有跨境电商知识产权法律体系

将跨境电商活动纳入法律管制的范畴，制定专门的电子商务操作规范性法制，强调电子商务过程中对知识产权的法律保护，使合法与非法行为有一个明确的界定，减少新形势下出现的新种类知识产权的权利不稳定及“游离”状态。

（二）建立健全跨境电商行业自律机制和信用体系

在跨境电商知识产权保护相关法律法规不健全的情况下，海关、工商等政府机关可以帮助建立起适应时代要求的跨境电商行业协会，制定跨境电商知识产权保护自律规范和内部监督机制。同时，依托海关监管和行业协会自律，通过建立电子商务认证中心、社会信用评价体系等，建立和健全跨境电商信用体系和信用管理机制。通过行业自律和信用管理打击侵犯知识产权和销售假冒伪劣产品等行为。

（三）完善海关监管体系

一是尽快出台海关跨境电商知识产权保护监管制度和标准作业程序，尽量减少需要一线关员主观认定结果的操作程序，降低执法难度和执法风险。二是探索跨境电商知识产权保护监管的风险分析和后续稽查制度。一方面要加强前期信息收集工作，将跨境电商平台上的商品种类、品牌、价格等纳入情报搜集范围。针对重点商品的来源地、商标、包装图案进行风险分析比对，确认监管重点。另一方面，将后续稽查制度纳入监管工作，尽快出台跨境电商的稽查办法，加强对跨境网购商品的后续流向监管，弥补查验放行阶段的监管漏洞。

（四）借助电商平台进行数据监控和管理

一是海关执法单位加强与电商平台沟通和数据对接，对商品信息流进行合理监控管理，要求跨境电商运营者提供相关授权证明或采购单据等内容，切实加强货物来源渠道的管理，保留必要的货物来源证明材料。二是发挥跨境电商平台的管理责任，强化事前审查、事中监控、事后处理等一系列控制制度。

（五）加强国际合作

一是我国商务、海关等部门积极与相关国家推进跨境电商知识产权保护规则、条约的研究和制定，包括跨境电商侵犯知识产权行为的认定、产生纠纷的解决办法、产品的监管和溯源机制等，建立跨境电商国际合作机制，为国内企业开展跨境电商创造必要条件。二是积极利用 WTO 等相关国际组织的标准和协商体系，帮助国内企业处理跨境电商贸易纠纷。

（六）强化人才培养

知识产权保护涉及贸易、法律等方面的专业问题，特别是涉外知识产权的纠纷和诉讼都有很强的专业性。国家和企业应共同努力，大力培养知识产权专业人才，并给他们充足的空间与资源，发挥其在知识产权战略中的核心作用，造就一支包括各类专业人才和管理人才在内的知识产权队伍。海关更是要加大培养既精通知识产权保护管理，又了解跨境电商特性的业务专家，更好地为跨境电商知识产权保护的海关监管做出贡献。

知识产权问题已经成为电子商务发展中的核心问题，关系到电子商务的可持续发展，关系到国家和地方经济转型升级。加强知识产权在电子商务领域运行规律的研究，全面分析研究跨境电商知识产权风险，力求认清知识产权在电子商务活动中的作用机理和运行规律，化解行业发展风险，是紧迫的课题。因此，海关将加强对跨境电商运营者货物来源渠道的管理，保留必要的货物来源证明材料，便于开展确权；依托海关总署知识产权海关保护系统，加强知识产权授权许可白名单建设，便利合法授权商品快速通关；加强知识产权违法惩戒力度，实施行政处罚案件信息公开，提高企业违法成本，同时建立企业知识产权诚信机制，努力构筑跨境电商知识产权保护体系。

行业观察

跨境电商平台没有国际商标，靠什么撬开市场？

以美国、加拿大和欧盟等国家和地区为例，其知识产权管理十分严格，侵权商品极难入境，更不要妄谈走向市场。鉴于此，目前要入驻国内领头的几家跨境电商平台，如天猫国际、京东全球购等，大都对国际商标有要求。由于商标具有地域限制，国内商标失效，产品要想推向全球，就必须注册国际商标。

当然，除了顺利入驻跨境电商平台，进军国际市场，提前注册国际商标更重要的作用是能保护品牌、避免遭遇侵权或恶意抢注，导致品牌形象和商家利益受损。“海信”就是个活生生的反面教材。西门子公司在德国抢注的“HiSense”商标和海信的“Hisense”商标只有字母“S”的大小写区别。然而就是这一点差别，导致海信

“命门”被西门子抓住，进入欧洲市场步步受制。如果海信早几年就抢先在德国把商标注册下来，就不会有后面的麻烦。

近年来，跨境电商越来越火，但大多数人却忽略了跨境交易的一个命门——“国际商标”。某涉外知识产权专业人士称：对跨境电商而言，国际商标的重要性甚至超过了产品本身。

在进入国际市场之前，就抢先进行国际商标布局，以防后患。但目前国际商标注册程序极为烦琐，普通商家在面对大量申请文件和专业术语时往往无从下手，最好的选择是委托专业涉外知识产权代理机构。

操作示范

［任务 1］卖家不能有“一盘货卖全世界”的想法，而应当找准自己的目标市场，分析调研目标市场的消费特点，从目标市场的消费需求出发做商品定位：针对不同消费需求的市场销售具有不同特点的商品。

选品是电商业务的核心，错误的选品不仅浪费卖家的时间，还会让卖家面临商品滞销的问题。要想做好选品工作，卖家要有正确的选品思路，不能凭借主观感觉去做决策，而要遵循一定的原则和数据分析方法来进行选品。只有掌握选品技巧，才能做到有的放矢。

［任务 2］在选品过程中，有的卖家觉得自己对某类商品比较熟悉，于是就直接进行销售；有的卖家从其他卖家的成功案例中列举的商品入手为自己选品；有的卖家自我感觉某种商品应该会很好卖，于是就开始销售。这些选品方法都是缺乏理性目标和思考的，最终的结果可想而知。店铺的选品不是靠拍脑袋就能决定的，而要有思路、有原则，这样才能做到有的放矢。

在选品过程中，卖家需要考虑以下几个方面。

（1）目标市场的用户需求和流行趋势。不同国家或地区的买家有着不同的生活习惯、购买习惯与文化背景，同一件商品不可能适合所有国家或地区的买家。例如：销往欧美市场的服饰类商品，其尺寸应该比销往亚洲市场的大几个尺码；向巴西市场销售的饰品类商品，应该选择颜色鲜艳且样式夸张的款式。因此，在选品前，务必对目标市场的买家需求进行分析和研究，了解当地人的消费习惯和流行趋势。

（2）跨境物流运输方式。跨境电商的物流具有运输时间长、不确定因素多等特点。不同国家和地区的运送周期相差很大，速度快的 4 ～ 7 天即可送达，速度慢的则需要 1 ～ 3 个月才能送达。而在漫长的运输途中，商品包裹难免会受到挤压、抛掷等损害，也可能经历从寒冷到炎热的温差变化，还可能会遭遇天气突变、海关扣关等状况。因此，选品时要充分考虑物流运输中可能会出现的各种情况，考虑商品的保质期、耐挤压程度等因素。此外，由于跨境物流的费用较高，选品时也要考虑相应重量和体积的商品所产生的物流费用是否在自己可承受的范围之内。

（3）判断货源优势。选品时，除了考虑以上两个方面外，还要考虑自身是否具有货源优势，要懂得如何寻找货源。对于新手卖家来说，如果其所处的地区存在一定规模的产业带，或者有体量较大的批发市场，可以考虑直接从市场上寻找现货；如果没有现货资源，可以考虑从网上寻找货源。对于有一定销售经验的卖家来说，他们已经具备一定的判断哪些商品具有较高市场接受度的能力，可以选择自己比较有把握的商品，寻找工厂资源，进行少量下单试款。对于经验丰富并具有资金实力的卖家来说，可以尝试开发新款，先进行小批量预售，确认新款商品的市场接受度后再进行大批量生产，这样可以减少库存压力和资金压力。

实训演练

1. 调研假睫毛在巴西和日本市场的需求，了解不同国家和地区对同一款产品的不同需求。了解产品的差异化可以带来销量的差异，意识到国际市场调研的重要性。某个主营假睫毛的商贸公司打算通过速卖通开通巴西和日本市场。这对于一直经营欧美市场的商贸公司来说是一次新的挑战。在开通巴西和日本市场之前，请先调研这两个国家的产品特质需求及市场饱和度，为进军新的市场做好准备工作。

选取假睫毛为调研产品，分析在巴西和日本市场的特质需求，群体喜好，市场缺乏及市场机会，并完成表 3–4。

表 3–4　假睫毛在巴西和日本市场的需求

国家	特质需求	群体喜好	市场缺乏	市场机会
巴西				
日本				

2. 阿里巴巴国际站茶叶市场分析。从阿里巴巴站内和站外两个方面展开国际市场调研，调研内容包括站外买家市场分析、站外卖家市场分析、阿里巴巴国际站市场分析。

项目练习

一、单项选择题

1. 速度快、可以灵活选择询问的地点，但是人均调查成本高的调研方法是（　　）。

A. 实验法　　B. 当面访谈　　C. 问卷调查　　D. 电话访谈

2. 下列商品类型中适合将其打造成爆款商品的是（　　）。

A. 小众化、利润高的商品

B. 热门商品，或者紧跟当前热点并将要流行的商品

C. 性价比较高的商品

D. 单价高的商品

3. 卖家分析自己的商品能给买家带来哪些价值，在一段特定时期内，买家愿意为该商品支付多少费用，然后卖家根据这种感知确定商品的价格，这种策略是（　　）定价策略。

A. 基于商品成本　　B. 基于市场环境

C. 基于商品价位　　D. 基于竞争对手

4. 由于跨境物流耗费时间较长，为了抢占市场先机，卖家在开发节假日商品时一般要提前（　　）开发并上架。

A. 一个月　　B. 两个月　　C. 三个月　　D. 四个月

5. 在跨境电商活动中，（　　）已成为传递品牌信赖的标志。

A. 价格高　　B. 代工厂生产　　C. 产品品质　　D. 知识产权

6. 下面不属于实地调研法的是（　　）。

A. 访问法　　B. 电话调研法　　C. 案头调研法　　D. 邮寄调研法

7. 以下哪项不属于通过社交网络平台（SNS 平台）了解流行趋势？（　　）

A. 电影流行趋势　　B. 时尚博主流行趋势

C. 大型文体活动流行趋势　　D. 经济论坛分析

8. 四种跨境电商的选品方法是（　　）。

A. 评价数据分析法、组合分析法、静态分析法、买家消费习惯分析法

B. 好评数据分析法、组合分析法、行业动态分析法、买家消费习惯分析法

C. 差评数据分析法、组合分析法、行业动态分析法、买家消费习惯分析法

D. 评价数据分析法、组合分析法、行业动态分析法、买家消费习惯分析法

9. “Best Selling” 频道收集了（　　）和每周热销商品。

A. 圣诞元素推荐商品　　B. 文化产业类商品

C. 节日惊喜商品　　D. 最新热门商品

10. 问卷调查是指调研人员通过（　　），要求被调研者回答问卷上的问题以收集资料

的方法。

A. 精致的、图文并茂的问卷　　B. 制定详细周密的问卷

C.100 个人问卷上的答案　　D. 最新的本土调研报告

二、多项选择题

1. 国际市场环境调研包括（　　）。

A. 经济环境　　B. 社会环境　　C. 电子商务市场规模

D. 市场竞争对手情况　　E. 国际关系

2. 在选品的时候，卖家应该坚持的原则包括（　　）。

A. 从兴趣出发的原则　　B. 从市场需求出发的原则

C. 从平台特性出发的原则　　D. 从自我认知出发的原则

E. 从市场价格出发的原则

3. 在进行站外数据调研时，卖家可以使用（　　）等站外工具获取相关数据。

A. Google Trends　　B. Keyword Spy　　C. Alexa

D. Exce　　E. eBay

4. 询问法可以分为（　　）。

A. 当面访谈　　B. 问卷调查　　C. 电子邮件

D. 电话访谈　　E. 样品免费试用

5. 企业要将某种产品出口国际市场或从市场进口某种产品，除需了解国外市场宏观环境外，还要了解国外市场上该类商品的哪些市场情况？（　　）

A. 国外市场商品的供给情况，包括该商品供应的渠道、来源，国外生产厂家、生产能力、数量及库存情况等

B. 国外市场商品品类情况，包括该品类在国际市场的占有比例

C. 国外市场商品需求情况，包括国外市场对该商品需求的品种、数量、质量要求等

D. 国际市场商品价格情况，包括国际市场上该商品的价格，价格与供求变动的关系等

E. 国外市场商品价格涨幅情况，包括该品类商品在国际市场近五年的价格趋势

6. 在亚马逊平台“Best Seller”下面有哪几种不同的热销商品分类？（　　）

A. Hot New Releases，热门新品榜单

B. Movers & Shakers，一天内销量上升最快的商品

C. Most Wished For，愿望清单

D. Gift Ideas，最受欢迎的礼品

E. Google Trends，谷歌趋势

三、判断题

1. 好评数据分析法是指卖家通过收集并分析各个跨境电商平台上热卖商品的好评数据挖掘买家对商品的需求点和期望值，从而开发出能够满足买家需求的商品的方法。（　　）

2. 国外文化环境包括使用的语言、教育水平、宗教、风俗习惯、价值观念等。（　　）

3. 对于多数中国卖家来讲，亚马逊留给我们的销售产品路线只有跟卖Listing和自建站。（　）

4. 加拿大冬季较长，所以对冬季类商品的需求量较大，如滑雪服、羽绒服、冰鞋、滑雪板等商品，在加拿大市场有很好的销路。（　）

5. 知识产权具有垄断性、地域性、时间性、无形性、政府确认性等特征，互联网的无国界特征使得地域性的知识产权受到了严峻的挑战。（　）

6. 在网购时，加拿大人喜欢使用的支付方式是信用卡和VISA。（　）

7. 沃尔玛百货是美国最大的线下零售商、经营连锁折扣店和仓储式商店的美国跨国零售公司。（　）

8. “选对品”只是走对了第一步，后续还需要卖家“选对网红”，做好社交电商传播，以收获源源不断的海外订单。（　）

9. 国际市场商品价格情况，包括国际市场上该商品的价格，价格与供求变动的关系等。（　）

10.SNS网站通常是信息发源地，各领域的最新信息和流行趋势都会最先在SNS网站开始传播，卖家可以在国外流行的SNS网站关注行业相关意见领袖和热门话题，通过观察发掘潜在商机。（　）

四、简答题

1. 跨境电商国际市场调研的方法有哪些？

2. 跨境电商国际市场调研的策略有哪些？

3. 跨境电商知识产权保护面临的问题有哪些？

4. 二手资料的来源和收集有哪些渠道？

5. 企业进出口商品必须选择合适的销售（进货）渠道与客户，一般来说，商务企业对国外客户群体的调查研究包括哪些方面？

模块四　跨境电商物流

知识目标

1. 了解中国邮政物流的特点和优劣势。
2. 熟悉四大国际商业快递的特点和优劣势。
3. 熟悉跨境专线物流的特点和优劣势。
4. 掌握海外仓的含义、特点、优劣势和基本的操作流程。
5. 熟悉跨境电商出口通关模式。

技能目标

1. 能根据业务情况选择合适的跨境电商物流方式。
2. 能根据已知条件计算国际物流运费。
3. 能根据业务模式选择正确的跨境电商出口业务通关模式。

素养目标

1. 培养学生具有良好的沟通习惯和沟通技巧。
2. 培养学生具有节约物流成本以及诚实守信的品质。
3. 培养学生具有精益求精的工匠精神。

- 跨境电商物流
  - 跨境电商物流模式
    - 跨境电商物流的含义及特点
    - 影响跨境电商物流渠道选择的因素和应遵循的原则
    - 跨境电商物流的主要模式
  - 跨境电商物流运费
    - 计算中邮小包运费
    - 计算e邮宝运费
    - 计算国际商业快递物流运费
    - 海外仓储成本结构及影响因素
  - 跨境电商通关
    - 跨境电商出口业务通关模式
    - 常见的海关清关问题

单元一　跨境电商物流模式

任务导入

物流成本剧增，货代乱象丛生，被动的卖家如何破局？

2021 年，物流给卖家带来了额外的压力。有卖家表示，受各种因素影响，港口拥堵、运力不足，给跨境企业的物流成本、及时交付、运转效率带来多方面的不利影响。

在 2022 年一季度，受俄乌局势冲击全球供应链等影响，跨境卖家的运营成本被推高，尤其是物流成本，导致整体利润下滑。

物流不畅的局面已深刻影响卖家的正常经营。

跨境电商头部公司安克创新公布的财报显示，2021 年营业总收入为 125.74 亿元，同比增长 34.45%。除了亮眼的营收成绩之外，还有不少卖家也注意到，安克创新的物流成本同比增长了 49.80%。

据雨果跨境 4 月 2 日发起的由 275 位亚马逊卖家参与的问卷调研数据显示，2022 年前 3 个月，77% 的卖家表示整体物流费用高于去年同期，仅 11% 的卖家表示物流费用同比下降。

乐歌股份董事长在 4 月 14 日接受媒体采访时表示，海运费暴涨推高了跨境电商海运成本，“海运费略有回落但整体还是持续处于高位，对于出口型企业的压力较大。为此，我们积极和船运公司洽谈长协价，降低海运价格对于企业的经营扰动”。而在年初，乐歌股份就发布公告称，为进一步提升电商购物快速到货的用户体验，缩短交货周期，提升存货周转率，推动公司公共海外仓业务与头程海运一体化运营，带动更多中小企业品牌出海，降低物流成本对品牌运营的扰动，公司拟投资建造集装箱船，拟与国内一流船厂签订 1 艘 1800TEU 集装箱船舶建造合同，上述集装箱船舶建造总价 3260 万美元。

不光是头部大卖受到影响，整个跨境电商行业都受到重创，海运空班、码头拥堵、舱柜短缺，不仅时效难以保障，运费也在不断飙涨，成倍增长的物流成本也不断挤压着卖家的利润空间。跨境电商物流作为跨境电商流程中至关重要的一环，是当前跨境电商企业运作中面临的最大挑战。

跨境电商由于涉及不同国家、国境，情况较复杂，很难像国内电商一样通过自建物流的方式来解决跨境电商的物流问题。对于跨境物流的选择，性价比高、时效好、安全等因素是首选。因此，选择合适的物流方式，要从各个方面来考虑，兼顾卖家可以承受的金额、时长等，选择一个合适的物流方式。

[任务 1] 跨境电商出口物流模式主要有哪几种？
[任务 2] 请对跨境电商出口物流模式的优缺点进行对比分析。

知识精讲

一、跨境电商物流的含义及特点

跨境电商物流的含义、特点

（一）含义

跨境电商物流是指在跨境电商运营模式下，涵盖运输、仓储、售后等环节的跨境物流。随着跨境电商行业飞速发展，消费者对跨境电商物流需求层次也在不断提高，不仅局限于商品是否送达，而且更多地关注商品运输的时效性和售后服务质量。

（二）特点

跨境电商物流与传统物流相比，特点有：

1. 时效性

跨境电商运营中，商家不仅要比商品质量还要比包裹配送时效性，而时效性不仅是指运输速度快慢，也指商品送达的准确性。

2. 多样性

跨境电商企业可以根据运营需要，选择邮政小包、国际快递、海外仓、专线物流、保税区物流等多种运输方式。

3. 全程性

在跨境电商运营模式下，跨境商品要想真正做到全程物流服务，那么在运输、通关、配送等环节都需要信息化技术加持。

二、影响跨境电商物流渠道选择的因素和应遵循的原则

影响跨境电商物流渠道选择的因素

（一）影响跨境电商物流渠道选择的因素

物流成本成倍增加，卖家利润受挤压。除了成本，跨境电商物

流还要兼顾时效性、安全性及消费者跟踪物流信息的体验。面对蒸蒸日上的跨境电子商务，如何选择合适的物流方案是跨境电商企业急需解决的问题。影响跨境电商物流渠道选择的因素主要有以下几方面：

1. 商品基本属性

商品的物理属性、化学属性、经济属性都会对跨境电商物流渠道的选择有一定影响。商品的物理属性主要以体积、重量、密度为主，化学属性主要以危险物品的毒性、放射性等为主，经济属性主要指货物价值多少、性能好坏等。大多数跨境物流路径对于运输货物给予条件限定，明确商品的基本属性，如不能超出相应的重量、不能运输危险物品等。商品的基本属性直接决定跨境物流路径的选择范围，也是跨境物流渠道选择的首要因素。

2. 各种物流方式的特点以及所能提供的服务内容

多元化的跨境物流路径有着各自的经营范围，也使网络覆盖面各不相同，部分跨境物流网络涉及广泛，可以到达世界各个地区；还有的物流网络狭窄单一，只能涉及部分国家或地区。这就要求跨境电商企业在选择物流渠道前，需要进一步了解物流渠道的覆盖范围，能否将货物准时、准点、安全送达，了解各种物流方式能提供何种服务，如是否提供仓储服务、是否提供打包服务、是否提供系统软件服务等。以仓储服务来说，卖家需要清楚其提供的仓储在何处、仓储条件如何等。目前，邮政物流、商业快递、专线物流均可提供类似服务，如打包、贴运单等服务。每种渠道针对的国家或地区优势均有所不同，这就需要卖家根据自身需要来筛选符合自己要求的物流方式。

3. 物流渠道的清关水平

跨境电商作为国际贸易，与报关、商品检测等有着一定的联系，需要跨境物流渠道保障进出口货物顺利通关。各类跨境电商物流路径通关水平有着显著的差异，不能盲目选取运输货物的通关物流路径，如食品无法在海外专线有效通关。基于此，物流渠道的清关水平也是影响跨境电商物流渠道选择的重要因素。

（二）选择跨境电商物流渠道应遵循的原则

选择几种符合自己要求的物流方式进行对比，再从中选择最合适的方式。卖家在选择物流渠道时需要遵循以下 3 个原则：

1. 立足于用户基本需求

跨境电商卖家需要结合用户对于物流的基本需求，将需求作为核心，相同的产品、物流目标，不同的收费层次的用户，其内在需求也不一致，需要对用户的偏好进一步分析与研究，以用户需求作为跨境电商物流渠道选择的重要决定性因素。

2. 时效性和可控性强

时效性是大多数用户关注的热点，交货期也是评估物流服务能力的重要指标，决定了买家满意程度、购物体验等。各个跨境电商物流渠道的交货期存在明显差异，通常情况下，快则 1～2 日可送达，慢则长达 20～30 日。卖家应尽量保证产品在买家期望的运送时间内送达，并让买家随时了解货物的信息。

3. 经济性

经济性是指以最少的代价获得最好的效果作为标准。在满足用户基本需求的基础上，尽可能选择跨境物流渠道成本最低的方式。例如：相比于四大国际商业物流，EMS 在交货期、服务质量、安全性等诸多方面处于劣势，但是 EMS 有着显著的经济性优势，可以作为中高端物流服务经济性的选择。

三、跨境电商物流的主要模式

邮政物流

除了各大电子商务平台的自有物流外，目前中国的企业选择跨境电商物流的模式主要有邮政物流、商业快递、专线物流和海外仓。

（一）邮政物流

1. 邮政物流的主要分类

中国邮政针对国际出口业务推出了一系列物流服务。主要有以下几类：

（1）优先类：国际（地区）特快专递（简称“国际 EMS”）、中速快件和 e 特快。时效最快的寄递服务，邮政内部优先处理，使用最快的运输工具运递，境外使用快递类网络优先处理和投递，全程节点轨迹可视。

（2）标准类：e 邮宝、挂号小包、跟踪小包、国际包裹和 e 速宝。时效较稳定的寄递服务，邮政内部快速处理，使用性价比较高的运输工具运递，境外使用标准类网络处理和投递，主要节点轨迹可视。

（3）经济类：平常小包和 e 速宝小包。时间相对较长，是价格最有竞争力的寄递服务，使用成本相对较低的运输工具运递，境外使用非优先网络处理和投递，部分节点轨迹可视。

（4）海外仓配服务：中邮海外仓和中邮 FBA 出口业务 – 海外仓配服务。

2. e 特快

e 特快业务是中国邮政为适应跨境电商高端寄递需求而设计的一款快速类直发寄递服务，在内部处理、转运清关、落地配送、跟踪查询、尺寸规格标准等各方面均有较高要求，是提高跨境卖家发货效率，提升客户体验，协助店铺增加好评、提升流量的重要服务品牌。

（1）e 特快的优势。

性价比高：50 克起续重计费，降低寄递成本。

在线打单：使用发件系统在线下单，高效方便。

全程跟踪：邮件信息全程跟踪，随时了解邮件状态。

平台认可：主流电商平台认可，物流提质加分。

（2）e 特快的投递限制。

e 特快可寄达全球 100 多个国家和地区，除美国、澳大利亚、阿根廷、蒙古等地外，对于货物尺寸的限制为任何一边的尺寸都不得超过 1.5 米，长度和长度以外的最大横周合计不得超过 3.0 米（见表 4–1）。

表 4–1　e 特快的部分通达范围及尺寸限重[①]

序号	目的地	收寄规格	
		限重（千克）	最大尺寸限制
1	越南	31.5	标准 1
2	澳大利亚	20	标准 4
3	巴布亚新几内亚	30	标准 1
4	新西兰	30	标准 1
5	美国	31.5	标准 5
6	爱尔兰	30	标准 1

标准 1：任何一边的尺寸都不超过 1.5 米，长度和长度以外的最大横周合计不得超过 3.0 米。

标准 2：任何一边的尺寸都不超过 1.05 米，长度和长度以外的最大横周合计不得超过 2.0 米。

标准 3：任何一边的尺寸都不超过 1.05 米，长度和长度以外的最大横周合计不得超过 2.5 米。

标准 4：任何一边的尺寸都不超过 1.05 米，长度和长度以外的最大横周合计不得超过 3.0 米。

标准 5：任何一边的尺寸都不超过 1.52 米，长度和长度以外的最大横周合计不得超过 2.74 米。

（3）价格计算。

邮件体积重量大于实际重量的按体积重量计收资费。体积重量计算办法：邮件任一单边长度超过 60cm 时开始计泡[②]，长（cm）× 宽（cm）× 高（cm）/6000。

① 其他通达范围请登录 https://www.ems.com.cn/e_tekuai 进行查询。

② 计泡是指对包装后的邮件，取体积重量和实际重量中的较大者，作为计费重量，再按照资费标准计算应收邮费。

3. 中国邮政小包

中国邮政小包（China Post Air Mail）又叫中国邮政航空小包、中邮小包或者空邮小包，是指单个包裹邮件重量小于 2 千克（阿富汗除外，阿富汗为 1 千克），外包装长、宽、高之和不超过 90 厘米，最长边不超过 60 厘米，通过邮政空邮服务寄往国外的小包裹，是中国邮政开展的一项国际、国内邮政小包业务服务，属于邮政航空小包的范畴，是一项经济实惠的国际快件服务项目，可寄达全球 230 多个国家和地区各个邮政网点。

中邮小包按照是否提供国外段跟踪信息，可分为中国邮政平常小包（China Post Ordinary Small Packet）和中国邮政挂号小包（China Post Registered Air Mail）。主要区别在于挂号小包提供的物流跟踪条码能实时跟踪邮包在大部分目的地国家或地区的实时状态；平邮小包不受理查询业务，但能通过面单条码以电话查询形式查询到邮包在国内的状态。挂号小包的挂号费为 8 元。

（1）中国邮政小包的优势。

价格实惠：中国邮政小包相对于其他运输方式（如 DHL、UPS、FedEx、TNT 等）来说有绝对的价格优势。

邮寄方便：可以寄达全球各地，只要有邮局的地方都可以送到（极少数国家地区除外）。

中国邮政小包安全、掉包率低，挂号可全程跟踪。

速度快：直接交接中国邮政，无须中转，包裹交邮局后当天可在中国邮政网查到包裹状态。

（2）中国邮政小包的投递限制。

邮政小包重量限制：邮政小包限重 2 千克（阿富汗除外）。

邮政小包体积限制：最大长、宽、高合计 90 厘米，最长一边不超过 60 厘米，公差不超过 0.2 厘米。圆卷状的，直径的两倍和长度合计 104 厘米，长度不超过 90 厘米，公差 0.2 厘米。至少有一面的长度不小于 14 厘米，宽度不小于 9 厘米，公差 0.2 厘米。圆卷状的，直径的两倍和长度合计 17 厘米，长度不少于 10 厘米。

（3）退件问题。

邮政小包若国外收件地址不正确或收件人拒收，邮件可从国外返还至寄件人地址。退回来一般不会产生邮费，退回后寄件人可以去邮局领取邮件。

4. e 邮宝

e 邮宝业务是中国邮政为适应跨境轻小件物品寄递需要开办的标准类直发寄递业务。该业务依托邮政网络资源优势，境外邮政合作伙伴优先处理，为客户提供价格优惠、时效稳定的跨境轻小件寄递服务。不受理延误、丢失、破损、查验等附加服务。

（1）e 邮宝的优势。

经济实惠：支持按总重计费，50 克首重，续重按照每克计算，免收挂号费。

时效稳定：重点路向全程平均时效（参考时效）7 ～ 15 个工作日。

全程跟踪：提供主要跟踪节点扫描信息和妥投信息，安全放心。

平台认可：主流电商平台认可和推荐物流渠道之一，品牌保障。

（2）e 邮宝的投递限制。

重量限制：e 邮宝可寄达全球 38 个国家和地区，除以色列和英国（限重 5 千克），其他国家和地区最高限重 2 千克。

尺寸限制：单件最大尺寸长、宽、高合计不超过 90 厘米，最长边不超过 60 厘米。圆卷邮件直径的两倍和长度合计不超过 104 厘米，长度不超过 90 厘米。单件最小尺寸长度不小于 14 厘米，宽度不小于 11 厘米。圆卷邮件直径的两倍和长度合计不小于 17 厘米，长度不小于 11 厘米。

5. 国际包裹

国际包裹业务是中国邮政基于万国邮联体系推出的标准类直发物品寄递服务，可以通达全球 200 多个国家和地区。使用国际包裹服务时，客户可以自主选择空运、陆运或者水运三种运输方式（部分路向只接受特定运输方式的包裹服务）。

（1）国际包裹的优势。

通达广泛：通达全球 200 多个国家和地区。

运输灵活：客户可以自主选择空运、陆运或者水运三种运输方式（部分路向只接受特定运输方式的包裹服务）。

全程跟踪：提供全程轨迹跟踪信息。

补偿服务：丢失损毁的国际及港澳台包裹提供补偿服务。

（2）国际包裹的投递限制。

重量限制：重量小于等于 30 千克（部分国家不超过 20 千克，每票快件不能超过 1 件），部分国家限重 10 千克，最多也只能寄 30 千克（见表 4–2）。

体积限制：不同的国家，不同的运输方式，尺寸要求不一样。

表 4–2　国际包裹的部分通达范围及尺寸限重[①]　　单位：千克

序号	寄达地	水陆路包裹最高限重	航空包裹最高限重	水陆路包裹最大尺寸规格	航空包裹最大尺寸规格
1	法国	30	30	第三类尺寸	第三类尺寸
2	加蓬	20	20	第一类尺寸	第一类尺寸
3	英国	30	30	第二类尺寸	第二类尺寸
4	格林纳达	20	20	第三类尺寸	第三类尺寸
5	格鲁吉亚	20	20	第三类尺寸	第三类尺寸
6	加纳	30	30	第一类尺寸	第一类尺寸

① 其他通达范围请登录 https://www.ems.com.cn/international_parcel 具体进行查询。

续表

单位：千克

序号	寄达地	水陆路包裹最高限重	航空包裹最高限重	水陆路包裹最大尺寸规格	航空包裹最大尺寸规格
7	直布罗陀	20	20	第二类尺寸	第二类尺寸

第一类尺寸：2 米 ×2 米 ×2 米，或者长度和长度以外最大横周合计不超过 3 米。

第二类尺寸：1.5 米 ×1.5 米 ×1.5 米，或者长度和长度以外最大横周合计不超过 3 米。

第三类尺寸：1.05 米 ×1.05 米 ×1.05 米，或者长度和长度以外最大横周合计不超过 2 米。

6. 邮政 EMS 业务

邮政 EMS 是各国邮政开办的一项特殊业务。该业务在各国邮政、海关、航空等部门均享有优先处理权。

EMS 的优势：通关能力特别强，可发名牌产品、电池、手机、电器等产品。货物不计体积，适合发体积大、重量小的货物。全世界通邮，可到达全球 200 多个目的地，价格比其他四大国际商业快递便宜。

EMS 的劣势：正常时效 3 ～ 7 个工作日，但有时不保证。

7. 中邮海外仓

中邮海外仓（China Postal Warehousing Service，CPWS）是中国邮政速递物流股份有限公司开设的境外仓配一体化服务项目，服务内容包括国内仓库接发操作、国际段运输、目的国进口清关 / 仓储 / 配送以及个性化增值服务等。中邮海外仓是整合国际邮政渠道资源、专业运营团队和信息系统而推出的安全、稳定、高效的海外仓产品，为客户优化跨境电商物流解决方案，现已开办美国、英国、捷克、澳大利亚、俄罗斯等多国海外仓业务。

知识拓展

国际（地区）邮件禁止和限制寄递物品

一、遵守国家有关禁止和限制邮寄物品的规定

遵守国家邮政局、公安部、国家安全部关于发布《禁止寄递物品管理规定》的通告，详见《国内邮件禁止寄递的物品》。

遵守海关总署令第 43 号（中华人民共和国禁止、限制进出境物品表）。

（一）中华人民共和国禁止进出境物品表

1. 禁止进境物品

（1）各种武器、仿真武器、弹药及爆炸物品；

（2）伪造的货币及伪造的有价证券；

（3）对中国政治、经济、文化、道德有害的印刷品、胶卷、照片、唱片、影片、录音带、录像带、激光视盘、计算机存储介质及其他物品；

（4）各种烈性毒药；

（5）鸦片、吗啡、海洛因、大麻以及其他能使人成瘾的麻醉品、精神药物；

（6）带有危险性病菌、害虫及其他有害生物的动物、植物及其产品；

（7）有碍人畜健康的、来自疫区的以及其他能传播疾病的食品、药品或其他物品。

2. 禁止出境物品

（1）列入禁止进境范围的所有物品；

（2）内容涉及国家秘密的手稿、印刷品、胶卷、照片、唱片、影片、录音带、录像带、激光视盘、计算机存储介质及其他物品；

（3）珍贵文物及其他禁止出境的文体；

（4）濒危的和珍贵的动物、植物（均含标本）及其种子和繁殖材料。

（二）中华人民共和国限制进出境物品表

1. 限制进境物品

（1）无线电收发信机、通信保密机；

（2）烟、酒；

（3）濒危的和珍贵的动物、植物（均含标本）及其种子和繁殖材料；

（4）国家货币；

（5）海关限制进境的其他物品。

2. 限制出境物品

（1）金银等贵重金属及其制品；

（2）国家货币；

（3）外币及其有价证券；

（4）无线电收发信机、通信保密机；

（5）贵重中药材；

（6）一般文物；

（7）海关限制出境的其他物品。

二、遵守国际邮联关于禁止寄递物品规定

（1）有爆炸性、易燃性、腐蚀性、毒性、强酸碱性和放射性的各种危险物品。如雷管、火药、爆竹、汽油、酒精、煤油、桐油、生漆、火柴、农药等。

（2）麻醉药物和精神药品。如鸦片、吗啡、可卡因（高根）、恰特草、芬太尼、卡芬太尼等。

（3）国家法令禁止流通或寄递的物品。如军火武器、手枪、气枪、手枪配件、本国或外国货币等

（4）容易腐烂的物品。如鲜鱼、鲜肉等。

（5）妨碍公共卫生的物品。如尸骨（包括已焚化的骨灰）、未经硝制的兽皮、未经药制的兽骨等。

（6）反动报刊书籍、宣传品和淫秽或有伤风化的物品。如带有“××功”字样的宣传品、淫秽色情书籍、报纸、杂志等。

（7）各种活的动物（但蜜蜂、水蛭、蚕以及医药卫生科学研究机构封装严密并出具证明交寄的寄生虫以及供作药物或用以杀灭害虫的虫类，不在此限）。

三、遵守寄达国（地区）邮政禁止和限制邮寄进口物品的规定

国际邮件寄递还应遵守寄达国（地区）的有关禁止和限制邮寄进口物品的规定。

四、禁止寄递不能通过航空安检的货物类型

A类：易燃品及含有此类危险品的物品（主要的典型有打印墨水、油漆、含酒精成分的香水、松香、蜡烛、硅胶、环氧树脂、胶水、油墨、指甲油、杀虫剂、机油等）。

B类：电池及含有电池组件的物品（主要的典型有手电钻、MP3/MP4、太阳能灯、电动玩具、游戏机、闹钟、应急灯、检测仪、激光笔、灭蚊器、苍蝇拍、灯饰、电筒、充电器、对讲机、变压器、遥控器、电子书、开瓶器、展示座、电子秤、脱毛器、心率表、收银机、手提电脑、照相机等）。

C类：磁性物质及含磁性组件的物品（主要的典型有音箱、喇叭、扩音器、汽车起动器、磁锁、开锁器、电机、仪表、变压器、传感器等）。

D类：不明液体、气体、粉末及含此类不明物的物品（主要的典型有蜡烛香薰、充电吸液器、灯具、陶瓷泥、水嘴、玩具样品、走马灯、铁罐样品、咖啡机、沙粒样品、充气清新剂、沐浴液、塑料盒样品、压缩气容器等）。

E类：压缩机及含压缩机组件的物品（主要的典型有压缩机、空调机、除湿机、制冷设备等）。

F类：其他物品（主要的典型有仿真玩具枪、显示器、电视机、玻璃、水银温度计、线路板、铁钩样品、刀具样品等）。

五、禁止寄递侵犯知识产权的物品

（二）商业快递

国际商业快递是指在两个或者两个以上的国家（地区）之间所进行的快递、物流业务。

四大国际快递

1. DHL

DHL（敦豪航空货运公司），公司的名称DHL由三位创始人姓氏（Dalsey，Hillblom，Lynn）的首字母组成，公司成立于1969年，现总部在德国布鲁塞尔。DHL是全球快递、洲际运输和航空货运的领导者，业务遍布全球200多个国家和地区，是全球国际化程度最高的公司之一（见图4–1）。

图 4–1　DHL 公司主页

DHL 的优势：

（1）速度快。一般 2 ～ 4 个工作日可送达，到欧洲一般 3 个工作日，到东南亚一般 1 ～ 2 个工作日。

（2）服务。派送网络遍布世界各地，到西欧、北美有绝对优势。

（3）网络信息更新快。一般从客户交货后第二天开始就会有物流信息，遇到问题可及时解决。

DHL 的劣势：价格相对较高，要计算产品体积重量，对货物限制较多。

2. UPS

UPS（美国联合包裹运送服务公司）成立于 1907 年，总部位于美国佐治亚州亚特兰大市，是全球领先的物流企业，提供包裹和货物运输、国际贸易便利化、先进技术部署等多种旨在提高全球业务管理效率的解决方案（见图 4–2）。

图 4–2　UPS 公司主页

中国市场是 UPS 全球业务中非常重要的一环。自 1988 年进入中国以来，UPS 致力于为各类客户提供全方位的物流服务，满足各种规模的中国企业不断变化的贸易需求，助力中国客户更好地与世界连接。

UPS 的优势：

（1）速度快。正常情况下 2 ～ 4 个工作日通达全球。每周路线具有绝对优势，特别是美国 48 小时能到达。提供在线发货，全国 109 个城市提供上门取货。

（2）服务。货物可送达全球 200 多个国家和地区。提供全球货到付款服务。

（3）网络查询服务免费、及时。定点、定时跟踪，查询记录详细，通关便捷。

UPS 的劣势：运费较贵，要计算产品包装后的体积重量。对托运货物有比较严格的限制，计算单件超重费、超长费。每个包裹的重量不得超过 70 千克，每个包裹的长度不得超过 270 厘米，每个包裹的长 + 周长之和不得超过 330 厘米。

3. FedEx

FedEx（联邦国际快递）是一家国际性速递集团，提供隔夜快递、地面快递、重型货物运送、文件复印及物流服务，总部设于美国田纳西州孟菲斯，隶属于美国联邦快递集团（FedEx Corp）（见图 4–3）。

图 4–3　FedEx 公司主页

FedEx 的优势：

（1）速度快。正常情况下 2 ～ 4 个工作日即可通达全球。

（2）服务。货物可送达全球 200 多个国家和地区，提供全球货到付款服务。

（3）网络查询服务免费、及时。提供代理报关服务及上门取件服务。极快的响应速度让用户享受到高效率的服务，清关能力强。

FedEx 的劣势：运费较贵。到中南美洲及欧洲区域的价格有明显的优势，与其他商业快递公司公布的价格相差 30% ～ 40%。

4. TNT

TNT（国际快递集团）成立于 1946 年，集团总部位于荷兰，是全球领先的快递服务商，为企业和个人提供快递和邮政服务。TNT 在欧洲以及亚太、南美和中东地区拥有公路和航空运输网络。TNT 可以提供限时和限日快递服务，其中包括两种能够翌日送达的快递服务和经济快递服务（见图 4–4）。

图 4–4　TNT 公司主页

TNT 的优势：

（1）速度快。2 ～ 4 个工作日即可通达全球，特别是西欧，仅需 3 个工作日。通关能力强，提供报关代理服务。

（2）服务。在全球拥有逾 16 万名员工，分布在 200 多个国家和地区。网络覆盖广，遇到问题响应及时。

（3）网络查询服务免费、及时，可及时跟踪查询货物。

TNT 的劣势：运费相对较高，要计算产品体积重量。但到西欧、澳大利亚地区价格较低。无偏远地区派送附加费。

四大国际商业快递公司对信息的提供、收集与管理有很高的要求，以全球自建网络以及国际化信息系统为支撑。其速度快、服务好、丢包率低，尤其是发往发达国家非常方便。但是价格昂贵，一般跨境电商卖家只有在寄送样品或是客户强烈要求时效性的情况下才会使用。

（三）专线物流

跨境专线物流也是现今跨境电商国际物流较常使用的一种运作模式，主要是指在国内仓库集货，批量直接发往特定国家或地区的专门设计的国际运输线路，时效性强、方便快捷，区域针对性也较强。集包集货具有比一般快递更优化的计重计费方式。因此，海外专线模式一般来说也

跨境专线

是针对需求量大、热门的线路，需要货量来分摊成本，实时出货不会带来产品过期、过季和库存积压等问题，可看作跨境出口“直通车”。我国主要的跨境专线有俄罗斯专线、中东专线、欧洲专线、澳大利亚专线、南美专线。

跨境专线运作是分环节的专业分工，各环节注意事项如下：

首先，专线要考虑国内网点分布，国内揽收要集中，上网速度要快。从成本方面考虑，国内仓与货源及航空口岸的距离要适中，确保国内段的时效可控，如新兴的边境仓。这个集货仓可能由电商平台或第三方物流企业提供，接收到货物后便可进行处理。

其次，头程多采用全货包机运输，节约时间，价格和耗时均介于邮政小包和国际快递之间。但空运代理市场秩序混乱，市场半透明的价格和不确定的服务使其稳定性不高，特别考验专线公司的仓位议价能力。头程到达城市离客户地址远，也会影响全程时效。

再次，在清关方面跨境专线比较专业，采用大包付款交货清关（所有费用由发货人承担）较顺利，如果国外有公司配合清关，那可能会在更大程度上降低清关成本，清关后进行拆包配送。

最后，货物分拣完成后一般由当地邮政或快递负责接收和派送，很多区域如澳大利亚 TOL、中东 Aramex、日本 OCS、印度 GATT 等，货物的送达时间基本设定。专线对某一个国家或地区的跨境电商来说是比较折中的物流解决方案，解决好国外清关和当地邮政或快递合作，是专线服务的两大关键链条，大部分国家基本形成了一些专线通道。例如：针对发往俄罗斯的小包，有 e 速宝、赛诚、俄速通、速邮宝、燕文等产品。寄往美国的专线服务，包裹到达美国后，进入当地 FedEx 和 USPS 派送网络。

（四）海外仓

跨境电商物流的海外仓模式

1. 海外仓的含义

海外仓（Oversea Warehouse）是指建立在海外的仓储设施。在跨境贸易电子商务中，海外仓是指国内企业将商品通过大宗运输的形式运往目标市场国家，在当地建立仓库、储存商品，然后再根据当地的销售订单，第一时间做出响应，及时从当地仓库直接进行分拣、包装和配送。确切来讲，海外仓模式应该包括头程运输（海运、铁路、空运、快递等各种方式均有）、仓储管理和本地配送三个部分。因为是备货模式，头程运输一般时效要求较低，运输成本也会更注重性价比。此方式的突出优势在于：提前备货模式下卖家无须担心货物断货风险，客户下单后无须经过国际段运输，物流轨迹显示为国内运输，时效快且风险低。

中国海关总署数据显示，2021 年我国跨境电商进出口贸易总额 1.98 万亿元，增长 15%。随着跨境电商的迅速发展，中国企业加快搭建包括海外仓在内的跨境物流体系。目前海外仓数量已超过 2000 个，面积超过 1600 万平方米，成为支撑跨境电商发展、拓展国际市场的新型外贸基础设施。

海外仓兴起的主要原因是，卖家越来越需要提供与国外电商一样的本土化服务，充分利用中国制造的优势参与国际竞争。海外仓头程将零散的国际小包转化成大宗运输，卖家只要把货物大批量运到海外仓库，就有专门的海外仓工作人员代替商家处理后续各项琐事，在线处理发货订单，一旦有人下单就立即完成拣货、打包、贴单、发货等一系列物流程序，确保商品更快速、更安全、更准确地到达消费者手中，完善消费者跨境贸易购物体验，这可以给商家腾出时间和精力进行新产品开发，从而获取更大的利润。在海外市场，当地发货更容易取得买家的信任，他们更愿意选择设置海外仓的商品。海外仓境内配送速度更快、安全性更高，特别是在黑色星期五、圣诞节等购物旺季，订单暴增，跨境配送的效率受到影响，丢包的风险加大，加上各国海关的抽查政策更加严格，此时发货速度快会提升买家的满意度。海外仓的退货处理流程高效便捷，适应当地买家的购物习惯，让买家在购物时更加放心，能够解决传统的国际退换货问题，从而提高我国跨境电商的海外竞争力，真正帮助电商提供本土服务。

2. 海外仓运营模式分类

结合我国消费品跨境电商出口贸易及当前海外仓业务实践，跨境电商出口贸易海外仓建设与运营模式主要可分为四大类，分别是跨境电商智能化仓储中心、出口企业自建仓、第三方海外仓以及边境仓。

（1）跨境电商智能化仓储中心。跨境电商智能化仓储中心指通过跨境电商平台成交及完成国际物流配送的模式。以亚马逊的 FBA 为例，它就是跨境电商出口企业把自己的产品放到亚马逊的跨境电商平台上销售，所销售产品的库存也直接送到亚马逊在进口国当地市场的仓库中，一旦进口国客户在亚马逊电商平台上确认购买订单，即由亚马逊的物流配送系统自动完成后续的发货、送货等具体物流操作。

（2）出口企业自建仓。出口企业自建仓模式，即自营海外仓，指跨境电商出口企业自行在主要进口国境内投资建设仓储公司，完成海外仓储、通关、报税、物流配送等一系列业务环节。通常情况下，往往都是那些具有相当业务规模的出口卖家，具备采用自建仓模式的能力。出口企业自建仓模式最大的优点就是业务自由度高，最大的缺点就是建仓与运营难度大。自营海外仓的业务流程如下：

步骤一，出口跨境电商企业或者委托物流承运人通过海运、空运或快递等方式将商品集中运往本企业经营的海外仓进行存储。

步骤二，出口跨境电商企业使用本企业的物流信息系统，远程操作海外仓储的货物，并且保持实时更新。

步骤三，出口跨境电商企业物流部门根据指令对货物进行存储、分拣、包装、配送等操作。

步骤四，库存状况等系统信息实时更新，出口跨境电商企业实时调整。

（3）第三方海外仓。第三方海外仓服务模式介于出口企业自建仓模式与 FBA 模式之间。其具法做法是，跨境电商出口企业与进口国境内的当地专业仓储或物流公司合作，由进口国本地仓储物流公司定向、长期、专业化地提供海外仓储物流配送服务。第三方海外仓模式兼顾了前面两种模式的优点，业务适用范围较广、问题较少。第三方海外仓的业务流程如下：

步骤一，出口跨境电商企业将商品运至，或者委托物流承运人将货发至第三方物流出口跨境电商企业，或者委托物流承运人通过海运、空运等方式将商品集中运往第三方物流企业经营的海外仓。

步骤二，出口跨境电商企业使用第三方物流企业的物流信息系统，远程操作海外仓储的货物，并且保持实时更新。

步骤三，第三方物流企业根据出口跨境电商企业的指令对货物进行存储、分拣、包装、配送等操作。

步骤四，第三方物流企业的物流系统会及时更新库存状况等信息，出口跨境电商企业实时调整。

（4）边境仓。边境仓与海外仓类似，区别在于仓库的空间位置，海外仓位于输入国，边境仓则处于输入国的邻国。具体指在输入国的邻国边境建设或租赁仓库，将商品预先送达该仓库，通过跨境电子商务实现销售，再从该仓库发货。如我国对俄罗斯的跨境电子商务交易，在哈尔滨或中俄边境的中方城市设立仓库。边境仓具有海外仓无法实现的优势，可以规避输入国的政治、税收、货币、法律等风险，并能有效利用区域政策。

3. 海外仓选品

海外仓在选品方面应结合大数据、目标国家国情、国民消费水平等特点。一般情况下有以下几种选品类型：

第一类选品。超大、超限、超高产品，直邮及国际快递无法满足运送或费用太昂贵，需要海外的方式布局前置供应链，将商品前置到海外仓，能大大降低运营成本。

第二类选品。邮政小包快递无法运送到的产品，如液体、带电、膏状类产品，类似这种高风险、高利润的产品，甚至有些长效标品，这些周转不快但销路不愁。

第三类选品。品牌类商品，品牌商需要用品质与服务实现品牌价值提升，海外仓的服务提升与品牌商的价值不谋而合。

第四类选品。低值快销品，本土需求消耗大，库存周转快，不用担心压货风险。

4. 海外仓的优势

（1）降低物流成本。跨境电商企业以一般贸易的方式将货物输出至海外仓，以批量的形式完成头程运输，比零散地用国际快递要节省成本。一些产品还能享受出口退税的政策。平台接单后，从海外仓发货，特别是在当地发货，物流成本远远低于从中国境内发货。

（2）缩短配送时间，加快物流时效。从海外仓发货，可以节省报关、清关所用的时间，加快物流时效。按照卖家平时的发货方式，运输速度最快的四大国际快递需要 3 ～ 5 天；若是在当地发货，客户 1 ～ 3 天就可以收到货，大大缩短了运输时间，加快了物流的时效性。

（3）提高产品曝光率。如果平台或者店铺在海外有自己的仓库，那么当地的客户在选择购物时，一般会优先选择当地发货，因为这样可以大大缩短收货的时间，使卖家拥有自己的优势，从而提高产品的曝光率，提升产品的销量。

（4）退换货方便快捷，提高海外买家的购物体验，提升客户满意度。跨境电商货物在运输过程中，可能会出现货物破损、短装、发错等情况，这时客户可能会要求退货、换货或重发等，这些情况在海外仓内便可处理，大大节省了物流的时效性，在一定程度上不仅能够使卖家重新得到买家的青睐，也能为卖家节省运输成本、减少损失。

（5）能有效避免跨境电商物流高峰。每逢西方国家的节假日，如圣诞节、万圣节或“黑五”这种疯狂扫货日，国内卖家会集中大量发货，这势必会严重影响国际物流的运转速度，进而影响买家的收货时间。漫长的等待会让买家产生不满情绪，甚至会取消订单，导致卖家流失客户。如果卖家已经提前将货物批量发到了海外仓，那么只要下达指令进行本土配送就行了，不用受物流高峰的困扰。

5. 海外仓的劣势

海外仓模式下，跨境电商企业更容易受到进口国的贸易保护抵制，同时使跨境电商企业承担的大宗货物清关手续增加。除此之外，海外仓对卖家在供应链管理、库存管控、动态销售管理等方面提出了更高的要求。只要产品存放在海外仓一天，就要支付一天的仓储费用。不同国家海外仓的仓储成本费用也不同，卖家在选择海外仓的时候一定要计算好成本，并与自己目前发货方式所需要的成本进行对比选择。海外仓储要求卖家要有一定的库存量，所以一些买家特别定制的产品就不适合选择海外仓储销售。

知识拓展

跨境电商海外仓调研报告

根据调研数据，月销 50 万～100 万美元的大卖家 55% 有自建或计划自建海外仓，月销 100 万美元以上的大卖家 69% 有自建或计划自建海外仓。大卖家建仓比例之高，让很多人不敢相信。因为海外仓的复杂程度让很多专业物流服务商都苦苦挣扎、一度想逃出火坑。但看似不擅长物流的卖家朋友们，为什么如此“热衷”建仓？他们的建仓之路是怎么走出来的？对于想建仓的卖家以及海外仓服务商又有哪些启发？

为了解答这些问题，《极客营》针对不同的卖家，做了三轮调研，每次调研的卖家数量为 50 家左右。让我们一起来看《极客营》发现了什么。

1. 大卖家为什么自建海外仓

据调研，卖家们会因为个性化服务需要、对第三方服务不满意、降低综合成本以及产品原因等去建海外仓，其中个性化服务是大卖家建仓的首要原因，在这四个因素中占到 31% 的比重。同时抽样调查显示，对于 65% 的卖家而言，个性化服务都是自建仓的一个诱因。其次才是对第三方服务商的服务不满意，该项占到 28% 的比重，影响着 59% 的卖家的建仓决定。

2. 大卖家是什么时候开始考虑自建海外仓的

38% 的受访卖家是在月销 10 万美元时就开始建仓；25% 的受访卖家是在月销处于 10 万到 30 万美元时建仓；37% 的受访卖家是在月销 30 万美元以上建仓。由此可见，在很多卖家眼里，建海外仓的时机与销售规模并无太大关系，更多的是与本身的定位相关。但从成本角度考虑，日均订单量在 1000 单以上时建仓才能平衡仓库、人工等成本。

3. 下定决心建仓后，卖家们会在哪个国家建仓

从目前调研的海外仓分布情况来看，再次验证了美国是中国跨境电商第一大市场。自建海外仓的卖家中有 81% 在美国有仓库，50% 在德国有仓库，37% 在英国有仓库。其中美国仓库的数量在自建仓卖家的所有仓库数量中占比达到 45%。这个数据与海外仓联盟的调研基本一致，联盟针对 41 家服务商 76 个仓库的调查分析，有 43% 的仓库在美国。

4. 建多大的仓库才够用

68% 的卖家的自建海外仓面积在 1000 平方米以上，18% 的卖家的海外仓面积在 500 ~ 1000 平方米。我们调研 23 个服务商的仓库时发现，服务商的平均单仓面积为 2300 平方米左右。所以卖家建仓时，1000 平左右的仓库是一个不错的参考。若业务量增长导致对仓库的面积需求增大，可以考虑分仓，提升时效的同时也能降低派送成本。如美国这样的市场，美国西部仓库使用 USPS Ground 服务到美国东北部要 5 ~ 8 天；如果美东、美西各有一个仓库，97% 以上的美国地区可以 3 天内到达，物流费用也可以节省 38% 左右。

5. 需要多少海外仓员工

海外人工昂贵，是海外仓的主要成本，有些海外仓卖家的人工支出成本一度高达 70%，低的也有 30%。大卖家们一般在海外仓聘请多少员工来运作仓库？据调研，19% 的自建仓大卖家有 20 个以上的海外仓员工，37% 的自建仓大卖家有 10 ~ 20 人，19% 的自建仓大卖家有 6 ~ 10 人，25% 的自建仓大卖家有 6 人以下。

针对 23 家服务商仓库的调研发现，服务商平均单仓员工数为 12 人。可见卖家和服务商对库内员工规模都比较谨慎。海外不像国内，法律对员工的保护相当健全，解聘带来的损失和影响都比较严重。另外，海外人力相对紧张，所以业务增长后，不能过多依靠招人去解决问题，更多要考虑的是提升单人作业效率，以及对硬件和信息化的投入。

6. 海外建仓有哪些挑战

自建仓要考虑选址（包括仓租、派送资源）、员工招聘与管理、当地政策法规等。据调研，63% 的卖家为当地的政策法规所困扰，56% 的卖家为海外招人和管理而头疼。举个例子，在员工管理这块，国外员工的假期尤其是年假比较多，不存在加班文化。甚至有些国家3天以内的病假不需要请假条。较多的假期一度让一些公司会额外多招两名员工以应对员工休假现象。

所以就有大卖家断言，海外仓最大的挑战在于解决文化差异问题。比如爆仓了，如果在国内，租场地、招人、加班，三个星期左右都能解决；在美国就要复杂很多，从与中介洽谈、律师审核、与房东沟通到设备购置等，整个过程都要3个月。另外，跟美国人租仓库，仅合作文档就有一本书厚，中间还涉及很多复杂的事务要处理，比如环保、防爆、工会、修葺等。

由此可见，建立海外仓首先要解决本土化问题。

7. 运营海外仓面临哪些风险

30%的卖家担心政策和税务风险，30%的卖家担心货物滞销风险，另外还面临着资金压力、货物安全、管理不善等风险。如何解决滞销库存是卖家们的痛点问题，也是难点问题，如果谁有好的销售渠道能让卖家的滞销库存变现而非变成包袱，那么卖家将蜂拥而至。当本土服务商进驻中国跨境市场时，很多服务商因为在中国缺少资源而进展不顺。如此，不妨利用本土的资源，为卖家提供类似的增值服务，也是一个独特优势。

8. 自建海外仓发货的业务量占卖家出口业务的多大比例

从海外仓发货来看，55%的卖家会把FBA作为主要海外仓发货方式，对这部分卖家而言，自建仓的发货量占比为10%到30%。同时在使用FBA和自建仓的卖家中，有67%不会选择第三方仓库。

那么海外仓发货方式，相比卖家国内直发的业务又是什么情况呢？

调研的卖家中，70%的卖家只通过海外仓发货；20%的卖家采用一半直发一半海外仓发货模式。由此可见，海外仓发货是大趋势，FBA发货又是海外仓发货的主流，FBA能取得如此地位，除了天然的流量优势，其可靠的服务和良好的口碑也功不可没。

9. 卖家抱团建仓是否可行

令人惊讶的是，受访卖家中，超过68%的卖家看好抱团建仓。是不是意味着未来越来越多的合作仓出现？但在这抱团的背后又有什么样的不得已？为什么卖家宁愿面对抱团各怀心思的风险也不愿选择第三方服务商？

10. 新市场在哪里

除了欧美，跨境电商的下一个蓝海会在哪里？53%的大卖家直指印度；南美、俄罗斯、日本则分别有13%的卖家看好，目前甚至有大卖家已经准备在印度、马来西亚建仓了。

资料来源：易仓科技公众号．跨境电商海外仓调研报告．

行业观察

中欧班列（China Railway Express）为世界抗疫传递温暖

2011 年 3 月 19 日，中国首趟中欧班列从重庆发出，开往德国杜伊斯堡，开启了中欧班列发展的序章。截至 2022 年 7 月底，中欧班列累计开行突破 5.7 万列，货值累计超过 3000 亿美元，运输货物品类涵盖包括防疫物资在内的 53 大门类、5 万多个品种，打通 82 条运行线路，通达欧洲 24 个国家的 196 个城市。

在全球抗疫的大背景下，没有谁是一座孤岛。我国在统筹做好疫情防控和经济社会发展的同时，秉持构建人类命运共同体的理念，把防疫物资运输纳入中欧班列重点运输范围，让中国防疫物资走出国门，助力世界各国渡过难关，源源不断地向世界传递着温暖和力量。

战疫的路上，中欧班列充分发挥速度快、运能大、安全高效等优势，坚持快装快运、应运尽运，将医疗物资和生活必需品源源不断运往欧洲，缓解了各国抗疫物资紧缺的局面，筑起了国际携手抗疫的“生命通道”。雪中送炭的情谊最暖人心，中欧班列输送的不只是物资，更是平安和幸福，助力提振世界各国人民的抗疫信心。

“春风朝夕起，吹绿日日深。”中欧班列为世界送去追求发展、崇尚共赢、传递希望的勃勃生机，在全力保障中欧贸易往来、畅通国际防疫物资运输、助力世界抗疫的路上，一趟趟满载物资的列车传递出满满的真情。

【跨境电商 B2B 数据运营职业技能等级证书（中级）职业技能要求】

能选择合适的国际物流，完成产品交付。

操作示范

［任务 1］跨境电商出口物流模式主要有邮政物流的中国邮政小包、中国邮政国际 EMS、e 邮宝、国际商业快递、跨境专线物流和海外仓。

［任务 2］跨境电商出口物流模式的优缺点如表 4-3 所示：

表 4-3　跨境电商出口物流模式的优缺点比较

物流模式	优点	缺点
中国邮政（小包）	邮政网络基本覆盖全球，价格便宜，可包邮提高竞争力。能邮寄的物品类别比较多	包裹限重 2 千克；速度慢且时效不稳定，很多国家无妥投信息，延误、丢失没有赔偿

续表

物流模式	优点	缺点
中国邮政国际EMS	速度较快，费用低于四大国际快递	对市场的把握能力有待提高
e 邮宝	速度较快，但速度低于国际 EMS，清关能力强	包裹限重 2 千克；路线少，上门取件城市有限
国际商业快递	速度快，服务好，丢包率低，适合高附加值、体积小的产品	价格昂贵，且价格自费变化大
跨境专线	集中大批量的货物发往目的地，通过规模效应降低运输成本。价格居中，轻货优势大	速度波动较大，路线有局性
海外仓	集中大批量的货物发往目的地，通过规模效应降低运输成本。可提供灵活可靠的退换货方案，提高海外客户的购买信息，本地化服务，速度快	占压资金，容易形成库存积压；对卖家在供应链管理、库存管理、动销管理等方面提出了更高的要求

实训演练

1. 跨境电商物流模式调研

请登录网址 https://www.alibaba.com/ 调研阿里巴巴国际站平台，列出你所中意的不同类目的 5 款产品，搜集产品的品名、包装重量、尺寸、物流公司、物流费用及预计运输时间，并完成表 4–4，要求每一种产品填写一行。

表 4–4 阿里巴巴国际站产品跨境电商物流调研汇总表

	Product Name	Package Weight	Package Size	Shipping Cost	Estimated Delivery Time
1					
2					
3					
4					
5					

2. 随着跨境电商产业的不断发展，物流瓶颈日渐成为影响消费者购物体验的重要阻碍。调研发现，越来越多的跨境电商企业通过海外建仓或租用仓库等方式来优化物流配送体系。请简单分析跨境电商海外仓的优劣势。

单元二 跨境电商物流运费

任务导入

货物到美国的包邮价格 1 美元，商家赚钱吗？

全球速卖通平台上，中国卖家标注的耳环在美国市场的包邮价是 US$1.06–1.21（见图 4–5），耳环的包装重量是 30 克，当前折扣为 9 折，标准运费为 90.5 元 / 千克。

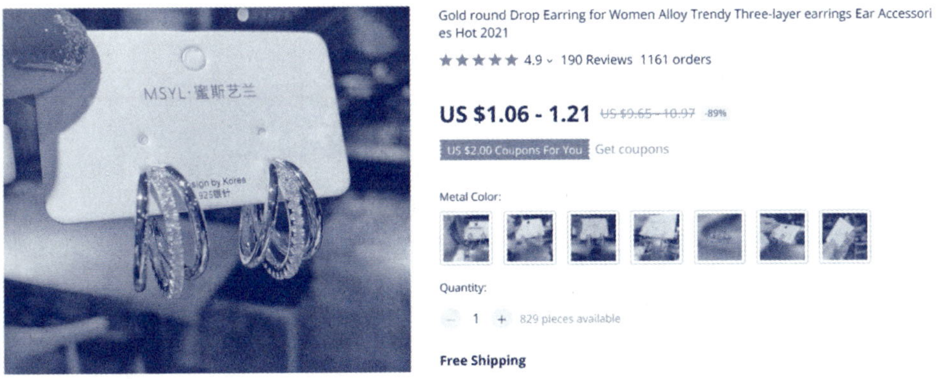

图 4–5　全球速卖通产品信息

[任务 1] 耳环从中国到美国的中邮小包运费是多少？
[任务 2] 商家有利润吗？除去商品本身的成本，物流费也就几块钱吗？

知识精讲

一、计算中邮小包运费

（一）运费计算

平邮小包运费计算公式为：

平邮小包运费 = 标准运费 × 实际重量 × 折扣

中邮挂号小包运费计算公式为：

中邮挂号小包运费 = 标准运费 × 实际重量 × 折扣 + 挂号费 8 元

相关链接

寄国际邮政小包到美国的运费最新价格（2023 年 1 月第一周）如表 4–5 所示。

表 4–5 寄国际邮政小包到美国的运费最新价格（2023 年 1 月第一周）

运输方式	总费用（1 千克）	时效
邮政 E 特快	253.22 元	15 ～ 25 个工作日
中国邮政小包平邮（普货）	122.00 元	10 ～ 30 个工作日
中国邮政小包挂号（普货）	138.00 元	10 ～ 30 个工作日
荷兰邮政小包平邮（普货）	187.00 元	9 ～ 25 个工作日
荷兰邮政小包挂号（普货）	189.00 元	10 ～ 30 个工作日
国际 E 特快	232.20 元	4 ～ 7 个工作日
邮政大包	188.69 元	15 ～ 40 个工作日

（二）计算实例

实例 1：A 公司的速卖通店铺现有一个美国的订单，买家选择的物流方式是中邮挂号小包。产品重量 210 克，当前折扣为 9 折，标准运费为 90.5 元 / 千克，该产品的运费是多少？

解：（1）计算平邮小包运费。

平邮小包运费 = 标准运费 × 实际重量 × 折扣

= 90.5×210/1000×0.9

= 17.1（元）

（2）计算中邮挂号小包运费。

中邮挂号小包运费 = 标准运费 × 实际重量 × 折扣 + 挂号费

= 90.5×210/1000×0.9+8

=25.1（元）

二、计算e邮宝运费

（一）运费计算

全球速卖通平台部 e 邮宝报价如表 4–6 所示。以美国为例，首重是 50 克（不满 50

克的按 50 克开始计算）。费用计算公式是：

若货物大于 50 克：e 邮宝运费 = 处理费 + 基本运费 = 处理费 + 克数 × 单价

若货物小于 50 克：e 邮宝运费 = 处理费 + 基本运费 = 处理费 +50 克 × 单价

表 4-6　e 邮宝运费资费表

国家 / 地区列表			起重克	重量资费 元（RMB）/ 千克 * 每 1 克计重，限重 2 千克	操作处理费 元（RMB）/ 包裹
United States	US	美国	50	95.00	25.00
Russian Federation	RU	俄罗斯	1	70.00	17.00
Ukraine	UA	乌克兰	10	75.00	8.00
Canada	CA	加拿大	1	90.00	19.00
Australia	AU	澳大利亚	1	65.00	19.00
Norway	NO	挪威	1	80.00	19.00
Saudi Arabia	SA	沙特阿拉伯	1	50.00	26.00

（二）计算实例

实例 2：A 公司的速卖通店铺现有一个美国的订单，买家选择的物流方式是 e 邮宝。产品重量为 0.02 千克，其基本运费为 95 元 / 千克，操作处理费为 25 元 / 包裹，请计算该产品的运费。（中国到美国的首重为 50 克，续重为 1 克）

解：e 邮宝运费 = 基本运费 + 处理费

产品的重量 0.02 千克，即 20 克，小于首重 50 克，所以按照 50 克计费。

e 邮宝运费 = 计费重量 × 单价 + 处理费

= 0.05×95 + 25

= 29.75（元）

实例 3：A 公司的速卖通店铺现有一个俄罗斯的订单，买家选择的物流方式是 e 邮宝。产品重 0.2 千克，其基本运费为 70 元 / 千克，操作处理费为 17 元 / 包裹，请计算该产品的运费。（中国到俄罗斯的首重为 1 克，续重为 1 克）

解：e 邮宝运费 = 基本运费 + 操作处理费

产品的重量 0.2 千克，即 200 克，大于首重 1 克，所以按照 200 克计费。

e 邮宝运费 = 计费重量 × 单价 + 处理费

= 0.2×70 + 25

= 39（元）

三、计算国际商业快递物流运费

（一）运费计算

四大商业快递运费昂贵，计算运费时需要计算货物的体积重量。

体积重量计算公式为：体积重量 = 长 × 宽 × 高 ÷5000

计费时取货物的实际重量和体积重量二者中较大者。

（二）计算实例

实例 4：一票到西班牙的货物，重 450 克，包装尺寸为 20cm×10cm×8cm，拟选用 UPS 商业快递邮寄，经查 UPS 的报价表，中国到西班牙的报价为首重 230 元 /0.5 千克，续重为每增加 0.5 千克，运费增加 62 元。请计算该产品的运费。

解：（1）先计算货物的体积重量：

货物的体积重量 =（20×10×8）/5000 = 0.32（千克）= 320（克）

（2）判断计算标准或者计算依据：

由于货物的毛重为 450 克，毛重 450 克 > 体积重量 320 克，因此按照毛重 450 克计算运费。

（3）计算运费：

由于 UPS 要求货物首重为 500 克，不足 500 克按照 500 克计算运费。因此，该票货物的运费为 230 元。

实例 5：一家公司通过速卖通向美国买家销售了一款婚纱，包装重量为 1.6 千克，长 × 宽 × 高为 30cm×20cm×10cm。此婚纱专门为客户定做，附加值较高，使用 DHL 快递，经查询 DHL 运费表，中国到美国的报价为首重 135 元/0.5 千克，续重为每增加 0.5 千克，运费增加 50 元。那么这款婚纱运费是多少？

解：（1）先计算货物的体积重量：

体积重量 = 长 × 宽 × 高 ÷ 5000 = 30cm×20cm×10cm / 5000 = 1.2（千克）

（2）判断计算标准或者计算依据：

比较实际毛重与体积重量 1.2 千克 < 1.6 千克，取数值大的计算。

（3）计算运费：

续重：1.6 – 0.5 = 1.1（千克）　1.1 / 50 = 2.2（千克）

所以续重重量按照大于 2.2 的整数 3 来计算：135 + 50×3 = 285（元）

因此，这款婚纱的运费为 285 元。

四、海外仓储成本结构及影响因素

海外仓储成本一般包括头程运输成本、综合关税成本、仓储服务成本、订单处理成本和当地配送成本。

（一）头程运输成本

头程运输成本是指把货物运送到海外仓库所产生的运费，一般包括内陆运输费、国际空运、海运费用。头程运输成本的影响因素有运输量、运输频率、体积、单位运输费率、运输方式等。运输量及运输频率由跨境电商企业的销售量决定，运输费率由跨境电商企业和跨境电商物流企业协商确定。

（二）综合关税成本

综合关税成本是指货物出口到某国，需按照该国的贸易政策而征收的费用，这部分成本较高，包括关税和清关费用，综合关税成本与进口国的关税政策、商品特征等因素有关，各国关税结构较为复杂，随着关税构成和商品类属的不同，各国的税目和所征收的税率也不同，如美洲国家只有进口关税，欧洲国家分为进口关税和增值税，澳大利亚国家为进口关税、增值税和附加税。

（三）仓储服务成本

仓储服务成本有所不同，一般下半年的海外仓储成本较高。仓储服务成本的影响因素有仓储重量、体积、仓储时间、产品特性以及仓储费率。其中，仓储费率由货物的性质、市场状况等客观条件决定，仓储数量和发货时间由跨境电商企业的日常运作时间决定。

（四）订单处理成本

订单处理成本是指买家对其产品下单后，由跨境电商物流企业海外仓内的作业人员对其进行拣货、搬运、打包而产生的费用。订单处理成本主要影响因素有订单处理时间、订单量和单位时间成本。

（五）当地配送成本

当地配送成本是指买家向跨境电商企业下单后，由第三方海外仓储物流企业或其合作企业配送至买家所产生的费用。这部分费用支出与配送量、单位配送成本有关。单位配送成本取决于货物的重量、价值、体积、特殊性、配送距离等因素。例如：易碎品对运输、仓储等物流环节要求较高，运费也较高。

知识拓展

欧洲 VAT 税务知识要点

由于欧洲电商消费市场发展潜力巨大，VAT 的话题一直在跨境电商圈中热度不减。对于欧洲站的亚马逊卖家来说，VAT 是一个无法绕开的话题，也是横跨在卖家面前的一大难题。而近期亚马逊欧洲站卖家表示账号因 VAT 被冻结的情况还是时有发生。一方面由于亚马逊严格把控平台，也出台了相应的VAT新政策；另一方面VAT的申请注册事宜或为另一关键参考因素。

因此，对于欧洲站的卖家来说，VAT是一个要时时关注的焦点和难题，那么VAT的各方面信息你都了解了吗？本次将与大家分享VAT的相关信息，将这些难题一网打尽。

1.VAT是什么

VAT（Value Added Tax）是欧盟国家普遍使用的售后增值税，即货物售价的利润税，基本等同于中国地区的增值税。VAT最早起源于法国，在部分地区如澳大利亚又称GST（Goods and Services Tax）。

增值税是以商品（含应税劳务）在流转过程中产生的增值税额作为计税依据而征收的一种流转税。流转税是以纳税人产品生产、流通环节的流转额或者数量以及非商品交易的营业额为征税对象的一类税收。价外税的税款不包含在商品价格内，由消费者承担。

简单来说，增值税是对商品流转过程中，在不同买家和卖家交易过程中所赚的那一部分钱进行征税的一个税种。

由于各个国家VAT税率存在差异，因此缴纳的VAT税也不尽相同。

2.VAT增值税税率

欧洲五国的VAT税率一般为：英国20%，德国19%，法国20%，意大利22%，西班牙21%。

英国有三种VAT增值税：20%的标准税率（适用于绝大多数商品和服务）；5%的低税率（适用于家庭用电或者汽油等）；0%的税率（适用于极个别情况）。卖家需缴纳的实际VAT=销售税VAT−进口增值税（Import VAT）。进口增值税（Import VAT）=（申报的货物价值＋头程运费＋关税）×20%（进口增值税卖家是可以申请退回的）。通常销售税VAT是指货物卖出后，要上缴的售后税，不同类别的产品收取的增值税VAT费率也不同，绝大多数产品按标准VAT税率20%计，在欧盟市场，一般销售税VAT由客户承担，即：销售税VAT=产品定价（税前价格）×20%（这是客户承担的）。

需要注意的是，增值税VAT号码是唯一的，您所使用的海外仓储服务公司不能帮您代缴增值税，您也不能使用海外仓储服务的公司或其他个人的VAT号码作为自己的增值税账号。

3.什么情况下需要注册VAT

（1）欧盟成员国卖家，只要年销售超过8.1万英镑。

（2）非欧盟成员国的卖家，只要您的商品的最后一程投递是从欧盟国家发出的，如果要做FBA或海外仓，按规定都要注册VAT并缴纳（比较贴切的案例就是使用欧盟仓储的中国卖家）。即便您使用的海外仓储服务是由第三方物流公司提供的，也从未在欧盟各国当地开设办公室或者聘用当地员工，您仍然需要缴纳 VAT 增值税。

（3）从中国直邮的中国卖家，累计 12 个月销售额超过 7 万英镑，需要注册 VAT 并按规定申报和缴纳销售税。

只要您符合以上任意一个条件，就必须注册 VAT 并按规定申报和缴纳销售税。

4. 不缴纳增值税的后果

（1）货物出口无法享受进口增值税退税。

（2）货物可能被扣，无法清关。

（3）难以保证电商平台正常销售。

（4）不能提供有效的 VAT 发票，降低海外客户成交率及好评率。

5. 怎么注册 VAT

亚马逊的欧洲站覆盖英国、德国、法国、意大利、西班牙五个国家，其中英国是主站点，与其他四个国家的站点在同一后台登录，可以切换。对于卖家来说，这些站都是相互关联的，一旦有一个网站被发现有税务问题，那么其他国家的网站也可能收到亚马逊的电子邮件。卖家需要在有效期内填写增值税税号，若过期，销售权将被冻结。

当然，不是每个国家的 VAT 都需要注册。看你的产品是要往哪个国家销售，就需要注册哪个国家的 VAT，并且每个国家的 VAT 不可以通用。

（1）非英国注册公司或个人以及英国当地的个人或者公司都可以办理，一般中国卖家主要是以非英国注册公司或个人名义办理，如果是英国当地个人 / 公司需要提供个人信息以及 NI 号码。

（2）一般 4 ~ 6 周可以注册完成，最快有 3 周左右拿到的。注册 VAT 可以赠送 EORI，EORI 是欧盟通用的清关登记号，用于清关使用。

目前跨境电商注册申报和缴纳 VAT 莫过于两种方式：

一是自行在需注册国官网查看通知，根据要求进行操作；

二是找第三方代理公司帮助注册申报。

行业观察

VAT 风险防范

跨境电商卖家出口货物到欧洲，很可能会在进口的流程环节产生系列税务风险，包括税务登记风险、欠税追溯风险、入关低报风险、VAT 盗用风险、申请退税风险、距离销售风险。

1. 税务登记风险

卖家注册 VAT 的时候，很多是把注册和申报分开的，会导致申报的 VAT 信息张冠李戴。正确的做法是，一定要找税务代理注册 VAT，避免税务信息不完整。因为在注册完 VAT 后，你需要在每次清关的时候提交自己的 VAT 号码，这样缴纳税款之后，在税务局 VAT 下面会累计你每个月缴了多少 VAT 进项，这个账单叫 C79 证书，这个证书会直接记到你的税务代理那里去，如果你没有经过税务代理的方式，你自己是不能搜到 C79 证书的。

2. 欠税追溯风险

VAT 注册的时候会出现三种情况：

第一种情况是平台老账号没有申请 VAT 号码，也不打算注册 VAT 号码，这种情况要承担店铺被关闭的风险。

第二种情况是老账号混搭新 VAT 账号，老账号取得的收益中包含应缴 VAT 税款，但点击或拖拽放大这种行为会导致你被欧洲税务局追溯欠税，甚至可能会导致卖家个人信息上欧洲国家的黑名单，这个风险是非常大的，因为这是很典型、很直接的暴力抗法、拒交税款的行为。

第三种情况是新申请的 VAT 搭配新平台账号，这个是没有任何压力的，全套新的资料，而且账号里面的资料和 VAT 申请号资料是一致的，只要按时缴税就行。

3. 入关低报风险

如果你卖的东西实在太便宜了，欧洲国家的税务局会怀疑你交易的真实性，其会让你提交一些材料，或者是联系买家，这就是入关低报风险。一般情况下，不能隐瞒卖给客户的真实价格，很多从中国直发的货物，上面会贴一些标签，标签上会有个人信息，税务局工作人员根据你提供的信息给买家直接打电话联系，买家如果确认是 32 欧元买的，你货物标签写的 18 欧元，肯定会被查出。最稳健的方法还是使用自己的 VAT，按照正常流程报税。

4.VAT 盗用风险

VAT 如何避免被其他人使用？在 VAT 盗用的行为中，你判断自己 VAT 在哪里被暴露出来，有两个地点：一个是你的货代公司，你曾经委托它帮你清理自己的货物，它掌握了你 VAT 的信息。另一个是平台，现在 eBay 和亚马逊都要求你的 VAT 号填进平台。如何防范？跨境电商卖家可以要求自己的税务代理公司定期把 C79 证书扫描件发给你，这样你就可以看到 C79 证书上的进口货物、进口批次、进口税款缴纳情况，如果别人盗了你的 VAT，就有不名批次出现。

5. 申请退税风险

跨境电商卖家在季度申报的时候，通过 C79 证书抵扣销售额，如果你的进口额大于销售额就会出现进口缴纳的进口增值税不能完全被抵扣而退税。如果你进了 100 万元的货，在三个月之内你只卖了 50 万元，这种情况下才会出现退税，税务局也会明白；如果你进口了 100 万元，卖了 50 万元，说明你有大量的库存，欧洲国家的税务局可能会到你仓库查看到底有多少库存，第三方海外仓一般都是配合税务局查看。如果出现库存额度大于进项增值税，你可以挪到下个季度抵扣，从整体上来讲你还是在缴税状态，没有退税。

6. 距离销售风险

销售是针对直发而产生的，直发是从中国直发欧洲，这在税务局官方网站有说明。直发跟VAT没有什么关系，不算作具体销售的范畴。什么叫具体销售？就是欧盟之内各个国家之间的销售方式。如果货物进关是从英国进，仓储在英国，最后卖到德国去，就是距离销售。如果从德国卖到英国，10万欧元是限额。如果超过了10万欧元，即便你是距离销售，也需要在当地申报VTA。很多卖家都会超出限额，导致其必须申报VAT，有两种方法可以解决：第一种方法是通过亚马逊的泛欧计划解决，亚马逊推出了8000欧元包一年的会计处理费用，但这种方法可能会随着亚马逊政策调整而变化；第二种方法是单独注册VAT账户，英国脱欧了，你最少也要保证一个欧洲的VAT号码和一个英国VAT号码同时存在。英国是直接向亚马逊要数据，德国是自己抓数据，抓出来之后给亚马逊写信，说该账户销售额已经超过10万欧元，必须把账户关了，把税补齐了才给开。

操作示范

[任务1] 计算平邮小包的运费：

平邮小包运费 = 90.5 × 30/1000 × 0.9 = 2.4435（元）

[任务2] 该耳环从中国到美国的平邮小包运费是2.4435元人民币，不足0.5美元。所以，该中国卖家标注的耳环在美国市场的包邮价是US$1.06～1.21，是有利润的。

实训演练

1. 西班牙客人在某知名服装定制品牌网站定制了一件衬衫，包装重量为410克，包装尺寸为20cm × 10cm × 8cm，拟选用UPS商业快递邮寄，请计算运费（经查UPS的报价表，中国到西班牙的报价为230元/0.5千克，货物重量每增加0.5千克，运费加62元）。

2. A公司的速卖通店铺现有一个美国的订单，买家选择的物流方式是e邮宝。产品重量为0.2千克，其基本运费为95元/千克，操作处理费为25元/包裹，请计算该产品的运费。（中国到美国的首重为50克，续重为1克）

3. 一家公司通过速卖通向美国买家销售了一套西装，包装重量为2.6千克，长 ×

宽 × 高为 30cm × 30cm × 10cm，此西装专门为客户定做，附加值较高，使用 DHL 快递，经查询 DHL 运费表，中国到美国的报价为首重 135 元 / 0.5 千克，续重为每增加 0.5 千克，运费增加 50 元。那么这款婚纱运费是多少？

4. 通过国际快递物流网 https://www.gjkdwl.com/ups 查询邮政小包、e 邮宝、UPS、DHL、FedEx 国际快递最新价格表，并能根据查询运价进行运费的计算。

单元三 跨境电商通关

任务导入

稳外贸保就业 海关总署开展跨境电商 B2B 出口监管试点

为促进跨境电商新业态发展，推动外贸促稳提质，为保就业、保市场主体提供支撑，海关总署于 2020 年 7 月 1 日起在北京、天津、南京、杭州、宁波、厦门、郑州、广州、深圳、黄埔海关开展跨境电商 B2B 出口监管试点，这是继 2020 年初推出跨境电商出口退货监管创新制度后，又一促进跨境电商健康快速发展的重要改革举措。此次新政中，海关将境内企业通过跨境物流将货物运送至境外企业或海外仓、通过跨境电商平台实现交易的贸易形式（即跨境电商 B2B 出口形式）纳入海关跨境电商监管中，分别增列“9710”（跨境电商 B2B 直接出口）和“9810”（跨境电商出口海外仓）两个监管方式代码。

［任务 1］你对于跨境 B2B 的 9710 和 9810 两个监管方式的理解是什么？

［任务 2］两个监管方式的不同之处有哪些？

知识精讲

一、跨境电商出口业务通关模式

跨境电商出口业务通关模式

按照海关规定，跨境电商出口目前有四种模式，包括“1210 特殊区域出口”“9610 一般出口”“9710 跨境电商 B2B 直接出口”以及“9810 跨境电商出口海外仓”模式。

“1210 特殊区域出口”又分为“1210 特殊区域零售出口”和“1210 特殊区域出口海外仓零售”两种形式。“1210 特殊区域零售出口”是指企业将商品批量出口至区域（中心），海关对其实行账册管理；境外消费者通过电商平台购买商品后，通过物流快递形式送达境外消费者。“1210 特殊区域出口海外仓”零售是指企业将商品批量出口至区域（中心），海关对其实行账册管理；企业在区域（中心）内完成理货、拼箱后，批量出口（1210）至海外仓，通过电子商务平台完成零售后再将商品从海外仓送达境外消费者的模式。

“1210 特殊区域零售出口”与“1210 特殊区域出口海外仓零售”在业务流程方面的区别如图 4–6 所示。

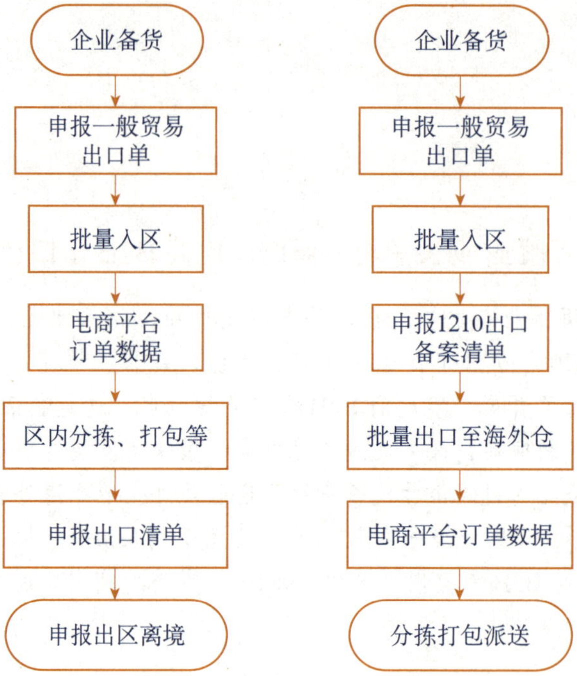

图 4–6 “1210 特殊区域零售出口”与“1210 特殊区域出口海外仓零售”业务流程

“1210 特殊区域出口”的主要优势：

（1）便利的“入区即退税”（保税区除外），有效缩短企业资金运转周期，减少退税时间成本。

（2）货物批量入区以及集货运输出口，有效降低了企业物流成本。

（3）货物批量入区以及集货运输出口，有效降低了企业物流成本。

“9610 一般出口”模式下，境外消费者通过平台下单后，电子商务企业或其代理人、物流企业通过“单一窗口”或跨境电子商务通关服务平台分别将“三单信息”实时传输给海关。商品出口时，跨境电子商务企业或其代理人向海关提交申报清单，采取“清单核放、汇总申报”方式办理报关手续。跨境电商综试区内不涉及出口征税、出口退税、许可证件管理，且单票价值在人民币 5000 元以内的一般出口商品，可采取“清单核放、汇总统计”方式办理报关手续。

自 2020 年 7 月起，“9710 跨境电商 B2B 直接出口”以及“9810 跨境电商出口海外仓”模式陆续在部分直属海关试点。根据海关总署 2020 年第 75 号公告，北京、天津、南京、杭州、宁波等 10 个海关首批正式开展试点工作。2020 年 9 月 1 日，海关新增上海、福州、青岛、重庆、成都、西安等12个直属海关开展试点。至此，跨境电商B2B出口监管试点已扩容至22家。

“9710跨境电商B2B直接出口”是指境内企业通过跨境电商平台与境外企业达成交易后，通过跨境物流将货物直接出口至境外企业，并向海关传输相关电子数据的模式。

“9810跨境电商出口海外仓”是指境内企业将货物通过跨境物流出口至海外仓，通过跨境电商平台实现交易后从海外仓送达境外购买者，并向海关传输相关电子数据的模式。

“9710跨境电商B2B直接出口”和“9810跨境电商出口海外仓”两种模式出口申报前，跨境电商出口企业或其代理人（含境内跨境电商平台企业）应通过“单一窗口”向海关传输交易订单或海外仓订仓电子信息，物流企业向海关传输物流电子信息，具备条件的可加传收款信息，并对数据真实性负责（见图4–7）。

根据规定，采用9710、9810模式出口的跨境电商企业可享受以下便利：

（1）单票低于5000元人民币且不涉证、不涉检、不涉税的货物，企业可报送申报清单，校验通过后自动推送至出口统一版系统申报；单票超过5000元人民币或涉证、涉检、涉税的货物应通过H2018通关系统申报。

（2）跨境电商出口统一版系统申报清单不再汇总申报报关单或备案清单。其中，不涉及出口退税的，可按照6位HS编码简化申报。

（3）跨境电商B2B出口货物适用全国通关一体化，企业可以选择向属地海关进行申报，货物在口岸地海关进行验放，海关对跨境电商B2B出口货物可优先安排查验，在物流以及海关查验方面也可享受较大便利。

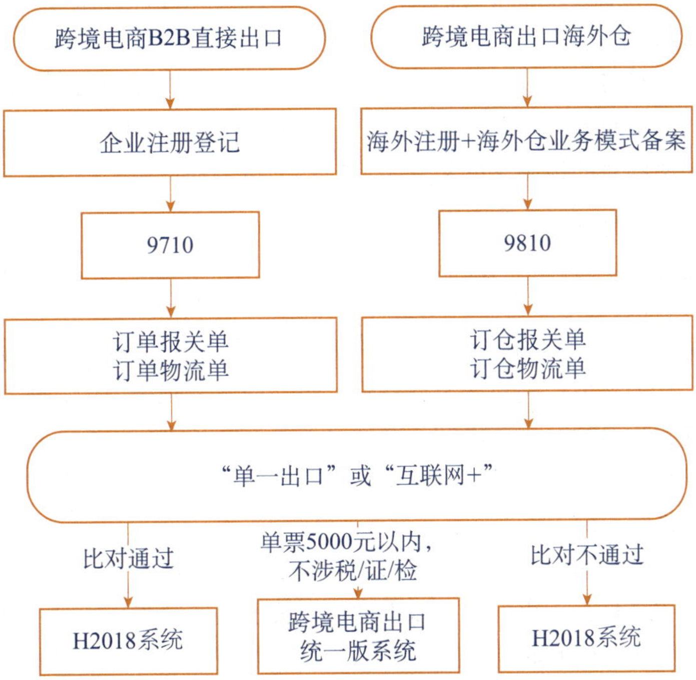

图4–7 “9710 / 9810出口”业务流程

二、常见的海关清关问题

海关几乎是全球物流运作中唯一无法完全掌控的环节，但是各国海关效率的差异很大。由于货物通常需要快速放行，因此通关手续会影响货物交付的速度和可靠性，国际快递尤其依赖通关效率。海关查验是指海关在接收报关单位的申报之后，依法为确定进出境货物的性质、原产地、货物状况、数量和价值是否与货物申报单上已填报的详细内容相符，对货物进行实际检查的行政执法行为。查验目的是检查单货是否一致，检查有无瞒报、伪报和申报不实等走私违规情况。只要不是禁限寄及非法出境物品，政策上支持贸易通关便利化，降低出口平均查验率，推广“双随机”措施，出口海关扣货的概率比较小。

（一）海关扣货的原因

（1）申报价值和估价不一致；

（2）品名和产品不符；

（3）装箱清单不详；

（4）收货人条件不允许（没有进出口权等）；

（5）私人物品超过了规定的数量或金额；

（6）当地国家规定的一些相关政策。

（二）规避海关扣货的主要方式

（1）商业发票申报的品名与金额合理。所有寄递的国外件都需要随附商业发票；货物品名、价值、数量必须如实申报，不能低报；必须有货物详细描述（包括货物详细品名、材质、用途、件数、单价、成分等）信息。例如：一双鞋子的申报价值为 5 美元，显然不合乎常理，又或者一件几十千克的货只报 8 美元，这样也非常容易被海关查扣。

（2）指定快递到目的地国家的某一个比较容易清关的城市。一般来说，不同城市的海关对进口货物的查验力度多有不同。

（三）快件退回是否产生关税

根据《中华人民共和国海关进出口货物征税管理办法》（海关总署令第 124 号）第五十六条规定，已缴纳出口关税的出口货物，因品质或者规格原因，出口货物自出口放行之日起 1 年内原状退货复运进境的，纳税义务人在办理进口申报手续时，应当按照规定提交有关单证和证明文件。经海关确认后，对复运进境的原出口货物不予征收进口关税和进口环节海关代征税。

根据《中华人民共和国进出口关税条例》第五十条规定，有下列情形之一的，纳税义务人自缴纳税款之日起 1 年内，可以申请退还关税，并应当以书面形式向海关说明理由，提供原缴款凭证及相关资料。

（1）已征进口关税的货物，因品质或者规格原因，原状退货复运出境的；

（2）已征出口关税的货物，因品质或者规格原因，原状退货复运进境，并已重新缴纳因出口而退还的国内环节有关税收的；

（3）已征出口关税的货物，因故未装运出口，申报退关的。

海关应当自受理退税之日起 30 日内查实并通知纳税义务人办理退还手续。纳税义务人应当自收到通知之日起 3 个月内办理有关退税手续。

按照其他有关法律、行政法规规定应当退还关税的，海关应当按照有关法律、行政法规的规定退税。

（四）买家拒绝支付关税

按照规定，进口货物的收货人、出口货物的发货人、进出境物品的所有人是关税的纳税义务人；同时有权经营进出口业务的企业也是法定纳税人。进出口货物的纳税义务人，应当自海关填发税款缴款之日起 15 日内缴纳税款；逾期缴纳的，由海关按日征收滞纳金。

知识拓展

跨境电商 B2B 模式知识要点

1. 跨境电商 B2B 与一般贸易出口、跨境电商零售出口的区别（见表 4–7）

表 4–7 跨境电商出口模式对比

比较项目	1210		9610	9710	9810
	特殊区域零售出口	特殊区域出口海外仓零售	一般出口	跨境电商 B2B 直接出口	跨境电商出口海外仓
交易性质	B2C			B2B	
适应范围	区域（中心）	国内所有综合保税区和跨境电子商务综合试验区的区域（中心）	没有实施城市的限制，需要在符合海关规范要求的监管场所进行	目前可以在 22 个直属海关展开	
申报模式	申报清关	报关单或备案清单	申报清单	报关单或备案清单（单票低于 5000 元人民币不涉证、不涉税的货物，可报送申报清单）	
优势	入区即退税政策		跨境电商综试区出口可采取 4 位 HS 编码简化申报，可“清单申报、汇总统计”	优先安排查验，系统实时验放； 积极响应跨境电商企业批量出口需求，降低出口成本； 跨境电商总社区不涉及出口退税的，可按照 6 位 HS 编码简化申报	

2. 对企业资质的要求

（1）办理企业注册登记。跨境电商企业、跨境电商平台企业、物流企业等参与跨境电商 B2B 出口业务的境内企业，应当依据海关报关单位注册登记有关规定在海关办理注册登记，并在跨境电商企业类型中勾选相应的企业类型；已办理注册登记未勾选企业类型的，可在国际贸易“单一窗口”提交注册信息变更申请。

（2）办理出口海外仓业务模式备案。开展跨境电商出口海外仓业务的企业，还应在海关办理出口海外仓业务模式备案。具体如下：

企业资质条件：开展跨境电商出口海外仓业务的境内企业应在海关办理注册登记，且企业信用等级为一般信用及以上。

备案资料要求：

a. 两个登记表：《跨境电商出口海外仓企业备案登记表》《跨境电商海外仓信息登记表》（一仓一表）。

b. 海外仓证明材料：海外仓所有权文件（自有海外仓）、海外仓租赁协议（租赁海外仓）、其他可证明海外仓使用的相关资料（如海外仓入库信息截图、海外仓货物境外线上销售相关信息）等。

c. 海关认为需要的其他资料。

上述资料应向企业主管地海关递交，如有变更，企业应及时向海关更新相关资料。

3. 企业申报流程（见图 4–8）

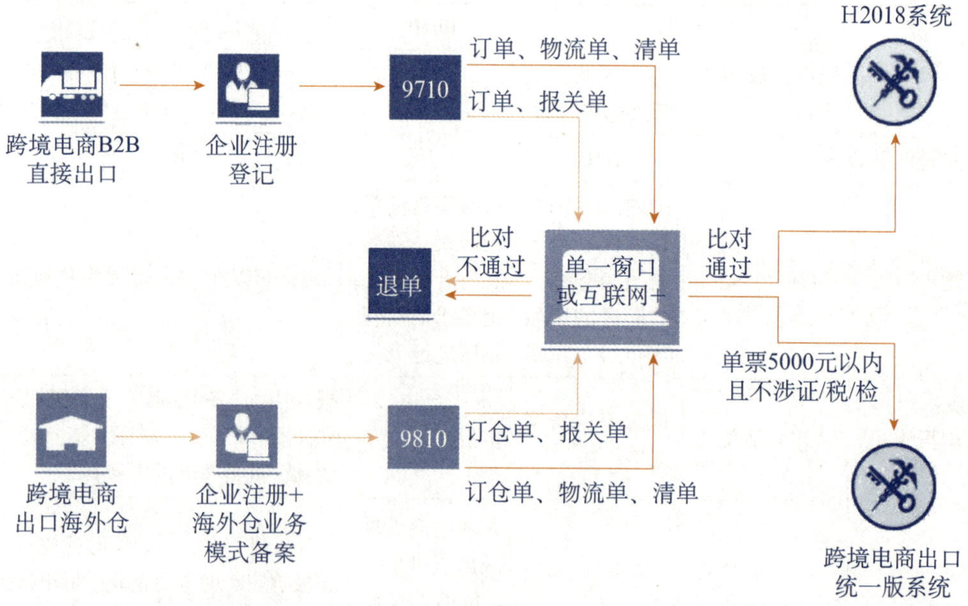

图 4–8 企业申报流程

对于单票金额超过人民币 5000 元，或涉证、涉检、涉税的跨境电商 B2B 出口货物，企业应通过 H2018 通关管理系统办理通关手续；对于单票金额在人民币 5000 元

（含）以内，且不涉证、不涉检、不涉税的，企业可以通过 H2018 通关管理系统或跨境电商出口统一版系统办理通关手续。

企业应通过“国际贸易‘单一窗口’标准版”或“互联网 + 海关”的跨境电商通关服务系统和货物申报系统向海关提交申报数据、传输电子信息。其中，跨境电商 B2B 出口有关电子信息报文，沿用跨境服务系统现有的 B2C 接入通道模式，新增支持 B2B 出口报关单报文导入；货物申报系统支持 B2B 出口报关单按现有模式录入和导入。

4. 通关方式

（1）通过 H2018 通关管理系统通关。跨境电商 B2B 直接出口（9710）申报前，跨境电商企业或跨境电商平台企业应向海关传输交易订单信息；跨境电商出口海外仓（9810）申报前，跨境电商企业应向海关传输海外仓订仓信息。

跨境电商企业或其代理人向海关申报报关单，系统对企业资质及申报内容进行校验，通过 H2018 申报报关单。

（2）通过跨境电商出口统一版系统通关。跨境电商 B2B 直接出口（9710）货物申报前，跨境电商企业、物流企业应分别向海关传输交易订单、物流信息；跨境电商出口海外仓（9810）货物申报前，跨境电商企业、物流企业应分别向海关传输海外仓订仓信息、物流信息。

跨境电商企业或其代理人向海关申报清单，系统对企业资质及申报内容进行校验，通过出口统一版申报清单。清单无须汇总申报报关单。

行业观察

韵达国际仅用 5 分钟成功完成上海 9710 首单

为贯彻落实党中央、国务院关于加快跨境电子商务新业态发展的部署要求，充分发挥跨境电商稳外贸、保就业等积极作用，进一步促进跨境电商健康快速发展，海关总署决定自 2020 年 7 月 1 日起在北京海关、天津海关、南京海关等共计 10 个海关开展跨境电商 B2B 出口监管工作试点，并于 9 月 1 日新增上海、福州、青岛关等共计 12 个直属海关开展跨境电商 B2B 出口监管试点。

日前海关总署已经正式发布跨境电商企业对企业出口试点，增列“9810”“9710”监管方式。2020 年 9 月 1 日是“上海浦东机场海关总署”监管方式开通测试的第一天。韵达国际作为 9710 指定试发单位，在上海跨境电子商务公共服务平台及上海浦东海关的大力支持下，本批试发货品于 9 月 1 日凌晨申报成功。

韵达国际相关负责人介绍，首批试发货物于 9 月 1 日 0 时 01 分发起申报，短短五分钟，系统完成海关入库、审核及放行通关，针对当下跨境业务痛点，提供高效解决方案。完成操作的货物，将于次日（9 月 2 日）随班机飞往德国。

“9710”是“跨境电商B2B直接出口”，适用于跨境电商B2B直接出口的货物；“9810”是“跨境电商出口海外仓”，适用于跨境电商出口海外仓的货物。以上两种监管模式的开通对于跨境B2B出口企业来说，可以简化申报程序，进而降低成本，同时提高效率。

操作示范

［任务1］“9710跨境电商B2B直接出口”是指境内企业通过跨境电商平台与境外企业达成交易后，通过跨境物流将货物直接出口至境外企业，并向海关传输相关电子数据的模式。

“9810跨境电商出口海外仓”是指境内企业将货物通过跨境物流出口至海外仓，通过跨境电商平台实现交易后从海外仓送达境外购买者，并向海关传输相关电子数据的模式。

“9710跨境电商B2B直接出口”和“9810跨境电商出口海外仓”两种模式出口申报前，跨境电商出口企业或其代理人（含境内跨境电商平台企业）应通过“单一窗口”向海关传输交易订单或海外仓订单电子信息，物流企业向海关传输物流电子信息，具备条件的可加传收款信息，并对数据真实性负责。

［任务2］两者的区别主要有：

（1）性质不同：监管代码“9710”是跨境电商B2B直接出口。监管代码“9810”是跨境电商出口海外仓。

（2）用途不同：监管代码“9710”是用于跨境电商直接出口货物给国外的监管方式。监管代码“9810”是用于跨境电商商品出口到国外海外仓的监管方式，比如国内产品出口到亚马逊、eBay、私人等海外仓等。

实训演练

1. 请对跨境电商4种出口模式就适用范围、申报模式、优势等方面进行比较。
2. 分析公司在开展跨境电商B2B出口业务前要完成的准备工作。

项目练习

一、单项选择题

1. 下列关于跨境物流特点的描述，正确的是（　　）。

A. 物流单证简单，区域均匀分布，流程单一

B. 区域均匀分布，风险高，流程多样化

C. 运输风险小，政治等因素风险大

D. 区域分布不均匀，风险高，流程复杂

2. 当前跨境出口物流方式中时效最快的是（　　）。

A. 国际快递（商业快递）　B. 海运　C. 国际专线　D. 邮政小包

3. 下列有关国际物流渠道的表述不正确的是（　　）。

A. 专线物流相比邮政小包运费较高，且在境内的揽收范围相对有限

B. 海运的不足是速度慢、航行风险大、航行日期不准确、手续复杂

C. 商业快递的劣势是价格昂贵，丢包率高，不建议客户使用

D. 海外仓可降低物流成本，提供灵活的退货方案，发货周期短，发货速度快

4. 中国邮政小包是指单个包裹重量在（　　）千克内，外包装长宽高合计不超过 90 厘米，并且最长边不超过 60 厘米的，通过邮政航空寄往国外的小邮包。

A. 2　B. 3　C. 4　D. 5

5. 中邮小包按照是否提供国外段跟踪信息，可分为（　　）。

A. 中国邮政平常小包和中国邮政挂号小包　B. e 特快和 e 邮宝

C. 中国邮政平常小包和中国邮政大包　D. EMS 和 e 邮宝

6. 中邮海外仓英文写法正确的是（　　）。

A. EMS　B. CPWS　C. VAT　D. FBA

7. 敦豪航空货运公司的英文正确的是（　　）。

A. EMS　B. UPS　C. DHL　D. TNT

8. 美国联合包裹运送服务公司的英文正确的是（　　）。

A. EMS　B. UPS　C. DHL　D. TNT

9. 联邦国际快递的英文正确的是（　　）。

A. EMS　B. UPS　C. DHL　D. FedEx

10. 邮政特快专递的英文正确的是（　　）。

A. EMS　B. UPS　C. DHL　D. TNT

11. 中邮小包运费计算公式正确的是（　　）。

A. 标准运费 × 实际重量 × 折扣

B. 标准运费 × 实际重量 × 折扣 + 挂号费

C. 克数 × 单价 + 操作处理费

D. 50 克 × 单价 + 操作处理费

12. 中邮挂号小包运费计算公式正确的是（　　）。

A. 标准运费 × 实际重量 × 折扣

B. 标准运费 × 实际重量 × 折扣 + 挂号费

C. 克数 × 单价 + 操作处理费

D. 50 克 × 单价 + 操作处理费

13. e 特快体积重量的计算公式正确的是（　　）。

A. 长（cm）× 宽（cm）× 高（cm）÷ 3000

B. 长（cm）× 宽（cm）× 高（cm）÷ 4000

C. 长（cm）× 宽（cm）× 高（cm）÷ 5000

D. 长（cm）× 宽（cm）× 高（cm）÷ 6000

14. 国际商业快递体积重量的计算公式正确的是（　　）。

A. 长（cm）× 宽（cm）× 高（cm）÷ 3000

B. 长（cm）× 宽（cm）× 高（cm）÷ 4000

C. 长（cm）× 宽（cm）× 高（cm）÷ 5000

D. 长（cm）× 宽（cm）× 高（cm）÷ 6000

二、多项选择题

1. 以下关于跨境电商业务的海关监管方式的说法中，正确的是（　　）。

A. "9610" 全称 "跨境贸易电子商务"，简称 "电子商务"

B. "9710" 简称 "跨境电商 B2B 直接出口"

C. "1210" 全称 "保税跨境贸易电子商务"，简称 "跨境电商"

D. "9710" 适用于跨境电商出口海外仓的货物

E. "9810" 简称 "跨境电商出口海外仓"

2. 跨境电商 9710 与 9810 通关模式的共同点有（　　）。

A. 电商企业都需要进行海外仓备案

B. 都有清单申报和报关单申报两种申报模式

C. 都必须在试点关区内申报

D. 都需要申报订单

E. 物流企业对数据真实性负责

3. 国际四大商业快递公司是（　　）。

A. COSCO　　B. UPS　　C. DHL　　D. TNT　　E. FedEx

4. 中国企业选择跨境电商物流的模式主要有（　　）。

A. 邮政物流　　B. 国际商业快递　　C. 海外仓　　D. 跨境专线　　E. 海运

5. 我国跨境电商出口贸易海外仓建设与运营模式主要有（　　）。

A. FBA　　B. 自建海外仓　　C. 第三方海外仓服务　　D. 边境仓　　E. 中邮海外仓

6. 海外仓费用主要由（　　）构成。

A. 头程运输成本　　B. 综合关税成本　　C. 仓储服务成本

D. 订单处理成本　　E. 当地配送成本

三、判断题

1. e特快可寄往除美国、澳大利亚、阿根廷、蒙古等地外全球100多个国家和地区。（　　）

2. e特快对于货物尺寸没有限制要求。（　　）

3. 中国邮政平常小包能够根据提供的物流跟踪条码实时跟踪邮包在大部分目的地国家和地区的实时状态。（　　）

4. 中国平邮挂号小包不受理查询业务，但可以通过面单条码以电话查询形式查询到邮包在国内的状态。（　　）

5. e邮宝业务是中国邮政为了适应跨境轻小物品寄送需要开办的标准类直发寄递业务。（　　）

6. DHL现总部在德国布鲁塞尔。（　　）

7. UPS总部设于美国亚特兰大。（　　）

8. FedEx联邦国际快递总部在德国。（　　）

9. TNT集团总部在荷兰。（　　）

10. 海外仓能够缩短配送时间，加快物流时效。（　　）

11. 买家特别定制的产品也适合选择海外仓这种物流模式。（　　）

12. 边境仓具有海外仓无法实现的优势，可以规避输入国的政治、税收、货币、法律等风险，并能有效利用区域政策。（　　）

13. 亚马逊FBA模式就是跨境电商出口企业把自己的产品放到亚马逊的跨境电商平台上销售，所销售产品的库存也直接送到亚马逊在进口国当地市场的仓库中，一旦客户在平台上确认购买订单，由亚马逊的物流配送系统自动完成后续的发货送货等具体物流操作。（　　）

14. 9710监管方式代码是指跨境电商B2C直接出口。（　　）

15. 9810监管方式代码是指跨境电商出口海外仓。（　　）

16. 1210特殊区域出口又分为1210特殊区域零售出口和1210特殊区域出口海外仓零售两种形式。（　　）

17. 9610一般出口模式下，境外消费者通过平台下单后，电子商务企业或其代理人、物流企业通过“单一窗口”或跨境电子商务通关服务平台分别将“三单信息”实时传输给海关。（　　）

四、简答题

1. 如何选择跨境电商物流渠道？

2. 海外仓的优缺点是什么？

3. 采用9710、9810模式出口的跨境电商企业可享受哪些便利？

模块五　跨境电商营销

知识目标

1. 掌握跨境电商营销文案写作技巧。
2. 熟悉跨境电商促销活动。
3. 了解跨境电商常见的营销手段。

技能目标

1. 能撰写跨境电商文案。
2. 能策划跨境电商营销活动。
3. 能制定店铺营销方案并进行推广。

素养目标

1. 具有良好的沟通习惯和沟通技巧。
2. 具备以客户需求为中心的营销理念。
3. 具有认真踏实的工匠精神。

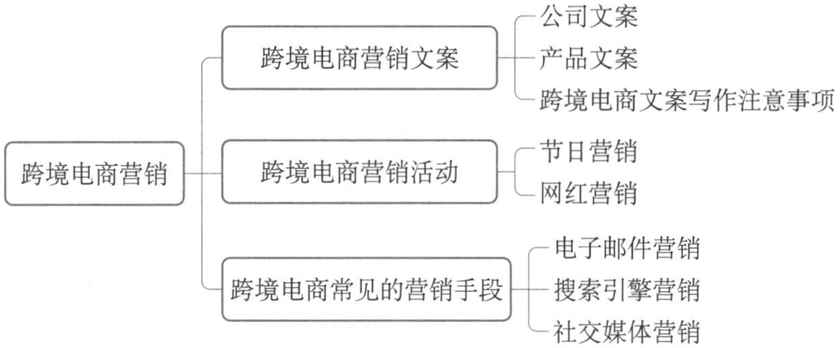

单元一　跨境电商营销文案

任务导入

获客成本居高不下，社交媒体成品牌出海“必争之地”

跨境电商的发展在2020年被推向高潮，也改变了海外用户的消费模式。各种社会因素导致线下实体商店大量倒闭，线上消费迎来一波高峰，也助推了跨境电商行业的发展，卖家们得以见识到2020年行业盛况。

行业高速发展的同时也在倒逼着跨境企业向品牌化转型升级。比拼价格、仰仗平台流量红利、同质化竞争的时代已然不适应当下的发展。而海外消费者的多元和个性化需求，也让跨境卖家不得不思考更为丰富多样的产品展示方式和引流方式。

根据Forrester一项调研数据显示，消费者的购物行为已经发生了根本性的转变，他们购买强大品牌价值产品的可能性比购买品牌价值不突出产品的可能性要高出4倍，且更愿意在能与自己产生共鸣的品牌处购买产品。

这一点也能反映消费者对于品牌产品的需求，以及跨境企业转型品牌的迫切性。在雨果跨境与Shopify联合发布的《2022电商行业趋势报告》中指出，技术的进步降低了行业参与壁垒，海外疫情的冲击加速了线下卖家的数字化，品牌竞争格局加剧，广告成本大幅上升。品牌想要从广告支出中获得可观的回报变得更加艰难。

如何在行业变幻莫测的情况下，加强品牌与消费者的互动和黏性，提升消费者购物体验，实现更高的用户留存率和品牌价值，是品牌企业急需重点考虑的新思路。一篇好的产品文案，能够通过高超的语言艺术，吸引消费者的兴趣，延长消费者浏览产品页面的时间，从而促成购买行为。

［任务］你对产品文案写作的技巧是如何理解的？

知识精讲

一篇好的公司文案或者产品文案，能够通过高超的语言艺术吸引消费者的兴趣，延长消费者浏览公司网站或者产品页面的时间，从而促成购买行为。

一、公司文案

广义的公司文案泛指公司内部相关部门及人员所从事的所有文字工作，主要包括企业的日常宣传、规章制度编写、企业文化、员工手册制定、上传下达的文件沟通、广告策划、商业计划、合同制定、企业样本、品牌样本、产品目录等。

公司文案

跨境电商运营的应用场景下，公司文案主要指企业店铺中所涉及的公司介绍等信息。如阿里巴巴国际站中企业店铺 Company Profile（公司档案）中所涉及的内容（见图 5–1）。

图 5–1 Company Profile（公司文案）

（一）公司文案的价值

优秀的公司文案是传播信息、宣传企业形象、提升品牌价值、建立品牌认同感、建立信任感的经典道具。当你不在现场时，优秀的公司文案可以“开口讲话”，让客户读到自己想要的东西。公司文案的价值主要体现在以下几方面。

1. 传播信息，宣传企业形象

公司文案最基本的作用就是传播企业及品牌想要传达的信息，全面展示企业实力、企业文化及产品内涵。

2. 建立品牌认同感

公司文案不是为了直接卖产品，而是为了建立品牌认同与偏好。用文案把企业及品牌的内在价值传递给消费者，以价值吸引消费者，从而让消费者对公司及品牌产生一定的偏好、信任及支持。

3. 建立信任感

对于陌生的事物，人的内心总是倾向于害怕、拒绝。用公司文案帮助企业及品牌在客户心里建立起一种熟悉感，就会让企业及品牌在客户心中建立起价值，有助于拉近和消费者的关系，从而建立信任感。

（二）公司文案的主要内容

跨境电商文案策划首先着眼于店铺或品牌定位，在明确了店铺货品牌的定位之后，再围绕该定位来制定具体的产品文案内容。对于企业而言，公司文案关系到企业品牌和形象的树立。虽然文案讲究创意，但创意应建立在一个框架基础上。通常而言，公司文案创作的基本内容框架包含三部分。

第一部分：我们是谁，即公司和品牌介绍。

通常包括公司简介、品牌故事、企业理念、组织结构、企业文化、联系方式等。目前跨境电商卖家普遍面临产品同质化严重，陷入价格竞争的泥潭，客户回头率低、忠诚度不高等问题。对于中小卖家来说，想抵挡住大平台的低价竞争，就要为产品筑起一道"护城墙"，而这道"护城墙"就是品牌故事。因此，跨境电商卖家要为品牌打造一个简洁、明了、便于记忆的品牌名称，为品牌选取一个能够表明主题和相关性的标志，在消费者心中留下深刻的第一印象。

第二部分：我们在做什么，即业务范围介绍。

重点介绍企业的产品和服务。通常包括业务范围、主营产品、产品和服务优势、公司愿景等。可用相关运营数据展示企业实力，有实力的公司通常会将优势产品和服务单独介绍。

第三部分：选择我们的理由，即公司业绩及案例介绍。

通常包括外贸出口能力、工艺、相关证书和案例。案例通常最有说服力，为增加宣传效果，案例介绍部分往往非常关键。如果是新公司，没有大量成功案例时，可以略过不提，重点突出其他方面的实力，如获得的资质、合作伙伴等。

公司文案重点是找出与消费者利益结合最紧密的点。生产制造型企业重点介绍生产经验、车间面积、设备数量；高新科技型企业重点介绍前沿科技、研发团队；服务外包型企业重点介绍业务范围、从业经验、合作对象。

以下是一份公司文案模板，可按照括号中的提示填写相应的英文，供参考学习。

Established in（成立年份),（公司英文名称）is a professional（行业产品）manufacturer and exporter that is concerned with the design，development and production of.We are located in（公司所在城市），with convenient transportation access. All of Our products comply with international quality standards and are greatly appreciated in a variety of different markets throughout the world.

Covering an area of（工厂占地面积）square meters，we now have over（员工人数）employees，boast an annual sales figure that exceeds USD（销售额）and currently export（出口比例）of our production worldwide. Our well-equipped facilities and excellent quality control throughout all stages of production enable us to guarantee total customer satisfaction. Besides，we have received（国际证书，如ISO9001）.

As a result of our high quality products and outstanding customer service, we have gained a global sales network reaching（主要出口国家）.

If you are interested in any of our products or would like to discuss a custom order, please feel free to contact us. We are looking forward to forming successful business relationships with new clients around the world in the near future.

二、产品文案

产品文案的主要目的是让公司所经营的产品更有认知度、销售力，更好地获得目标受众（潜在消费者、用户或客户）的认知，更有效地把产品价值传达给目标受众。

产品文案

在跨境电商运营的应用场景下，产品文案主要指企业店铺中所涉及的产品详细信息。如阿里巴巴国际站中企业店铺 Product Details（产品详情）中所涉及的内容，主要包括产品特点、视频、图片、产品细节描述、产品卖点对比、技术报告、顾客来信、照片、示范等（见图 5–2）。

图 5–2　Product Details（产品详情）

（一）产品文案的价值

与传统的产品文案相比，跨境电商文案不仅有文字、图片，还可以通过视频、超链接等网络元素来丰富文案的内容，可以有更加丰富的表现形式和传播途径。产品文案的价值主要有以下几方面：

1. 吸引消费者

在跨境电商销售过程中，买家无法亲眼看到或亲自接触到商品，只能通过产品描述和产品图片来决定是否购买产品。因此，产品文案在买家决策过程中起到了极其关键的作用。优秀的文案可以从多方面入手，揣摩消费者的心理，发现消费者潜在的需求，从而快速吸引消费者的眼球，让消费者从海量的信息里找到自己需要的商品。让消费者通过文案了解信任商品，如商品详情页的信息、机构认证信息、客户的使用体验感等都是在拉近与消费者的距离，不断增强与消费者的信任，进而使消费者产生购买的欲望。

2. 有效提高转化率

当前很多消费者通过手机或电脑上网购物，想要短时间内在成千上万个商品中挑选出自己满意的商品是比较困难的事情。为了有效节约时间成本，消费者通过文案的详细介绍可以快速了解商品的功能和质量、品牌的社会影响力，让消费者快速找到自己中意的商品并完成购物过程。电商文案特殊的性质，使商家能够及时接收到消费者的意见和回复，增加彼此的互动，并形成讨论与话题，进而有效提高转化率。

3. 促进品牌资产的积累

在产品文案中，商品通过形象生动的文字、图片或视频展现出来，让消费者既能近距离看到商品的详情，还可以了解商品品牌的文化精神及所传达的含义，提升了品牌的市场形象，增加了消费者的信任和好感。优秀的文案可以提升消费者对品牌的认知，塑造良好的品牌形象，从而提升消费者的品牌忠诚度。

（二）产品文案写作的 FABE 法则

一篇好的产品文案，能够通过高超的语言艺术吸引消费者的兴趣，延长消费者浏览产品页面的时间，从而促成购买行为。传统营销理论中的 FABE 法则通过四个关键环节，极为巧妙地处理好了顾客关心的问题，从而顺利地实现产品的销售。

1.F 代表特征（Features）

F 代表产品的特征（Features）等最基本的功能以及它是如何来满足我们的各种需要的，如从产品名称、产地、材料、工艺定位、特性等方面去深刻挖掘这个产品的内在属性，找到差异点。特征就是自己品牌所独有的。在跨境电商运营中，产品同质情况比较明显。写产品文案的时候要深刻发掘产品自身的潜质，努力找到竞争对手忽略的、没想到的特征，吸引消费者的注意，延长其浏览时间。

2.A 代表优点（Advantages）

A 代表由产品特征所产生的优点（Advantages）：即（F）所列的商品特征究竟发挥了什么功能？是要向顾客证明“购买的理由”，与同类产品相比，列出比较优势；或者列出这个产品独特的地方。例如：更管用、更高档、更温馨、更保险…

3.B 代表益处（Benefits）

B 代表这一优点能带给顾客的利益（Benefits）：即（A）商品的优势带给顾客的好

处。利益推销已成为推销的主流理念，一切以顾客利益为中心，通过强调顾客得到的利益、好处激发顾客的购买欲望。在跨境电商运营中，可以用众多的形象词语来帮助消费者虚拟体验这个产品。

4.E 代表证据（Evidences）

透过现场演示、相关证明文件、品牌效应来印证刚才的一系列介绍。所有材料应该具有足够的客观性、权威性、可靠性、可证实性。在跨境电商运营中，可作为证明材料的有行业和国家相关部门的认可证书、媒体的评价、以前客户的评价、以前客户的购买记录等。

使用 FABE 法则写文案时，需要注意的是要按顺序介绍，因为人接受事物都是由表及里，一步步让客户从具体到抽象，相信你的产品能给他带来利益。首先介绍的不是优点而是特色，然后才介绍优点，这是因为先介绍特色，再引申到优点，使优点有支撑点，显得更加真实、可信和差异性。

FABE 法则在电子商务领域常用于产品文案中，一般要按照产品特征、优点、益处、证据的顺序介绍产品，如果运用得好就会很有说服力，可以将产品信息全面、准确地传达给消费者，从而打动他，明显提高转化率。

下面是某公司业务员关于空调产品的介绍。

"这款空调产品采用了目前国际上最先进的也是我们公司的专利技术——SQ 节能技术，这使得我们的产品相比同类产品在达到同样效果的前提下节电 58%。也就是说，根据我们公司的 100 台采购数量和每台空调平均年使用小时来估算，每年至少能节省 86000 度电，电费按 0.58 元 / 度算，一个年度下来就会为您节省 49880 元，平均每台空调每年能够节省 498 元。虽然我们的产品价格每台比其他品牌要贵 500 元，但多出的钱您一年就可以从电费中省下来，况且空调至少要用 8 年，也就是说每台空调整个寿命期可节省电费近 4000 元。这可就是真金白银了，您说哪个更贵呢？我们这款工业用空调产品目前在国内有许多著名企业在使用，您看这是我们部分客户企业使用的一些图片数据以及客户评价。目前我们这款空调产品在国内工业空调领域市场占有率已经达到 86%，同时出口美国、荷兰、意大利等 20 多个欧美发达国家。在刚刚结束的国际空调产品新产品、新技术博览会上，我们这款空调产品获得唯一金奖，这是获奖证书。"

我们根据 FABE 法则对以上文案进行分析。

F：这款空调产品采用了目前国际上最先进的也是我们公司的专利技术 SQ 节能技术。

A：这使得我们的产品相比同类产品在达到同样效果的前提下节电 58%。

B：根据我们公司的 100 台采购数量和每台空调平均年使用小时来估算，每年至少能节省 86000 度电，电费按 0.58 元 / 度算，一个年度下来就会为您节省 49880 元，平均每台空调每年能够节省 498 元。虽然我们的产品价格每台比其他品牌要贵 500 元，但多出的钱您一年就可以从电费中省下来，况且空调至少要用 8 年，也就是讲每台空调整个寿命期可节省电费近 4000 元。这可就是真金白银了。

E：我们这款工业用空调产品目前在国内有许多著名企业在使用，您看这是我们部分客户企业使用的一些图片数据以及客户评价。目前我们这款空调产品在国内工业空调领域市场占有率已经达到86%，同时出口美国、荷兰、意大利等20多个欧美发达国家。在刚刚结束的国际空调产品新产品、新技术博览会上，我们这款空调产品获得唯一金奖，这是获奖证书。

三、跨境电商文案写作注意事项

（一）用图片为文字增色

再动人的文字都不如一张有说服力的图片，长篇大论不如图文并茂的解说。在每张图片下方可以加上一小排文字说明。研究证明，图片及其内容解说的阅读率远胜内文。

（二）注重搜索引擎（SEO）友好性

不会写商品文案的人，文案是写给自己看的；会写商品文案的人，文案是写给目标对象看的；而最会写商品文案的人，文案是同时写给目标对象与搜索引擎看的。因此，在文案中出现的商品名称要完整（如包含品牌的中文和英文名称、正确的型号等），方便谷歌、百度等搜索引擎后台读取。

（三）谨慎对待每一篇文案

写商品文案等同于建设一个销售页面数据库，等同于录制一段推销该商品的影片。很多文案可以帮商家卖货一年甚至更长时间，可以卖出几百件甚至上千件商品，由此可见，一篇好的商品文案的投资回报率是很高的。因此，写文案不是单纯的上架商品动作，企业应该投入时间和精力用心写每一篇文案。

（四）适时修改文案内容

文案就像电视广告一样，可以有不同时机的不同版本。在商品销售前、全新上市时、热销时、销量衰退时、清仓时的文案都可以，也应当有所不同。这些差异化的文案会让销售的气氛更加到位，优化每一阶段的商品销售结果。针对不同平台的文案也可以略做区分，因为每一个平台的受众是不一样的。文案修改的过程并不复杂，只需在不同的销售时机将其内容略做修改，如保持核心宣传语不变，而只是修改开头和结尾，或是调整价格等。

（五）注意检查违禁词

每一个平台都有对应的违禁词，在文案写作时应该首先了解清楚该平台的违禁词有哪些。在写作过程中，一旦提示出现违禁词，就要立即将相关的词语去除，并且在之后的文案写作过程中避免使用。

行业观察

撰写跨境电商文案避免使用存在法律风险的词汇

跨境电商平台上目前投诉较多且法律风险很大的词汇，在跨境电商文案写作中要注意避免使用：第一、唯一、首选、顶级、国家级产品、填补国内空白、顶尖、最新、最先进、空前绝后、名牌、巅峰、顶峰、抄底、极端、全网销量第一、王牌、销量冠军、No.1/Top1、极致、永久、领袖品牌、独一无二、绝无仅有、史无前例、万能、最高、最低、最具、最便宜、最新技术、最佳、最大、最好、最时尚、最受欢迎、绝对、大牌、精确、领导品牌、世界 / 全国 × 大品牌之一、100%（如果确实能提供相关质检机构提供的 100% 证明情况除外）、国际品质、国家级、世界级、极品、全国首家、世界领先、驰名商标、中国名牌、CCTV 央视品牌，首个、首家、金牌、独家、全球首发、全网首发、领先、最先、著名商标等。

【跨境电商 B2B 数据运营职业技能等级证书（中级）职业技能要求】

1. 能参与店铺营销策划；
2. 根据策划方案，撰写英文版公司介绍；
3. 根据策划方案，撰写商品详情文案。

操作示范

[任务] 跨境电商产品文案的写作技巧应用的是传统营销理论中的 FABE 法则，即通过 F 特征（Features）、A 优点（Advantages）、B 益处（Benefits）和 E 证据（Evidence）四个关键环节，要按照产品特征、优点、益处、证据的顺序介绍产品，将产品信息全面、准确地传达给消费者，极为巧妙地处理好顾客关心的问题，从而吸引消费者的兴趣，延长消费者浏览产品页面的时间，从而促成购买行为，提高转化率，顺利实现产品的销售。

实训演练

1. 以小组为单位，模拟建立一家跨境电商公司，并撰写英文版的公司文案，要求至少包括公司基本信息、业务范围和公司业绩三方面信息。不少于 150 词。

2. 以小组为单位，在模拟建立跨境电商公司的基础上，针对公司销售的一款产品，根据 FABE 法则，设计一个图文并茂的英文版产品文案，要求包含 FABE 四个方面的内容。不少于 100 词。

单元二　跨境电商营销活动

任务导入

跨境电商卖家通过世界杯营销拉近与海外用户的距离

近日，卡塔尔世界杯一直霸占着各大社交媒体的热榜，无论是足球迷还是非足球迷，都在关注这场四年一次的足球盛宴。对于跨境电商行业来说，卡塔尔世界杯恰好“撞上”黑色星期五和网络星期一，可谓销售爆点，各大跨境电商服务平台带领入驻卖家抓住卡塔尔世界杯的营销特点，出招拉近与目标用户的距离，希望年终让店铺关注量以及销售额均翻几番。

据悉，Starday 卖家抢先入局，借助卡塔尔世界杯热点抢夺行业流量，创作出契合卡塔尔世界杯的品牌内容。再借助平台提供的社交渠道进行大规模的营销传播，进而实现卡塔尔世界杯下品牌的曝光与销量的转化。

还有的跨境电商卖家将卡塔尔世界杯与黑色星期五等销售热点结合起来，将热点话题与产品降价联系起来，增加与目标受众的互动。比如 Starday 跨境电商服务平台就借势计划开展世界杯活动等，让更多目标受众在搜索世界杯的同时可以看到 Starday 跨境电商服务平台的营销活动，对平台入驻卖家的产品和品牌产生更多的兴趣。

每年的节日季都是零售商最重要的销售时机，对于部分零售商而言，这期间的销量甚至能占到全年销量的 30%。鉴于节日季是提升销量及获取新的长期客户的有利时机，跨境电商卖家有必要做好营销计划。

[任务] 跨境电商卖家应该如何结合具体的节日制定产品的营销方案？

知识精讲

跨境电商每年的销售旺季差不多在 10—12 月，因为在此期间有很多国外的节日，消费者会享受较大的折扣力度，购物欲望高涨。所以每年下半年是跨境电商最重要的分水岭。很多跨境电商平台的卖家，开始使出浑身解数做好营销策略。以下我们重点介绍节日营销和网红营销。

一、节日营销

节日营销

（一）含义

节日营销是非常时期的营销活动，是有别于常规性营销的特殊活动，它往往呈现出集中性、突发性、反常性和规模性的特点。

节日营销是指在节日期间，利用消费者节日消费的心理，综合运用广告、公演、现场售卖等营销手段，进行产品、品牌的推介活动，旨在提高产品销售力，提升品牌的形象。对于一些节日消费类产品来说，节日营销的意义显得更为重要。

（二）节日营销的方式

节日期间是买家进行大采购的时候，也是跨境电商卖家的销售旺季。跨境电商卖家们可以借助海外节日与平台活动进行联合促销活动。

1. 线上借势

（1）海报、文案、关键词契合节日主题。无论是传统节日，还是网络节日，卖家都少不了借助热点话题制造营销噱头，借势营销早已成为重要的营销手段之一。借势营销不是几句简单的祝福，能否挖掘产品亮点，并和节日完美嫁接，是营销成功与否的关键。

（2）平台 Banner/ 相册迎合节日主题。将店铺、官网、Facebook、Twitter 等线上平台的 banner/ 相册更换成节日主题营销活动页面。页面主题需要侧重节日主题形象，活动内容要与平台节日营销活动内容相契合，但更要推陈出新，具有自己的创意与风格。

（3）页面设计风格迎合海外目标用户的审美习惯。结合自身情况，分析目标用户更喜欢哪种类型的网站风格，设计符合目标用户审美习惯的页面。如俄罗斯的新年象征是冰之父和他的孙女，欧美的圣诞老人形象在俄罗斯是不被接受的。从页面视觉来说，俄罗斯用户更倾向于用蓝色来装饰，同时也会用一些暖色系的颜色，如红色、金黄色。

2. 店铺定位决定产品定位，线上促销推广不可少

（1）店铺定位决定产品分类。例如，根据店铺定位来决定是否设置男性相关产品。如果店铺定位涉及，则应安排一款产品录入相关关键词：如父亲节礼物、感恩礼物、男士礼物等，以加强父亲节日期关键词的关联。

（2）线上促销套路。跨境卖家可以利用节日营销，针对节日面向的人群推出相关产品活动，比如通过限时特价、节日套餐、折扣、满减、满赠、抽奖、老会员折扣、节日定制赠品等线上活动来制造节日营销气氛。

除此之外，跨境卖家还可借助平台官方发起的节日营销活动，再配合店铺的营销活动与产品主图、标题来吸引流量，从而刺激买家成交。

3. 注重节日营销与用户运营、体验相结合

（1）多元化运营，提升用户体验。对于电商行业而言，节假日无疑是引发购物狂欢的契机，也意味着节假日的竞争比平时激烈。如果产品没有十分突出的优势，那可以从其他方面入手，如客服、物流、支付方式等。做好其他方面的用户体验，同样能吸引客户下单。特别是物流和支付方式，能给买家提供更丰富的选择、更快捷的服务，也就能避免客户因此而放弃购买，也能留住来访的新客户。

（2）活动预热需要有效的沟通，收集反馈信息。促销活动主要面向终端买家，跨境卖家想要将营销活动的讯息传递给买家，那就需要在活动正式开始前，将活动的相关信息传递给终端买家，特别是老客户。

将优惠信息、购物指南或者节日性质的软文等传递给终端买家。卖家与买家传递讯息的方式有很多，如 Facebook、Twitter、邮件营销等。卖家要确保客户提前知道促销活动，重点要了解活动开始和截止日期、活动促销要点。

（三）跨境电商节日营销活动的实施

1. 了解国外主要的节日季

节日季是增加销售、获取新的长期客户的好时机，了解国外主要节日及其传统的目的是找到更合适推广自己企业产品的节日，抓住节日季的时机来提升销量，因此，卖家需要广泛了解自己主营业务所针对的市场、地区的主要节日季。可以先了解目前几个流行的促销节日，如感恩节、圣诞节、元旦等。特别需要注意的是，在一整年中不要只关注圣诞节等热门节日，还要多了解一些国外新流行起来的节日或是地方特殊性节日，如在感恩节之后紧跟着的“网络星期一”，就是感恩节购物促销活动的延伸活动，类似于“双 11”的“返场”。

知识拓展

国外重点的节日以及相应的销售点

1 月关键词：元旦、ces 国际消费电子展、日本成人之日

1. 元旦：全球性节日，当日为世界多数国家的法定假日，放假日数则依各地民情而有所不同。不过对于西方国家而言，前两个月的节日过于密集，开支预算基本用完，消费能力疲软。主推品类：贺卡、礼品、电子产品、饰品、运动服饰。

2. ces 国际消费电子展：是世界上最大的消费电子技术展，电子类产品是主卖品。

3. 日本成人之日：目的是向全国处于该年度年满 20 岁的青年男女表示祝福。礼物类和纪念类商品热销。

在国外，1 月份也是旅游和健身的高峰，与之相关的产品也属于热销；1 月也是

冬季服装打折的时候，是服装的销售旺季。

2 月关键词：超级碗、林肯诞辰、总统纪念日、情人节、学生返校采购

1. 超级碗：超级碗一般在每年 1 月最后一个星期或 2 月第一个星期天举行，那天被称为超级碗星期天（Super Bowl Sunday）。超级碗直播多年来都是全美收视率最高的电视节目，超级碗逐渐成为美国一个非官方的全国性节日。另外，超级碗星期天是美国单日食品消耗量第二高的日子，仅次于感恩节。

2. 林肯诞辰和总统纪念日：与阵亡将士纪念日、感恩节等享有同等地位，每年的这一天美国人都会用一些特殊的方式来重温历史，学校和家长也会在这一天对孩子进行爱国主义教育，让他们了解和熟悉美国的历史。这两个节日也是传统的零售商促销日。

3. 情人节：情人节又叫圣瓦伦丁节或圣华伦泰节，是西方国家的传统节日之一。这是一个关于爱、浪漫以及花、巧克力、贺卡的节日。主推产品有服装、鞋帽包、护肤品、珠宝、巧克力、鲜花、有纪念意义的物品。

4. 2 月是学生返校采购季。返校季是服装鞋类的一个热卖季节，也是手机、消费电子产品、办公用品、运动用品的热卖月。

3 月关键词：妇女节、植树节、奥斯卡、SXSW、全美高校篮球锦标赛

1. 妇女节：妇女节可以主推女性用品，如在俄罗斯，每年 3 月 8 日是国定节假日。可以推广化妆品、鲜花、珠宝首饰、服装、手提包、假发等针对女性的商品。女性保健产品也是近年的热点。

2. 植树节：据联合国统计，现在世界上已有 50 多个国家设立了“植树节”，是园艺产品的销售旺季，可以宣传一些与环保相关的商品，提高品牌的知名度。

3. 奥斯卡：星光熠熠的奥斯卡颁奖典礼红毯已然铺到了互联网。奥斯卡同时也是时尚的风向标，可以根据自己的产品性质借势奥斯卡，提高知名度。

4.SXSW：SXSW 是英文 South By Southwest（西南边的南边，这是得克萨斯州的地理位置）的简写。这是一个每年都在美国得克萨斯州举办的音乐盛典。每年美国得克萨斯州奥斯汀都会举行电影、交互式多媒体和音乐系列艺术节。

5. 全美高校篮球锦标赛：“高校篮球”或“疯狂 3 月对阵名单”等搜索词条总会在 3 月前后刷爆 Google 搜索引擎。因为让众多 NBA 球星一举成名的赛事——全美高校篮球锦标赛就在“疯狂 3 月”举行。西方所有体育盛会和节日庆祝活动有着非常相似的特点，那就是大部分人会在晚上聚到一起庆祝。所以“发光”产品和 Party 相关的产品包括酒具、舞台用具、化妆用具等都是畅销品。

4 月关键词：愚人节、复活节

1. 愚人节：商家可以借此主推一些魔术类以及玩具类的商品。

2. 复活节：复活节也是一个传统的零售促销日。主推礼品有糖果、厨房用品、花园用具、服装、家庭装饰、兔子玩偶等。

5 月关键词：母亲节、护士节

1. 母亲节：是一个为感谢母亲而庆祝的节日，世界各地的母亲节的日期有所不同。主推化妆品、鲜花、香水、珠宝首饰、服饰、包袋、美容用品、家居用品等。

2. 护士节：主推一些跟护理相关的医药器械类产品。

6 月关键词：儿童节、世界环境日、父亲节、E3 游戏展

1. 儿童节：是全球儿童最开心的节日，主推产品有玩具、游戏类周边产品，近几年乐器也很受推崇。

2. 世界环境日：主推环保产品。

3. 父亲节：主推剃须刀、领带、香水、袜子、护肤品、平衡车、手机、电脑、户外产品。

4. E3 游戏展：全球电子游戏产业最大年度商业化展览之一，又名“电子娱乐展”，主推一些电子游戏周边产品。

7 月关键词：美国的独立日、暑假、亚马逊 Prime 会员日

1. 美国的独立日：传统的零售商促销日。跨境电商卖家可以进行一星期的促销来迎合消费者期望。主推烧烤和厨房用品、野炊装备、游泳装备、游侠装备、彩球，还有其他户外装备。

2. 暑假：外国孩子的假期主题基本围绕度假和自家后院做文章，各种烧烤泳池趴带动的一系列搜索热词也包括防晒霜和芦荟凝胶等护肤品。

3. 亚马逊 Prime 会员日：以折扣商品，高需求、大批量商品为主。

8 月关键词：返校季

返校季：只要和学生有关的都是主推产品，同时手机、消费电子产品、办公用品、运动用品等也会热卖。

9 月关键词：世界清洁地球日、纽约时装周

1. 世界清洁地球日：可以主推一些环保方面的商品。

2. 纽约时装周：主推时尚服装、配饰、香水、高跟鞋、美妆产品。

10 月关键词：万圣节前夜 、印度排灯节

1. 万圣节前夜：跨境电商卖家的狂欢节。万圣节前夜是一年一度的全民 Cosplay 日，主推产品有 Cosplay 服装、LED 灯饰、鬼怪家装、鬼怪玩具、带万圣节风格的其他产品。

2. 印度排灯节：是印度重大的节日之一，相当于他们的新年。全世界庆祝排灯节的超过 12 亿人，其中印度、尼泊尔等将其定为全国性的节日。

11 月关键词："双 11"、感恩节、黑色星期五、网购星期一、超级星期天

1. "双 11"：所有电商卖家的狂欢节，很多电商平台在这一天都会有促销活动。

2. 感恩节：主推产品有厨房用品、服装、鞋帽、珠宝、家装（特别是灯）、婴幼儿用品、消费类电子产品。同时礼品会随着冬季诸多重要节日进入热销季。

3. 黑色星期五：每年感恩节后的黑色星期五，都是剁手族和海淘族的狂欢节，主推产品有厨房用品、服装、鞋帽、珠宝、家装、彩灯、婴幼儿用品、消费类电子产品。除了选购圣诞礼物之外，囤货的也不在少数。

4. 网购星期一：Cyber Monday 是 Amazon 专门发起的一个网购日，和中国的"双 11"一样，这一天 Amazon、Walmart、Best Buy 这些网上商城都会进行全年最大的打折促销。主推品类有厨房用品、服装、鞋帽、珠宝、家装、彩灯、婴幼儿用品、消费类电子产品。

5. 超级星期天：eBay 英国站的购物节日，和中国的"双 11"类似。

12 月关键词：平安夜、圣诞节

平安夜、圣诞节：主推产品有圣诞卡、包装纸、一次性餐具、厨房用品、服装、鞋帽、珠宝、家装、彩灯、婴幼儿用品、消费类电子产品、冬季滑雪设备、毛绒玩具等。

2. 提前规划营销策略

确定在哪些节日制定推广计划后，企业就需要开始让计划运转起来，至少要提前 1 个月规划节日促销策略，包括提前了解目标受众、设置合适的营销工具、测试创意策略等。提前了解目标受众，有助于更好地制定推广内容，有针对性地使用营销工具。设置合适的营销工具，如在节日前推广以节日为主题的鼓励措施，并承诺在节日期间给予奖励和折扣，提前积累一些客户流量，或是结合网红营销，与网红博主合作，发布一些与节日产品有关的视频等。

3. 提供与节日主题相关的商品和内容

正式开始节日策划的第一步就是综合节日主题以及店铺主营的商品选择最适合在节日期间销售的商品。卖家可以从宏观到微观逐步进行选品。首先，卖家可以考虑选定一个大方向，即在节日期间一定会热卖的商品，这些爆品通常会跟节日的特色一致，是消费者在节日期间最有可能购买的东西。以圣诞节为例，服装类、装饰品类、圣诞礼品类都是一定会热卖的。其次，就是选择具体的品类，选品的最终目的就是找出哪些商品是消费者在节日期间最想要的，哪些产品又是卖家正想要销售的，达到这两者的平衡，就是选品的最高境界。

选择好要在节日期间主推的商品后，就要为节日营销创造内容。有许多营销工具可供选择，如广告语、横幅广告、网页、照片、社交媒体上的图片等，这些都有助于店铺的营销推广活动。除了对店铺进行装饰，卖家还要对商品进行相应的包装，并且让消费者知道，在节日结束之后，这些商品将不再销售或者至少要等到第二年，这样会让他们感受到商品的稀缺性和购买的紧迫感。此外，还可推出特别的节日礼品套装，将店铺的几款商品打造成套装形式，这样不仅可以创造新的销售价值，而且可以增加平均订单规模。推出节日限定商品也是不错的选择，挑选出几款店铺畅销品，然后将它们打造成符合假日季的装扮。

每年的下半年，受海外节假日众多的影响，整个跨境电商行业的各种营销活动接踵而来。在各大平台抢占节日流量时，跨境卖家更应该利用好节日营销活动的契机，做好充足准备，以便分得节日流量的一杯羹。

二、网红营销

网红营销英文为 Influncer Marketing，主要是指依靠有影响力的网红传递产品和品牌信息，来吸引潜在受众，获得转化。

（一）网红营销的重要性

1. 网红营销能够让消费者对品牌建立信任感

越来越多的选择让消费者无从下手，他们对品牌及其营销策略也越来越怀疑，所以建立信任感至关重要。而网红会将品牌分享给已经建立信任关系的人群，消费者会打消对品牌的怀疑态度，相信网红推荐的产品。

2. 营销效果快速可见

网红营销是一种见效非常快的营销手段，可以帮助企业在短期内提升产品的销量。

3. 增强品牌意识

提高品牌知名度是营销活动的重要目标之一，网红营销在增强品牌意识方面卓有成效，有效的网红营销活动会使品牌看起来更加真实和受欢迎。

4. 能够创造新的内容

目前大多数营销策划都是围绕内容展开，网红营销弥补了内容营销的一个短板，即从用户的角度出发来证明产品的效果，因此网红营销便也成为内容营销的重要组成部分。

（二）网红营销推广策略

1. 寻找合适的网红

跨境电商卖家判断网红质量的标准是什么？如何挑选适合自身产品的网红？网红总体应满足以下条件：

（1）相关性。首先要确保网红是与产品相关的，这样才有可能吸引潜在的受众和流量。可以通过访问网红的社交账号，确认其社交账号之前所发的动态是否与企业要传递的信息一致。仔细阅读网红的个人资料，了解其粉丝是什么类型的消费者。

（2）真实性。跨境电商卖家需要特别关注网红的粉丝数量。粉丝数量是衡量网红的社交品牌效应的一个重要指标，任何人都不可能在短短几天内积累上千万的粉丝。虽然购买的粉丝有助于提升品牌的社交影响力，但是它对于提升品牌价值和销售转化的价值几乎为 0。那么如何检验网红是不是购买了粉丝呢？可以使用 Follower Checker 工具，检测账户是否有“僵尸粉”。

（3）粉丝数量以及覆盖率。粉丝数量是衡量网红品牌效应的重要指标之一，真实的粉丝数量可以为商家在选择网红时提供有效的参考。而文案的覆盖率则是粉丝质量以及内容质量的一项重要参考标准。需要注意的是，不要把覆盖率当作衡量的唯一指标。相比覆盖率来说，企业更应该关注的是网红的帖子、文章带来的流量以及销售额的提升。

（4）发帖频率。一般而言，网红发帖 / 发视频的频率与其流量和回访率之间有点击或拖拽放大营销一样，内容需要多次曝光才能让访问者点击网站，甚至再次回到网站。网红定期发布高质量的内容，粉丝更有可能参与、分享和收藏；而不经常发帖的网红，粉丝流失是非常严重的。

（5）参与度。比影响力更重要的是粉丝的参与度。因为这表明网红的粉丝中有多少人对其内容真正感兴趣。参与度基本上可以体现网红对粉丝购买决策的影响程度。

2. 与网红联系和合作

寻找到想要合作的网红后就可以开始与网红接触和联系了。与网红联系最直接、有效的方式就是通过网红平台提供的邮件模板，批量联系网红。当然，单纯以文字的方式是很难打动网红的，所以需要提供一些“甜头”给网红，通常有以下几种方式：提供佣金、独家内容或者代言、免费的产品或者样本、持久的促销折扣或者特权、为网红的网站或者社交账号引流等。如果预算足够，跨境电商卖家也可以选择与网红营销平台合作，请平台为自己联系网红，这样可以节省一些交流的时间和成本，且大多数网红营销平台都与大量网红保持长期联系，联络起来也更加方便。

3. 衡量网红营销成效

任何营销活动都是以盈利为目的的。我们应该如何衡量网红营销活动成效呢？一方面，要考虑投资回报率；另一方面，要考虑营销目标的达成情况，对目标的衡量其实也是对整个方案和活动的检验。

行业观察

“黑五”叠加世界杯：国货走红，速卖通上 VR 眼镜最火

2022 年 11 月 24 日，速卖通“黑色星期五”大促开始。作为海外最火的促销购物节，2022 年“黑五”正好与世界杯周期重合，速卖通上热销海外的国货有了显著

的新趋势：越来越多具有更高科技含量的国货在海外走红。其中，速卖通上国产VR眼镜成为2022年最火的商品，11月以来销量同比增长了5倍。

据了解，国产VR眼镜这一“科技国货”因能为球迷提供“沉浸式看球”的新体验而受到热捧。此外，国产投影仪紧随其后排名第二，也成为海外球迷看球的新选择。事实上，“中国制造”不仅出现在卡塔尔足球场上，更是出现在各国球迷的家中。

比较而言，前一届的世界杯上，热销海外的国货还集中在国旗、足球等商品上，而这一届不仅各类世界杯周边火爆，大量高品质、具有品牌力的国货也开始走红。

“VR眼镜将成为未来5年看球的新趋势。”速卖通消费电子行业某从业人员介绍说，一台国产VR眼镜的价格大概在400美元左右，球迷为了实现跟现场看球一样的“爽”感，也更愿意为有更高科技含量的中国产品花钱。

不仅是VR眼镜，主打投影仪的深圳某速卖通商家也有类似的感受：“11月份以来，我们的投影仪销量同比去年涨了8倍，卖了1.2万台。”

该跨境电商负责人表示，2022年“黑五”等年终旺季的订单受世界杯影响非常明显，巴西、韩国、西班牙、法国等国家的需求都很高。

操作示范

［任务］制定节日营销方案的策略：

1. 了解国外主要节日季；
2. 提前规划营销策略；
3. 提供与节日主题相关的商品和内容；
4. 设计节日优惠券；
5. 选好营销渠道；
6. 考虑举办线下活动；
7. 保持客户黏性，注意节后对客户的跟踪。

实训演练

1. 以小组为单位，延用虚拟成立的跨境电商公司主营产品，在圣诞节来临之际，为公司策划一个节日促销。

2. 以小组为单位，延用虚拟成立的跨境电商公司主营产品，寻找与公司产品和目标客户相关的网红。

单元三 跨境电商常见的营销手段

任务导入

电子邮件营销

邮件是跨境电商卖家与国外买家进行交流的重要媒介，利用邮件，卖家可直接、快速地对买家进行精准营销，只要是跨境电商企业，或多或少都会利用这个营销工具。

思齐软件 Spread 平台为跨境电商企业提供专业邮件营销服务，其商务拓展总监告诉雨果网，“由于人文环境因素的影响，国外使用电邮作为交流方式比国内更加普遍”。数据显示，国外互联网流量来自邮件的比例更高。

邮件营销成本较低，相对其他推广方式，如搜索引擎优化、社交媒体推广等，使用的时间较短；另外，邮件营销还有利于跨境电商企业长期与订阅用户保持联系，增加用户黏度，提高用户忠诚度。

虽然跨境电商用电子邮件营销现象普遍，但是不同卖家运用的方式、推广的手法不同，所取得的效果也不一样。据介绍，有的卖家会大量用硬广告、推介促销、活动信息，久而久之会让客户厌烦甚至取消订阅；有的卖家则倾向于软性类内容，类似朋友熟人关怀式的电子邮件营销，反而跟客户建立起良好的互动关系。

［任务 1］就内容设定而言，电子邮件营销有很多要讲究的东西。假设你所在的公司是一家出口公司，主营产品是 textiles。请写一封建立贸易关系的商业信函。

［任务 2］一个好的询盘回复可以大大提升订单交易的成功率，那么当询盘来了，我们如何接住它并成功转化成订单呢？

请回复客户的如下询盘。

Dear Mr.Derrick,

We are the importer and manufacturer of various Children’s Wear in India. We are looking for the Barbie’s Collection to be supplied in India on a regular basis.

We are looking for Skirts and long pants. Kindly reply on an urgent basis.

Contact Name：Mr. Naresh Shukla

Company：i-care

Country/Territory：India

Business Email：naresh.shukla@i-care.com

Telephone：91-11-30825970

Fax：91-11-308259751

Web：www.i-care.com

请根据客户的来电写一封回函。

知识精讲

一、电子邮件营销

电子邮件营销，即 Email 营销、EDM（Email Direct Marketing）营销，指企业通过 EDM 建立同目标顾客的沟通渠道，向其直接传达相关信息，用来促进销售。EDM 有多种用途，可以发送电子广告、产品信息、销售信息、市场调查、市场推广活动信息等。

电子邮件营销

（一）电子邮件营销的特点

1. 精准高效

可以精确筛选发送对象，将特定的推广信息投递到特定的目标社群。

2. 个性化定制

根据发送对象的差异制定个性化内容，确保客户收到符合需求的信息。

3. 信息丰富、全面

文本、图片、动画、音频、视频、超级链接都可以在电子邮件营销中体现。

4. 具备追踪分析能力

根据用户的行为，统计打开邮件的点击数并加以分析，获取销售线索。

（二）相关指标

1. 打开率

打开率指有多少人（以百分比的形式）打开了你发送的邮件。目前，这个参数变得越来越不重要了。这是因为电子邮件的打开率是通过在邮件中放置一个微型图片来追踪的，但是许多邮件服务商都会拦截图片，使图片无法显示。因此客户可能打开了你的邮件，但系统会记录他没有打开，除非他主动使邮件中的图片显示出来。有报告称，标准的打开率报告根据收件人列表质量的不同可能要降低 35%。

2. 点击率

点击率指点击数除以邮件打开数得到的百分比。不同的公司可以不同的方式来衡量点击率。那么，每打开一次邮件，所有的点击都计算还是只算一次呢？对于这个问题，没有统一的答案。这个参数非常重要，因为电子邮件营销的目的就是吸引客户访问公司的着陆页或网站。

3. 送达率

送达率指到达客户收件箱的邮件数除以邮件发送总数得到的百分比，是衡量邮件营销效果的最终指标。

4. 退信数

退信数是指因“无法送达”而退回的邮件数。造成退信的原因有邮件地址错误、邮件收件箱已满以及其他很多原因。如果你的收件人列表是通过购买、租借得到的，那么这个参数是非常重要的。因为它能告诉你，你购买、租借的邮件地址中有多少是无效的。

（三）电子邮件营销的内容

电子邮件的内容主要由标题、正文、落款组成。

1. 标题

很多人收到邮件一扫而过。邮件标题无亮点不能吸引人。一个优秀的、明确的标题是收件人愿意进一步打开邮件的关键。标题可以采用多种形式，比如问题形式、公告形式、幽默形式等。

2. 正文

称呼要准确、礼貌得体，符合商务礼仪习惯。如不知对方姓名只知头衔，可用 Dear+Title 作为称呼；如只知对方姓名不知性别，可用 Dear+ 全名；如邮件为一封通函，则用 Dear All 作为邮件称呼。内容上要尽量精简，一般主要是用户自己关注的内容（根据用户的浏览行为）、店铺最近热卖商品、公司新品介绍、产品质量、产品优点及销售地区、节假日、季节类活动公告等，也可以在邮件中提供一个有一定截止时间的活动优惠代码，不过也要留给收件人一定的时间和空间去使用。礼貌性结束语即祝语，一般以礼貌得体的商务用语为主，以示真诚。

3. 落款

可以由写件人全名、公司名称、公司地址、所属部门、职务、电话号码、传真号码等组成，但信息不宜过多。

（四）电子邮件营销步骤

1. 确定发送对象

分析目前所拥有的 Email 营销资源，如果公司本身拥有足够的用户 Email 地址资源，则可以首先利用内部资源。另外，还要决定是否利用外部列表投放 Email 广告。如果使用外部列表，则还要选择合适的外部列表服务商并确定具体要发送的外部列表对象。

2. 设计邮件内容

针对内部和外部邮件列表分别设计内容。最好进行客户区分，比如说区分新老客户，区分价格敏感性客户等，针对不同类型的客户设计不同的邮件。

3. 根据计划向潜在用户发送电子邮件信息

请不要忽略这个最简单又最困难的环节，因为这关系到精心制作的电子邮件是准确到达用户手中，还是被扔到了“垃圾邮件”文件夹中。另外，选择合适的发送时间也是吸引用户看电子邮件的一个好方法。

4. 对 Email 营销活动的效果进行分析和总结

邮件发送后，对邮件后续的数据进行监测，掌握邮件的到达率、打开率、点击率等各方面的数据，来判断这份电子邮件设计得好坏，也可以帮助我们进行下次的营销活动设计。当然还需要与店铺的转化率结合，看本次营销活动是否带来了高转化率。

（五）电子邮件营销的注意事项

（1）首次发送邮件最好不要有图片和附件。

（2）内容中回避敏感词汇。在国外，一些英文关键词在客户眼中是常见的垃圾邮件关键词，要尽量移除这些敏感关键词，如 free、low price、ance、adipex、adult、advertisement、amazing new discovery、as seen as tv、auto loan、buy now、beat stress、click to win、credit card 等。

（3）要注意图片大小和名称。图片不能太大，一般要求小于 15KB，数量也不能太多，应少于 8 张，免得打开邮件的速度太慢让收件人失去耐心。图片名称不能含有 ad 字符，否则会显示成“被过滤广告”。

（4）应回避需要使用插件才能打开的内容。邮件中不使用 Flash、Java、JavaScript、frames、ActiveX 以及 DHTML，否则收件人可能打不开，或者还需要收件人安装一些插件才能浏览；为避免用户收到的邮件显示乱码或者图片格式无法浏览，可以制作一份和邮件内容一样的 Web 页面，然后在邮件顶部写一句话：“如果您无法查看邮件内容，请点击这里”，链接到放有同样内容的 Web 页面。

（5）要谨慎使用链接。可以在邮件中加入一些链接，但数量不能多，链接也要写成绝对地址而非相对地址，否则会使邮件被多数邮箱认定为垃圾邮件。

随着商务活动的不断扩展，电子邮件的重要性也日益凸显，因此务必重视电子邮件，养成良好的职业习惯。准确规范的电子邮件，不仅能反映写信人的业务水平，还可以体现写信人为人处事的态度和风格，有助于建立良好的商务关系，并对最终达成合作起到重要的作用。因此，有必要熟悉电子邮件应有的规范和格式，遵循邮件的写作原则。

二、搜索引擎营销

跨境电商中常用的搜索引擎平台

（一）搜索引擎工作原理

搜索引擎是互联网内发展最迅速的领域之一。互联网就好像一个巨型的图书馆，在这个网络图书馆里存在着，并时时刻刻产生着大量的信息。这些信息远远超出我们的想象与掌控，如果没有搜索引擎的出现，也许我们根本无法找到我们想要的信息。

搜索引擎的整个工作过程分为三个部分：一是蜘蛛（Spider）在互联网上爬行和抓取网页信息，并存入原始网页数据库；二是对原始网页数据库中的信息进行提取和组织，并建立索引库；三是根据用户输入的关键词，快速找到相关文档，并对找到的结果进行排序，并将查询结果返回给用户。以下对其工作原理做进一步分析。

1. 网页抓取

搜索引擎蜘蛛每遇到一个新文档，都要搜索其页面的链接网页。其访问 Web 页面的过程类似普通用户使用浏览器访问其页面，即 B/S 模式。搜索引擎蜘蛛先向页面提出访问请求，服务器接受其访问请求并返回 HTML 代码后，蜘蛛把获取的 HTML 代码存入原始页面数据库。搜索引擎使用多个蜘蛛分布爬行以提高爬行速度。搜索引擎的服务器遍布世界各地，每一台服务器都会派出多只蜘蛛同时去抓取网页。那么，如何做到一个页面只访问一次，从而提高搜索引擎的工作效率？在抓取网页时，搜索引擎会建立两张不同的表，一张表记录已经访问过的网站，一张表记录没有访问过的网站。当蜘蛛抓取某个外部链接页面 URL 的时候，需把该网站的 URL 下载回来分析，当蜘蛛全部分析完这个 URL 后，将这个 URL 存入相应的表中，这时当另外的蜘蛛从其他的网站或页面又发现了这个 URL 时，它会对比看看已访问列表有没有，如果有，蜘蛛会自动丢弃该 URL，不再访问。

2. 预处理，建立索引

为了便于用户在海量原始网页数据库中快速便捷地找到搜索结果，搜索引擎必须将蜘蛛抓取的原始 Web 页面做预处理。网页预处理最主要的过程是为网页建立全文索引，之后开始分析网页，最后建立倒排文件（也称反向索引）。Web 页面分析有以下步骤：判断网页类型，衡量其重要程度、丰富程度，对超链接进行分析，分词，把重复网页去掉。经过搜索引擎分析处理后，Web 网页已经不再是原始的网页页面，而是浓缩成能反映页面主题内容的、以词为单位的文档。数据索引中结构最复杂的是建立索引库，索引又分为文档索引和关键词索引。每个网页唯一的 wordID 号是有文档索引分配的，每个 wordID 出现的次数、位置、大小格式都可以根据 wordID 号在网页中检索出来，最终形成 wordID 的数据列表。倒排索引形成过程是这样的：搜索引擎用分词系统将文档自动切分成单词序列—对每个单词赋予唯一的单词编号—记录包含这个单词的文档。倒排索引是最简单的，实用的倒排索引还需记载更多的信息。在单词对应的倒排列表除了记录文档编号之外，单词频率信息也被记录进去，便于以后计算查询和文档的相似度。

3. 查询服务

在搜索引擎界面输入关键词，点击“搜索”按钮之后，搜索引擎程序开始对搜索词进行以下处理：分词处理、根据情况对整合搜索是否需要启动进行判断、找出错别字和拼写中出现的错误、把停止词去掉。接着搜索引擎程序便把包含搜索词的相关网页从索引数据库中找出，而且对网页进行排序，最后按照一定格式返回到“搜索”页面。查询服务最核心的部分是搜索结果排序，其决定了搜索引擎的好坏及用户满意度。影响搜索结果排序的因素很多，但最主要的因素是网页内容的相关度。影响相关度的主要因素包括以下五个：

（1）关键词常用程度。经过分词后的多个关键词，对整个搜索字符串的意义贡献并不相同。越常用的词对搜索词的意义贡献越小，越不常用的词对搜索词的意义贡献越大。常用词发展到一定极限就是停止词，对页面不产生任何影响。所以搜索引擎用的词加权系数高，常用词加权系数低，排名算法更多关注的是不常用的词。

（2）词频及密度。通常情况下，搜索词的密度和其在页面中出现的次数成正相关，次数越多，说明密度越大，页面与搜索词关系越密切。

（3）关键词位置及形式。关键词出现在越重要的位置，说明页面与关键词越相关。

（4）关键词距离。切分后的关键词能完整匹配地出现，说明与搜索词最相关。比如搜索“优化方法”时，页面上连续完整出现“优化方法”四个字是最相关的。如果“优化”和“方法”两个词没有完整匹配出现，但是出现的距离较近，也被搜索引擎认为相关性较大。

（5）链接分析及页面权重。页面之间的链接和权重关系也影响关键词的相关性，其中最重要的是锚文字。页面有越多以搜索词为锚文字的导入链接，说明页面的相关性越强。链接分析还包括链接源页面本身的主题、锚文字周围的文字等。

搜索引擎营销的相关知识

（二）搜索引擎营销模式

搜索引擎营销（Search Engine Marketing，SEM）是一种基于搜索引擎平台的网络营销，利用人们对搜索引擎的依赖和使用习惯，在人们检索信息的时候将信息传递给目标用户。搜索引擎营销的基本思想是让用户发现信息，并通过点击进入网页，进一步了解所需要的信息。企业通过搜索引擎付费推广，让用户可以直接与公司客服进行交流、了解，实现交易。

若跨境电子商务企业是通过自建网站从事跨境电子商务交易的，或者在第三方平台注册开店但同时自建网站进行辅助营销推广的，此时自建的网站就需要进行搜索引擎优化，优化的目的是能让网站实现被各大搜索引擎良好收录、良好排名和良好展现。SEM所做的就是全面而有效地利用搜索引擎来进行网络营销和推广。SEM追求高性价比，以最小的投入获得最大的访问量，并产生商业价值。

1. 竞价排名

竞价排名就是网站付费后才能被搜索引擎收录，付费越高者，排名越靠前。竞价排名服务，是由客户为自己的网页购买关键词排名，按点击计费的一种服务。客户可以通过调整每次点击付费价格，控制自己在特定关键词搜索结果中的排名；并可以通过设定不同的关键词捕捉到不同类型的目标访问者。

国内最流行的点击付费搜索引擎有百度、雅虎和Google。值得一提的是，即使做了PPC（Pay Per Click，按照点击收费）付费广告和竞价排名，最好也应该对网站进行搜索引擎优化设计，并将网站录入各大免费的搜索引擎中。

2. 购买关键词广告

即在搜索结果页面显示广告内容，实现高级定位投放，用户可以根据需要更换关键词，相当于在不同的页面轮换投放广告。

3. 搜索引擎优化

搜索引擎优化（Search Engine Optimization，SEO）是一种通过分析搜索引擎的排名规律，了解各种搜索引擎怎样进行搜索、怎样抓取互联网页面、怎样确定特定关键词的搜索结果排名的技术。采用易于被搜索引用的手段，对网站进行有针对性的优化，能够提高网站在搜索引擎中的自然排名，吸引更多的用户访问网站，提高网站的访问量，提高网站的销售能力和宣传能力，从而提升网站的品牌效应。搜索引擎优化又包括网站内容优化、关键词优化、外部链接优化、内部链接优化。

三、社交媒体营销

社交媒体营销（Social Network Service，SNS）是指利用社交网络服务平台进行的各种营销活动。社交性网络服务，国际上以Facebook、TikTok、Twitter、YouTube、Instagram、Linkedin等SNS平台为代表，旨在帮助人们建立社会性网络的互联网应用服务。在跨境电商中，社交媒体营销目标主要表现在提高品牌认知、促进销售、提升客户忠诚度三个方面。SNS网站以认识朋友的朋友为基础，扩展自己的人脉。这类社交网站包含几种类型：一是主流社交类，如Facebook、Twitter等，这类社交网站需要造势、积粉、长线操作，适合有专人操作的团队，流量大、转化率低；二是图文分享类，如Printerest、YouTube等，对产品本身、图文材料专业度要求较高，转化率一般；三是购物分享类，如ITAO等，操作相对简单粗暴，效果立竿见影，适合各层次卖家；四是其他类型，如论坛、博客等。

一家全球著名的营销公司在全球范围内对超过5万家营销机构做调研后发现：受访人群中超过95%的人表示都使用Facebook作为营销工具。使用其他SNS营销工具比例分别如下：Facebook（95%），Twitter（68%），LinkedIn（56%），Instagram（54%），YouTube（45%），Pinterest（30%），Snapchat（7%）。大部分B2C营销人员使用Instagram、Facebook和Pinterest作为营销渠道。大部分B2B营销人员使用LinkedIn和Facebook作为营销渠道。

在进行SNS营销前，需要定位推广的产品所面向的国家和客户群体，从而根据他们的社交软件使用偏好去确定合适的社交平台。此外还需要根据客户群体的性别、年龄、群体喜好、国家文化去策划推广内容。

（一）Facebook

Facebook是美国的一个社交网络服务网站，公司创立于2004年2月4日。2012年3月6日发布Windows版桌面聊天软件Facebook Messenger。主要创始人是马克·扎克伯格。2019年《财富》世界500强排行榜中，Facebook位列184位。

1. Facebook在跨境电子商务营销中的优势

Facebook已成为无数海外卖家重要的推广渠道，它有以下几点优势：

（1）庞大的用户群。Facebook是世界上最大的社交媒体之一，因此它已成为推动和营销跨境电子商务卖家外贸网络不可或缺的方法。

（2）强大的流量导入。Facebook是世界上最活跃的社交平台之一。全世界每天都有数以亿计的活动，这对卖家来说是非常大的流量。这些不同的客户是卖家的潜在客户，卖家必须做些推广将客户带到他们商店的主页或网站。

（3）社交能力强。Facebook基本上是一个真实的社交网站，用户黏性强。用户被标记得更多，类似的用户很容易在组中添加，并且组之间经常会有类似的信息流。一些高度传播的信息容易爆发性传播。

（4）Facebook时间线模式。Facebook不像微信的朋友圈，赞美的信息只能在被评论方的动态下展示。Facebook评论会自动出现在所有关心你的人的页面中，覆盖人群更广，易于推广。

（5）精准的广告营销。客户的数据、个人偏好、购买历史已成为公司最强大的数据库。使用Facebook，可以更准确地将广告定位到需要它的人。

（6）竞争对手很难找到自己的广告。Facebook根据不同的人群定位。只有当使用者符合定位人群的特征时，他们才能看到这个消息。所以竞争对手无法找到或复制自己的广告，即使注册大量小号，找到自己的广告的可能性也很小。

2. Facebook账号注册

Facebook账号分两种，个人账号和公司账号。一种是免费注册专页的，一种是付费广告推广。最常用的类型是第一种，我们可以在 Facebook 上建立个人专页和企业专页。

（1）Facebook 个人专页注册流程。输入网址 www.facebook.com 进入官网，没注册的新用户，系统会自动跳转到“注册”界面（见图 5–3）：

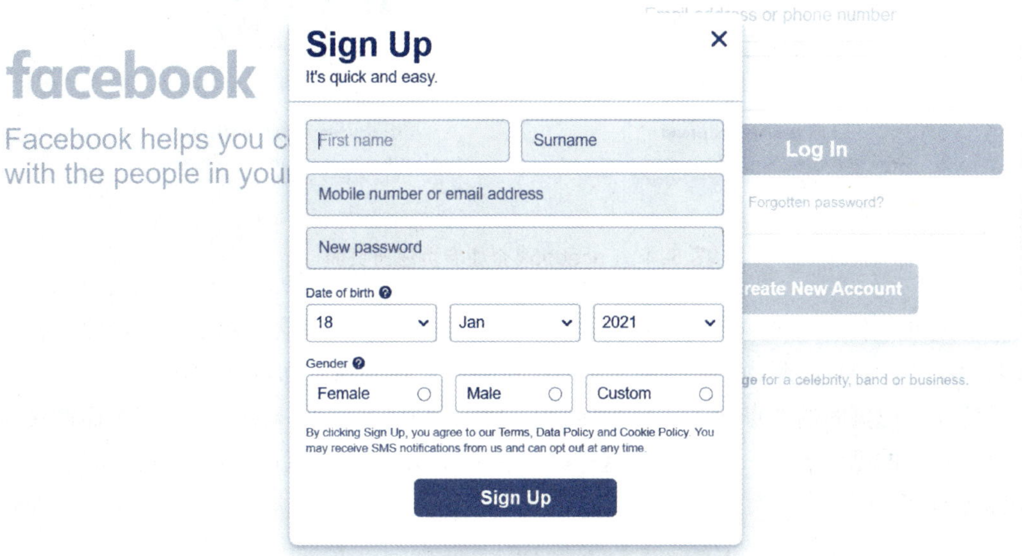

图 5–3 Facebook 个人专页注册界面

填写相关信息，包括姓名、邮箱、密码、生日、性别等。姓名按照拼音正常顺序填写即可。邮箱推荐使用 Gmail，确认无误后点击注册按钮。

输入邮箱或手机号码收到的验证码，点击“下一步”逐步操作，选择国家代码（中国），输入手机号，点击继续。弹出安全确认完成显示框，即完成注册。

（2）注册时注意事项。一个账号只能用一个身份证、一个邮箱。

注册时要填写正确的电话号码，以便验证；Facebook 要求做脸部验证，注册时会直接跳出人物的脸来让你识别（5 个人）；Facebook 店铺要求绑定信用卡账号，如果有一天需要验证，只需要提供信用卡号码的后三位；做到预防为主，尽量避免 Facebook 出现验证，建议用你的其他 Facebook 账号一起授权来管理这个页面，如果一个账号被停用，还有其他的账号来辅助。

注意保存副本，这是为万一被封号后的解封做准备，并确保封号后好友资源不丢失。

（3）Facebook 企业专页注册流程。个人专页注册好之后，在 Facebook 菜单栏处点击“创建”按钮，选择主页类别。这里就是创建企业专页的地方。选择商家或品牌选项，点击“开始”按钮（见图 5–4）。

图 5-4　Facebook 企业专页注册页面

为主页命名，并添加描述主页类别，点击“继续”后系统会提示上传头像照片，添加封面照片，带封面照片的主页通常会吸引更多用户访问主页和点赞。

建立公司页面的要点如下：要有详细的介绍，联号名称。Facebook 公司页面的命名最好与自己的品牌名称一致，因为这样客户在 Google 搜索时就可以搜索到公司的 Facebook 页面了。

3. 基于 Facebook 的跨境电子商务营销

（1）公共主页营销。

1）创建页面。登录 Facebook 主页之后，可以看到左边的 CREATE 选项下有个 page 按钮，点击它就会进入创建页面的主页面了（见图 5-5）。

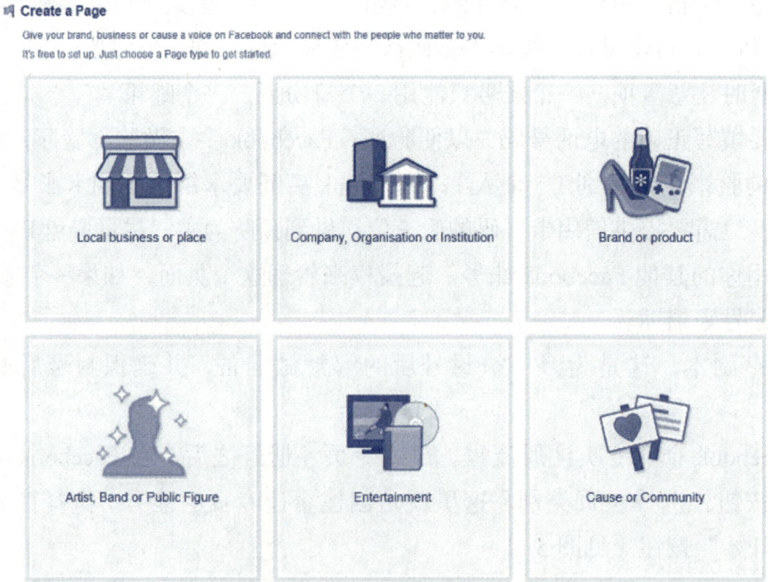

图 5-5　创建公司的 Facebook 页面

2）设计页面。首先设置主页的头像，在公共主页上用产品图片或者品牌标志，图片的大小为 180cm × 180cm。然后设置 banner，可以是图片也可以是视频，图片的尺寸要求是 828cm × 315cm。保存完图片以后，可以点击 banner 进行下一步设置。banner 建议经常更换，更换后给所有粉丝发送通知，图片上体现文字，文案内容建议：①展会信息曝光 ②公司、技术、团队优势 ③产品特点、卖点、优势。

3）设置描述和链接。下面的区域可以设置网址，添加一个简单的描述，建议不要超过 125 个字符（见图 5-6）。

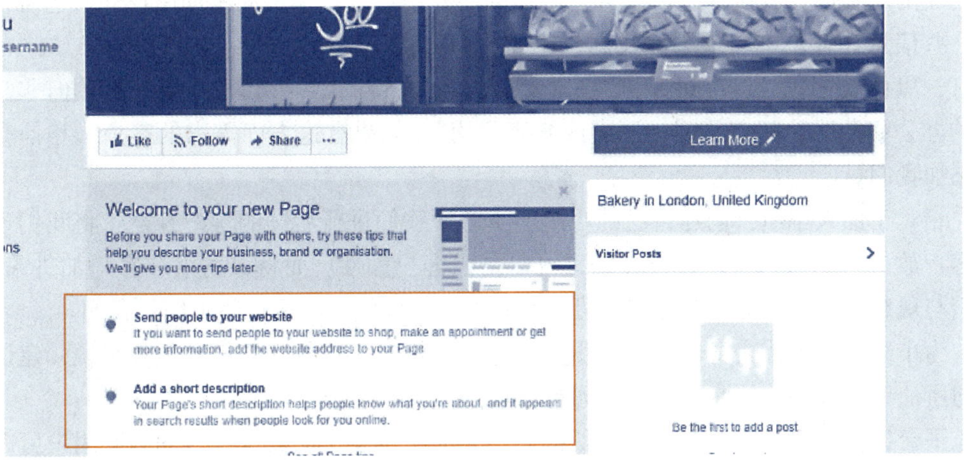

图 5-6　设置页面链接

Facebook 自动生成的链接会很长，而且包含一堆数字，为了提供更加友好的用户体验，你需要在下图所示的 username 处进行设置（见图 5-7）。

图 5-7　设置 username 页面

4）发布页面。当做完以上更改后，基本上商家页面就成型了，当然也还有一些其他的设置可以让公司的页面看起来更加完善。当你觉得信息足够多的时候，就可以点击发布，公司的页面就可以被别人看见了。

（2）粉丝营销。

添加粉丝的质量决定了 Facebook 后期营销的整体效果。Facebook 加好友的三种方法：一是 WhatsApp 好友导入（手机端登录）；二是通过关键词搜索，进行好友的搜索添加（注意：陌生好友一次性添加上限为 20 个）；三是关于系统推荐好友的筛选添加，不相关的好友可以选择拒绝添加，设置为永久不接收类似请求。

（3）小组营销。

一般来说，可以通过搜索产品关键词查找或通过上游企业产品关键词来选择合适的群组，并加入进去。当输入以上这些关键词后，通常会出现众多与我们关键词匹配的群组，通过查看群组名称、群组简介等，来筛选衡量哪些是适合加入的。

加入小组后，可以先主动去添加相关客户。比如点击左侧的“成员”，右侧会出现群内成员的头像、链接等，可以查看他们的简介信息。除了主动添加用户外，还可以发送一些信息让客户主动来添加我们，比如从事 LED 出口的公司，就可以发布“LED 线条灯，黑色或银色外壳，可定制 0.6 米，1.2 米，1.5 米，1.8 米，2.4 米，简单但非常优雅的办公室照明，超市照明，酒店或商店照明”。如果有这方面需求的客户，相信会主动添加我们。

相对于加入小组，创建自己的小组会更方便我们进行后续的客户开发。将我们现有的客户放进一个群组里，进行互动，可以增强客户黏性。而将一些潜在客户加进来后，我们与现有客户的互动，对方都是可以看到的，可以使潜在客户逐渐信任我们。

为小组起一个代表身份的标题很重要，方便精准客户找到我们。一般来说，建议选取与所从事领域一致的标题，关键词越精确越好。

平台提供了“封闭”“公开”“私密”三个选项。公开状态是，Facebook 用户可以看到这个群组内的任何信息。而私密设置是，只有当前成员可以看到小组内的任何信息，没有加入过小组的人员是无法查看任何信息的。封闭状态是只有组内成员可以看到成员列表、组内发布内容。我们在创建小组时，要根据自己的实际情况进行设置。对于成员未满 5000 人的小组，隐私设置是可以任意修改的，不过更改频率为 28 天 / 次，而小组成员已经满 5000 人，封闭小组是不能将隐私设置为公开的。

（4）广告营销。

Facebook 不仅是社交媒体，更是经营业务的强大平台。Facebook 广告是以人为本的精准营销策略，通过收集、整合跨平台的大数据，对真实用户的人口统计资料、兴趣、使用方式及消费习惯等信息进行分析，从而达到精准的受众定位，发掘最具价值的客户，最大化广告投资回报率。Facebook 广告有多种形式，如照片广告、视频广告、快拍 Messenger 广告、幻灯片广告、精品栏广告、试玩广告等。Facebook 广告的设计流程如下（见图 5–8）：

图 5–8　Facebook 广告的设计流程

（5）外贸商家信息采集，开发 B2B 客户。

在 Facebook 搜索框中输入关键词，比如 phone case，不要按回车键，而是点击

“搜索”按钮，这样才不会只搜索出默认的第一个页面。然后点击“页面”（Pages）我们查看到的都是Facebook中的专页。想看更多的页面，可以点击“查看更多结果”（See More Results）。搜索到的结果页面大都会标注页面是哪里的，有多少人喜欢（Likes）等。

此外，在Facebook广告中，有个Power Editor高级功能，它可以实现定制化受众的功能，将老客户联系表单导入，就可以知道老客户中有多少人在使用Facebook。Power Editor比起Facebook普通广告页面功能更加全面，在“广告受众”选项中，分别有“自定义受众”和“创建类似受众”选项。根据后台列表格式，将老客户列表上传。

在Facebook上创建公司页面，在主页上可将卖家的企业品牌、推广活动等进行设置。1）名称设置：要提前规划好，不要等账号成熟后再去修改，要逐渐积累。2）头像设置：个人主页用个人的头像即可，在公共主页上用产品图片或者品牌标志，图片的大小为180cm×180cm。3）banner设置：可以是图片也可以是视频。图片的尺寸需求是828cm×315cm。保存图片后，可以点击banner进行进一步设置，写上描述。公共主页使用专业品牌介绍海报或者产品介绍海报，添加行动按钮。做完这些更改以后，公司页面就成型了。

（二）Twitter

Twitter是由杰克·多西（Jack Dorsey）在2006年3月与合伙人共同创办并在当年7月启动的。Twitter发布的财报显示，截至2020年第一季度，Twitter的可货币化日活跃用户达1.66亿人。Twitter作为微博的“始祖”，在人群覆盖面、推广费用、用户互动性等方面具有天然竞争优势，多用于关注公众人物，紧跟热点事件，很少用于朋友互粉。企业可以利用Twitter信息发布的开放性与扩散性，通过发布推文不断宣传企业和产品，设计有奖活动或促销来吸引大量用户的关注、转发和参与。

280的推文字符限制为Twitter营销带来了与众不同的特点。任何用户发推文都需要斟酌，阅读者的体验因此得到很好的提升，或许这恰恰是Twitter最吸引人的一面。同时，这也是个适合“标题党”发挥的平台。Twitter广告类型分为推荐推文、推荐账户和推荐趋势三种。

（三）LinkedIn

LinkedIn，中文名“领英”，成立于2003年5月，是一家面向商业客户的社交网络（SNS）服务网站。网站的目的是让注册用户维护他们在商业交往中认识并信任的联系人，俗称“人脉”。用户可以邀请他认识的人成为“关系”圈的人。LinkedIn是商务人士使用较多的一款SNS工具。

通过在LinkedIn上输入一家公司的名字就可以得到在这个平台上注册过的所有跟这家公司相关的一些人员的简历。当我们拥有这些资料后就可以先了解这些人的基本情况，比如哪年毕业，曾做过什么工作，在哪些公司工作过、担任的职位、工作年限等。

这些信息帮助我们了解客户及客户公司的背景知识、兴趣爱好等。甚至还可以帮助我们了解大的买家的公司结构。

LinkedIn 还能帮助公司找到潜在的合作伙伴，这对 B2B 企业的海外推广来说是不错的选择。用公司所销售的外贸 B2B 产品在 LinkedIn 上进行搜索，就会找到相关的业务公司、产品爱好者等。尝试添加他们，如果对方对我们的产品感兴趣就会主动联系。B2B 企业还可以参与或者组织一些讨论会，建立自己的国际人脉网络关系，从而有更多的机会了解买家信息。也可以把自己的兴趣爱好写在上面，主要是在工作或外贸 B2B 产品上的一些爱好，这样一来，大家的交流就会显得比较自然，在交谈的过程中可以软方式宣传自己的产品。

（四）Instagram

Instagram 是 Facebook 公司旗下一款免费提供线上图片及视讯分享的社交应用，于 2010 年 10 月发布。它可以让用户用智能手机拍下照片后再将不同的滤镜效果添加上去，然后分享到 Facebook、Twitter 及 Flickr 等社群网络服务，或是 Instagram 的服务器上。

（五）YouTube

稳居第一的全球视频网站 YouTube 通过制作具有创意性的高质量视频引起病毒式的口碑营销。发布者可以在标题、描述、标签里设置关键词，使视频在 YouTube 站内获得某些关键词的排名，从而使用户在站内用关键词搜索时能更容易关注到企业的视频。

（六）Pinterest

Pinterest 是一个国内外流行的图片分享网站，每天都有上千万张图片被分享，曾获得无数品牌及用户的一致好评。Pinterest 采用瀑布流的形式展现图片内容，无须用户翻页，新的图片不断自动加载在页面的底端，让用户不断地发现新的图片。

Pinterest 允许每个 IP 拥有 2 ～ 3 个活跃账号。首先需要注册邮箱账号，最好采用 Gmail 邮箱来注册账号，然后创建一个新的 Pinterest 账号（可以每天创建一个新的账号）。用户可以创建 5 ～ 15 个分类，每个分类使用唯一的有创意的名字。用户可以新建一个话题版，上传一个钉图（通常也称 Pin 图），从自己电脑中选取一张高清产品图，加上简单的产品介绍和推广平台产品的链接。定期查看自己的和别人的图片，转发 / 喜欢 / 评论次数越高，产品越受欢迎。

知识拓展

知名 EDM 服务提供商

1. Webpower 威勃庞尔，官方网站是：www.webpower.asia。
2. Radica system 雷克，官方网站是：www.radicasys.com。

3. 思齐软件，官方网站是：www.rspread.cn。
4. 绿邮网，官方网站是：www.greenedm.com。
5. 亿业科技，官方网站是：www.easeye.com.cn。
6. Focussend。官网网站是：www.focussend.com。

行业观察

邮件中合理运用创新思维

一封来自美国美妆电商 Birchbox 的邮件标题赫然写着“我们竟然忘记了给您发放二月份的优惠券”！当然，你要是阅读完整封邮件，就会发现，其实他们并没有忘记，这只是一计成功引起邮件接收者注意力的小招数。

创新作为一项重要的思政元素，在营销中占据着重要的地位。在互联网经济时代，网络营销工具和手段层出不穷，新电商、新零售、新的网络推广模式不断涌现，开展外贸业务，在创新营销方法的同时，还需要从客户的心理状态要求出发，找到商品与顾客的共鸣点，选择目标市场和目标客户，从而达到事半功倍的效果。

【跨境电商 B2B 数据运营职业技能等级证书（中级）职业技能要求】

1. 撰写高质量的开发信，能用邮件完成日常访客营销。
2. 能及时回复客户询盘，准确回答客户问题。
3. 能在海外社媒建立企业主页。
4. 能在海外社媒发布企业和商品信息。
5. 能利用海外社媒收集潜在客户信息。
6. 能利用海外社媒执行软文营销，分发促销活动。

操作示范

［任务 1］建立贸易关系的信函，要写得诚恳、热情、礼貌、得体，并将写信人的意图清楚地叙述完整，给对方留下深刻的印象，使其愿意与你交往。

Dear Sir：

We understand from your information posted on www.Pocib.com that you are in the market for textiles. We would like to take this opportunity to introduce our company and products，with the hope that we may work with Bright Ideas Imports in the future.

We are a joint venture specializing in the manufacture and export of textiles. We have enclosed our catalog，which introduces our company in detail and covers the main products we supply at present. You may also visit our website www.export.com，which includes our latest product line.

Should any of these items be of interest to you，please let us know. We will be happy to give you a quotation upon receipt of your detailed requirements.

We look forward to receiving your enquires soon.

Yours faithfully

Aaron

PNG LAND HOLDING

7TH FLOOR，FLAT C，HIGHLAND MANSION，CAUSEWAY BAY

[任务 2] 询盘回复是跨境电商 B2B 中获取客户的一个非常重要的环节，在这个部分需要特别重视询盘的分析。只有充分了解客户，了解客户的需求，才能够有效地回复客户，也才能够有效地得到客户的响应，与客户建立初步的商业关系。

Dear Mr. Naresh，

Thanks for your interest in our products from Alibaba.com.

This is Derrick from Hanhi Group. Regarding the Barbie's Collection，we have attached 6 current designs in the attached for your reference. Please let me know if they are the styles for your market.

For more information about the Barbie's Collection，please visit our website www.hanhi.cn，we'll send you the quotation details once we get the exact style No.

With Regards！

Derrick

Hanhi Group

Mobile：0086-139518×××××

Tel：0086-25-52209011

Fax：0086-25-52209055

Derrick@hanhi.cn　www.hanhi.cn

5F Jiaye Bldg.，158th Lushan Rd.，Nanjing 21000 Jiangsu China

实训演练

1. 青岛 ABC 轮胎有限公司创立于 2010 年，是一家集设计、开发、生产、销售为一体的轮胎公司。公司准备开拓非洲市场，请写一封建立贸易关系的商业信函给南非的 AGE 公司。

2. 青岛 ABC 轮胎有限公司收到客户的如下询盘，请回复询盘。

The buyer is interested in your below products：TYRE STYLE NO. 1422。

Subject：I want to buy the product you are selling in alibaba.com

Dear Sir,

I would like to know more about your products and pricing please.

Contact person：Mr. Amir Butt

Country/Territory：Pakistan Business

Email：stylo_amir@yahoo.com

3. 以小组为单位，沿用虚拟成立的跨境电商公司主营产品，为公司的产品设计一则 Facebook 广告。

项目练习

一、单项选择题

1. 公司文案的重点是（　　）。

A. 公司业务范围　　B. 公司业绩及案例介绍

C. 公司品牌和公司理念　　D. 与消费者利益结合最紧密的点

2. 在产品文案写作的 FABE 法则中，B 是指（　　）。

A.Benefits　　B.Bestseller　　C.Best　　D.Better

3. 在产品文案写作的 FABE 法则中，F 是指（　　）。

A.Features　　B. Function　　C.Facebook　　D.Fealty

4. 在产品文案写作的 FABE 法则中，A 是指（　　）。

A.Admit　　B.Advantages　　C.Adivice　　D.Agree

5. 在产品文案写作的 FABE 法则中，E 是指（　　）。

A.Evidences　　B.Excercise　　C.Experiences　　D.Express

6. 电子邮件营销正确的英文缩写是（　　）。

A.SEM　　B.SEO　　C.SNS　　D.EDM

7. 搜索引擎营销正确的英文缩写是（　　）。

A.SEM　　B.SEO　　C.SNS　　D.EDM

8. 搜索引擎优化正确的英文缩写是（　　）。

A.SEM　　B.SEO　　C.SNS　　D.EDM

9. 社交媒体营销正确的英文缩写是（　　）。

A.SEM　　B.SEO　　C.SNS　　D.EDM

10.Facebook 是（　　）的一个社交网络服务网站。

A. 美国　　B. 英国　　C. 德国　　D. 法国

11.（　　）是微博的“始祖”。

A.Facebook　　B.Instagram　　C.Pinterest　　D.Twitter

12.Facebook 的主要创始人是（　　）。

A. 马克·扎克伯格　　B. 杰克·多西　　C. 刘强东　　D. 马云

13.（　　）是国内外流行的图片分享网站。

A.Facebook　　B.Instagram　　C.Pinterest　　D.Twitter

14. 以下哪项不是客户邮件跟进的注意事项？（　　）

A. 首次发送邮件最好加上图片和附件

B. 信中最好不要有 URL

C. 内容不要有 free 和 price 字样

D. 使用常规的字体

15. 衡量邮件营销效果的最终指标是（　　）。

A. 开信率　　B. 退信率　　C. 转化率　　D. 送达率

16. 公司文案的主要内容一般不包括（　　）。

A. 公司基本信息介绍　　B. 业务范围介绍

C. 公司业绩　　D. 产品详细信息

17. 邮件营销的优点不包括（　　）。

A. 是相对精准的直接营销　　B. 营销效果可进行分析跟踪

C. 营销费用低　　D. 客户主动接受意愿强

二、多项选择题

1. 公司文案的价值主要有（　　）。

A. 宣传企业形象　　B. 以价值吸引消费者

C. 拉近和消费者的关系，建立信任感　　D. 提升企业的运营效率　　E. 建立品牌认同感

2.FABE 营销法则包含哪些要素？（　　）

A.Features　　B.Advantages　　C.Benefits

D.Evidences　　E.Experiences

3. 下列关于跨境电商文案表述正确的是（　　）。

A. 可以适当采用图片为文案增色

B. 文案的商品名称要完整，方便搜索引擎后台读取

C. 写文案就是单独的上架商品动作，无须谨慎对待

D. 文案一旦编辑好后，可以保持相对固定不变，不需要进行修改

E. 文案要避免出现违禁词

4. 在运用网红营销时，挑选适合自身产品的网红需要满足的条件是（　　）。

A. 网红与自身产品要有一定的相关性

B. 网红真实粉丝数量，避免网红购买粉丝或者检测账户是否有“僵尸粉”

C. 网红发帖 / 发视频的频率要相对较高

D. 粉丝的参与度较高

E. 网红的粉丝量大

5. 社交媒体营销目标主要表现在（ ）。

A. 提高品牌认知　　B. 促进销售　　C. 提升客户忠诚度　　D. 提升运营效率

E. 获取流量

6. 公司业务与愿景包含以下哪几个方面？（ ）

A. 主营产品　　B. 产品优势　　C. 公司愿景　　D. 员工数量

E. 成功案例

7. Facebook 主页的 banner 建议经常更换，更换后所有人收到通知，图片上体现文字，文案内容建议包含（ ）。

A. 展会信息曝光　　B. 公司、技术、团队优势　　C. 产品特点

D. 卖点优势　　E. 团队优势

8.SNS 网站以认识朋友的朋友为基础，扩展自己的人脉。下面属于图文分享类社交网站的是（ ）。

A.Printerest　　B.YouTube　　C.Twitter　　D.Blog　　E.Facebook

三、判断题

1. 公司文案是一种文字工作，就是以文字来表达还没制定的创意策略。（ ）

2. 在撰写公司简介文案时，对于公司独特的认证信息，应在文案中反复强调，多次出现。（ ）

3. 活动营销是为了在短时间内达成目标而开展的具有爆发性的营销手段。（ ）

4. Facebook 虽然用户数量庞大，但是没有为本地商户引流的功能。（ ）

5. Facebook 账户个人主页可以建立品牌形象。（ ）

6. 使用社会化媒体可以提供更好的客户支持，缩短客服响应时间。（ ）

7. Pinterest 允许每个 IP 拥有 2 ～ 3 个活跃账号。（ ）

8. YouTube 是通过图片分享进行营销推广的。（ ）

9. LinkedIn 是一家面向商业客户的社交网络（SNS）服务网站。（ ）

10. SEO 是指搜索引擎优化。（ ）

四 . 简答题

1. 公司文案的价值有哪些？

2. 网红营销的推广策略有哪些？

3. 电子邮件营销的注意事项有哪些？

模块六　跨境电商支付与结算

知识目标

1. 掌握跨境电商支付的概念。
2. 熟悉线下的电汇、西联汇款、速汇金汇款方式。
3. 掌握线上的国际信用卡、PayPal、PingPong 和派安盈等支付方式。
4. 了解 Cashpay 等其他线上支付方式。
5. 熟悉主要跨境电商平台的支付方式。
6. 熟悉跨境电商结汇的有关规定。
7. 熟悉跨境电商出口退税的流程。

技能目标

1. 能够办理国际汇款、西联汇款和速汇金汇款。
2. 能够办理跨境电商出口结汇。
3. 能够查询跨境电商出口商品的税率。
4. 能够计算出口退税额。
5. 能够办理跨境电商出口退税。

素养目标

1. 具有良好的沟通技巧。
2. 具有遵纪守法的法律意识。
3. 具备跨境电商结算的风险防控意识。
4. 具有认真踏实的工作态度、敬业精神和工匠精神。

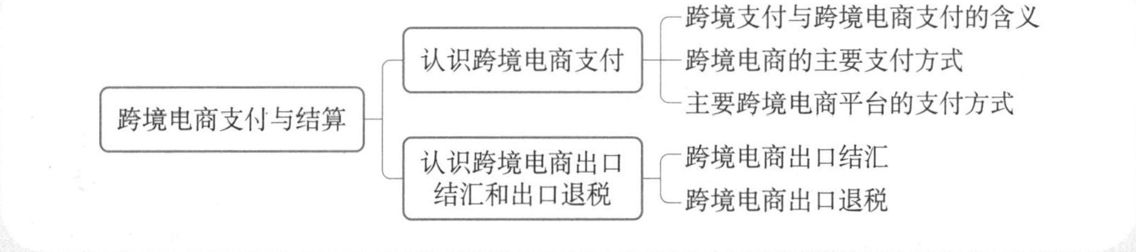

单元一 认识跨境电商支付

任务导入

PayPal 的扩张

2021 年 5 月 14 日消息，据智通财经报道，近日美国支付巨头 PayPal 发起对 Happy Returns 的收购，后者是以优化购物者在实体店退货流程而闻名的初创企业。

本次收购完成后，Happy Returns 将与 PayPal 平台的零售商和购物者进行合作，该公司的联合创始人 David Sobie 和 Mark Geller 及其整个 120 多个团队成员将加入 PayPal，并将向 PayPal 数字商务高级副总裁 Frank Keller 汇报。

Happy Returns 官网显示，该公司成立于 2015 年，其业务范围以无箱退货与当面投递为主，这将为用户节省时间成本，并为卖家节省资金成本。Happy Returns 此前已经与 Everlane、Rothy's 和 Parachute Home 等品牌达成合作，帮助其管理退货服务。目前，Happy Returns 在美国有 2600 多个投递点，本次和 PayPal 达成合作将继续改善其平台并扩大其业务运营的范围。

值得一提的是，此次并非两家公司初次合作，PayPal 曾在 2019 年首次投资 Happy Returns 并看好其商业前景，投资额达 1100 万美元。天眼查信息显示，截至目前，Happy Returns 已完成 6 轮融资，累计融资额达到 2500 万美元。

[任务 1] 你知道 PayPal 吗？除了 PayPal 你还了解过哪些第三方支付工具？

[任务 2] 请登录 www.paypal.com，以个人身份注册一个 PayPal 账号。

知识精讲

一、跨境支付与跨境电商支付的含义

（一）跨境支付的含义

跨境支付的含义与主要的收汇方式

跨境支付（Cross-border Payment）是指两个或两个以上国家或者

地区之间因国际贸易、国际投资及其他方面所发生的国际间债权债务，借助一定的结算工具和支付系统，实现资金跨国和跨地区转移的行为。

跨境支付市场上下游支撑产业众多，成了最具吸引力的资本市场。跨境支付带动了实体企业发展，包括大型零售企业和门户网站、通信业巨头等。加之国家扶持力度不断加强，政策的倾向为中国跨境支付吸引了更多的资金入场。

（二）跨境电商支付的含义

跨境电商支付（Cross-border E-commerce Payment）是指分属于不同关境的交易主体，在跨境电商交易过程中通过跨境电商平台提供的与银行之间的支付接口或者利用第三方支付工具进行的即时跨境支付行为。

二、跨境电商的主要支付方式

跨境电商支付方式种类繁多，各有特点，按照支付是否在互联网上进行，可以分为线下支付方式和线上支付方式。

（一）线下支付方式

通过互联网之外的实体店面完成资金的支付的方式为线下支付，主要有电汇、西联汇款和速汇金汇款三种方式。

1. 电汇

（1）电汇的含义。

电汇（Telegraphic Transfer，T/T）是指汇出行应汇款人的申请，通过拍发加押电报、电传或者 SWIFT 等电讯方式，指示在另一个国家的分行或代理行（汇入行）将一定金额的款项打给收款人的一种汇款方式。

（2）电汇的种类。

①“前 T/T”：在安排生产或交货前，买方先将全部货款以电汇的方式汇付给卖方。

②“后 T/T”：在交货或装运后，于寄单前或寄单后，再将全部货款以电汇的方式汇付给卖方。

③混合式，即“前 T/T”与后“T/T”的结合：先 T/T 部分货款，然后于寄单前付清 T/T 所余货款。例如：30% T/T in advance and 70% after copy of B/L。

2. 西联汇款

（1）西联汇款的含义。

西联汇款（Western Union）是世界上领先的特快汇款公司，迄今已有 150 年的历史，它拥有全球最大、最先进的电子汇兑金融网络，代理网点遍布全球近 200 个国家和地区。西联公司是美国“财富”500 强之一的第一数据公司（FDC）的子公司。中国光大银行、中国邮政储蓄银行、中国建设银行、浦发银行等多家银行是西联汇款的中国合作伙伴。

（2）西联汇款的付款流程。

西联汇款分为现金即时汇款和直接到账汇款。现金即时汇款有三种方式：西联网点、网上银行和银联在线。西联汇款的付款流程为：

①在网点填妥“西联汇款申请书”和“境外汇款申请书”。

②递交填妥的表格、汇款本金、汇款手续费及个人有效身份证件，可以持外币汇款或以人民币购汇汇款。

③汇款完成后，汇款人会收到一张印有汇款监控号码（MTCN）的收据，汇款人须准确通知收款人有关汇款人姓名、汇款金额、汇款监控号码及发出汇款国家等信息。为确保汇款安全，勿将监控号码泄露给除收款人之外的其他人。

④数分钟后，收款人可于收款国家的代理西联汇款业务网店提取汇款。

⑤每笔汇款都要填写“填外汇款申请书”进行国际收支申报。

（3）西联汇款的收款流程。

作为出口商，当客户汇款过来后，在银行取款的流程如下：

①确保汇款由境外已获授权的代理西联网点发出，并与汇款人核实汇款人姓名、汇款金额、汇款监控号码及发出汇款国家；

②收到汇款人通知后，到就近代理西联汇款业务的银行网点兑付汇款；

③提交填妥的“收汇申请书”，出示有效身份证件；

④ 提取汇款及取回收据；

⑤境外个人的每笔汇款及境内个人等值2000美元以上（不含）的汇款，还需填写“涉外收入申报单”进行国际收支申报。

在确认收据上的所有信息无误后，收款人需要签收一张收据。收据所打印的内容之一是汇款监控号码（MTCN），以及可使用MTCN联机（在网上）跟踪汇款的状态。确认汇款已经到位后，收款人随时可以取款。在前往西联汇款合作网点之前，收款人应确保汇款已经可以提取，可以直接联系汇款人确认，也可在网上跟踪汇款状态，还可以拨打电话进行咨询。

（4）西联汇款的优点。

①速度快。目前，西联汇款是全球汇款速度最快的公司之一，办理汇款时只需要填写一张汇款单据，就可以直接汇款了，方便简洁、速度快。

②安全。作为卖家可以先收到货款再发货，这样能够保障自己的利益不受损害，同时也降低了客户毁约的可能。

（5）西联汇款的缺点。

①手续费高。西联汇款的手续费是按照汇款的笔数收取的，所以在使用西联汇款的付款方式时，需要支付的手续费较高。当汇款金额较大时，使用西联汇款比较适合。

②买家容易产生抵触情绪。西联汇款是直接将款项打到外贸卖家的账户中的，如果卖家收到货款但是拒不发货，对买家是一个很大的损失。在交易双方第一次合作没有信任的基础上，要求使用这种付款方式是非常不合理的。尽量在双方有过愉快的合作经

验，对彼此的信誉都有一定了解的基础上，再使用西联汇款的付款方式合作。

③容易发生退汇，风险较大。西联汇款对收款客户的账户信息审核很严格，如果发现付款人填写的收款客户的姓名和信息与实际不符，会将款项退回，所以卖家不能仅以接收到客户的打款通知就认为款项已经安全收到，一定要再三确认是否真的收到了货款，以免发生风险。

3. 速汇金汇款

（1）速汇金汇款的含义。

速汇金汇款是 MoneyGram 公司推出的一种快捷、简单、可靠的国际汇款方式，是一种个人间的环球快速汇款业务，可在十几分钟内完成由汇款人到收款人的汇款过程，具有快捷便利的特点。速汇金在中国的合作伙伴有中国银行、中国工商银行、交通银行、中信银行等。我国是外汇管制国家，国外公司给国内公司汇款需要有汇款的理由，不能随便汇款。通过速汇金系统办理汇出款业务，仅限于美元办理“速汇金”汇出款业务。

（2）速汇金汇款的局限性。

与西联汇款相比，速汇金业务在国内的局限性主要有以下两方面：

①速汇金仅在工作日提供服务，而且办理速度缓慢，一年中可以办理速汇金业务的天数不超过 300 天，而西联汇款 365 天营业。

②速汇金合作银行对速汇金业务部不提供 VIP 服务，而西联汇款提供全国 VIP 专窗服务。

（二）线上支付方式

通过互联网完成支付，主要方式有国际信用卡、PayPal、派安盈、PingPong、Cashpay 等。

1. 国际信用卡

在欧美发达国家，信用卡的使用频率非常高，发行量也很大。常见的信用卡组织有 VISA、MasterCard、American Express、Discover、中国银联等。在跨境支付中，信用卡支付通道是一种较为常见的支付方式。

（1）信用卡的基本知识。

信用卡由卡号、CVV 码（或 CVC 码）、有效期、发卡行信息组成。卡号由 16 位数字组成，4 开头的是 VISA 卡，5 开头的是 MasterCard 卡，第 16 位数字根据前数位数字规则推算而成。VISA 卡为 CVV 码，Master 卡为 CVC 码，其号码在信用卡的背面。有效期是指信用卡能有效使用的期限，即 Valid Month/Year。发卡行是签发信用卡的银行。

（2）信用卡收款。

在欧美，信用卡是主流的付款方式。信用卡是连接个人信用资料的，是非常安全的付款方式。现在，跨境电子商务平台与 VISA 和 MasterCard 合作，都可以使用信用卡支付。

信用卡付款的风险就是客户的退单和有小部分的信用卡诈骗行为。例如：消费者退单或者悔单，因为国际小额贸易前期物流等其他费用的投入，对卖家来说往往损失不小。一般支付公司在提供支付服务时都提供了比较安全的各种验证加密措施，如跟卡组织的黑卡库等信息共享，一旦碰到黑卡或者盗卡，则系统会拒绝其付款，导致订单失败。

知识拓展

国际六大信用卡组织

国际上有六大信用卡组织，分别是：中国银联（China UnionPay）、维萨（VISA）、万事达（MasterCard）、美国运通（American Express）、日本JCB（Japan Credit Bureau）、大莱（Dinners Club）。除银联和JCB外，其余四大信用卡均起源于美国。

1. 中国银联（China UnionPay）

中国银联是中国银联股份有限公司（China Union Pay Co., Ltd.）的简称。中国银联成立于2002年3月，总部设于上海，是经国务院同意，中国人民银行批准设立的中国银行卡联合组织，是经中国人民银行批准的、由80多家国内金融机构共同发起设立的股份制金融机构。中国发行的大部分信用卡都是银联的信用卡。银联卡号为16位数，以62开头。

2.VISA

VISA是一个开放的银行卡组织，由200多个国家和地区的2万多家会员银行和其他金融机构参与的非股份、非营利的国际性组织。VISA国际组织并不直接向持卡人发卡，也不与特约商户直接发生业务关系，而是为会员提供一个经营框架，在框架范围内，会员可根据既定的章程和规则向持卡人和特约商户提供在全球范围内的VISA产品与服务项目，自行决定经营模式、经营规则及收费标准。VISA卡卡号为16位数，以4开头。

3. 万事达（MasterCard）

富兰克林国民银行在1966年联合16家银行成立银行同业银盛付通协会（Interbank Card Association），并在1976年更名为MasterCard组织。迄今为止，万事达拥有分布于世界各地的约1500万个特约商户和现钞提现地点。MasterCard是VISA的战略合作伙伴，也是一个开放的银行结算卡组织，其本身并不发卡，而是由其会员银行发行带有MasterCard标志的银行结算卡，它们的组织结构、运作机理非常相似。万事达卡卡号为16位数，以5开头。

4. 美国运通（American Express）

1958年，美国运通卡正式发行。1962年，美国运通卡的银行结算卡业务与旅行支票业务的不断增长促成并发展了美国运通公司第一个全球电脑系统。迄今为止，美国运通已在近200个国家和地区发行了运通卡，构建了全球自成体系的特约商户网络，特约商户超过500万家，并拥有超过6000万名的优质持卡人群体。美国运通是全球信用卡领域中最大的一家独立经营信用卡业务的跨国公司，是一家封闭的银行卡组织，同时做发卡业务和收单业务。美国运通卡卡号为15位数，以34或37开头。

5. 日本JCB（Japan Credit Bureau）

JCB信用卡是JCB信用卡公司推出的信用卡品牌。JCB公司是日本最大的信用卡公司，也是唯一独立于美国信用卡体系的信用卡集团。1961年，JCB作为日本第一个专门的银盛付通公司宣告成立。发展至今，其业务范围涉及世界各地100多个国家和地区。JCB卡卡号为16位数，以35开头。

6. 大莱（Dinners Club）

大莱卡于1950年创办，是全球第一张塑料付款卡。大莱卡公司的主要优势在于它在尚未被开发的地区增加销售额，并且巩固该公司在银盛付通市场中所保持的强有力的位置。该公司通过大莱现金兑换网络与ATM网络之间形成的互惠协议，集中加强了在市场上的地位。它的运作机制跟美国运通很相似。大莱卡卡号为14位数，以30或36开头。

2.PayPal

（1）PayPal的含义。

PayPal是目前全球使用最广泛的网上交易工具之一，能够轻松完成境外收付款。一个账户全球通用，成为PayPal用户，就能在任何地方接受更多付款方式。用PayPal能进行便捷的外贸收款、提现与交易跟踪；从事安全的国际采购与消费；快捷支付并接收包括美元、加元、欧元、英镑、澳元和日元等25种国际主要流通货币。

（2）PayPal账户的优势。

①品牌效应强。PayPal在欧美普及率极高，是全球在线支付的代名词。利用PayPal的品牌效应，卖家可以提高买家忠诚度，消除交易中买卖双方不信任的障碍。在跨国交易中，超过90%的卖家和超过85%的买家认可并正在使用PayPal电子支付业务，它就像国内的支付宝一样，有着很高的品牌效应和普及度，国内的敦煌网、阿里巴巴等很多企业都在使用PayPal。

②资金周转快。PayPal具有即时支付、即时到账的特点，能够实时收到海外客户发送的款项。同时最短仅需3天，即可将国外账户内的款项转账至国内的银行账户，及时高效地帮助用户开拓海外市场。

③安全保障高。PayPal拥有完善的安全保障体系：

· 买家保障。如果买家收到的货品有误或没有收到任何货品，PayPal可以为买家办理全额退款，包括符合条件的交易的运费。

· 卖家保障。如果卖家收到未经授权的付款或接到符合条件订单的“未到货”投诉，卖家可以保留订单全部金额。

· 数据加密。TLS 和 HTTPS 连接、手机上的 key pinning 和 PCI 合规流程为用户付款行为保驾护航。

· 防范欺诈。每笔交易都受到实时监控，账目实时分析帮助用户防范欺诈活动和付款。

（3）PayPal 的支付流程。

付款人通过 PayPal 欲支付一笔金额给商家或收款人时，可以分为以下几个步骤：

①只要有一个电子邮件地址，付款人就可以登录开设 PayPal 账户，通过验证成为其用户，并提供信用卡或相关银行资料，增加账户金额，将一定数额的款项从其开户时登记的账户（如信用卡）转移至 PayPal 账户下。

②当付款人启动向第三人付款程序时，必须先进入 PayPal 账户，指定特定的汇出金额，并提供收款人的电子邮件账号给 PayPal。

③接着 PayPal 向商家或收款人发出电子邮件，通知其有等待领取或转账的款项。

④若商家或收款人也是 PayPal 用户，其决定接收后，付款人所指定的款项即转给收款人。

⑤若商家或收款人没有 PayPal 账户，收款人依据 PayPal 电子邮件内容指示连接站进入网页注册，取得一个 PayPal 账户，收款人可以选择将取得的款项转换成支票寄到指定的处所、转入其个人的信用卡账户或转入另一个银行账户。

从流程可以看出，如果收款人已经是 PayPal 的用户，那么该笔款项就汇入他拥有的 PayPal 账户；若收款人没有 PayPal 账户，官网就会发出一封通知电子邮件，引导收款人至 PayPal 网站注册一个新的账户。所以，也有人称 PayPal 的这种销售模式是一种“邮件病毒式”的商业拓展方式，从而使 PayPal 占有越来越大的市场。

3. 派安盈（Payoneer）

Payoneer 提供全球支付解决方案，所有币种均支持多平台店铺，还可以像美国公司一样接收美国 B2B 资金。

Payoneer 成立于 2005 年，总部设在美国纽约，是万事达卡组织授权的具有发卡资格的机构。其主要业务是帮助合作伙伴将资金下发到全球，同时也为全球客户提供美元、欧元、英镑和日元收款账户，用于接收欧美电商平台和企业的贸易款项。Payoneer 类似于一家小银行，在资金的进入端嫁接欧美的银行系统，实现欧美银行子账户的签发，同时在资金的提现端嫁接当地金融机构的合规结汇通道，提供当地银行转账服务。

4.PingPong

PingPong 是中国人创立的一家全球收款公司，致力于为中国跨境电商卖家提供低成本的海外收款服务。PingPong 帮助中国企业获得公平的海外贸易保护，是全球首家也是目前唯一一家专门为中国跨境电商卖家提供全球收款的企业。

5.Cashpay

Cashpay 是 Cashrun 公司的产品，安全性高，有专门的风险控制防欺诈系统，并且能够快速地把商户的款项偿还，无开户费及使用费，无提现手续费及附加费，但是在我国国内市场的知名度不高。

6.Moneybookers

Moneybookers 是一家极具竞争力的网络电子银行，它诞生于 2002 年 4 月。2003 年 2 月 5 日，Moneybookers 成为世界上第一家被政府官方认可的电子银行，是英国电子货币协会 EMA 的 14 个成员之一。以电子邮箱地址为支付标识，相比信用卡等传统支付方式，付款人不需要暴露信用卡等个人信息。客户必须激活认证才可以进行交易，并可以通过网络实时进行收付费，且收付免手续费，提现会收取少量手续费。但是不允许多账户，一个客户只能注册一个账户。目前不支持未成年人注册，需年满 18 岁才可以。

7.Click and Buy

Click and Buy 是独立的第三方支付公司。收款人收到 Click and Buy 的汇款确认后，可以在 3 ～ 4 个工作日内收到货款。每次交易金额最低 100 美元，每天最高交易金额 1 万美元。如果客户选择通过 Click and Buy 汇款，则卖家可以通过 Click and Buy 提款。

8.WebMoney

WebMoney 是由成立于 1998 年的 WebMoney Transfer Techology 公司开发的一种在线电子商务支付系统，是俄罗斯主流的电子支付方式之一，其支付系统在包括我国在内的全球 70 多个国家和地区使用。目前 WebMoney 支持中国银联卡取款，但手续费很高，流程很复杂。

9.Qiwi wallet

Qiwi wallet 是俄罗斯最大的第三方支付工具，其服务类似于支付宝。该系统使客户能够快速、方便地在线支付水电费、手机话费以及网购费用等，还能用来偿付银行贷款。该种方式只要通过资金审核即可到账，不存在拒付风险。

10.LiqPAY

LiqPAY 是一个小额支付系统，一次性付款不得超过 2500 美元，且立即到账，无交易次数限制。LiqPAY 以客户的移动电话号码为标识。账户存款只能是美元，如果储存其他货币，系统将根据 LiqPAY 内部汇率进行折算，换算为美元显示。

11.CashU

CashU 是中东和独联体广大网民所使用的，是中东和北非地区运用最广泛的电子支付方式之一，主要用于支付在线游戏、电信和 IT 服务，以及实现外汇交易。

CashU 允许使用任何货币进行支付，但该账户将始终以美元显示资金。

12.NETeller

NETeller 是在线支付解决方案的领头羊，免费开通。全世界数以百万计的会员选择 NETeller 的网上转账服务。可以将 NETeller 理解成一种电子钱包，或者一种支付工具。客户通过银行转账或者电汇资金转入 NETeller 账户，以后在网上交易时只要在接受 NETeller 付款的网站用 NETeller 支付就行了，不用再输入银行、信用卡账号等敏感信息，大大增加了资金的安全性。

三、主要跨境电商平台的支付方式

跨境支付的风险

（一）主要跨境电商 B2B 平台的支付方式

1. 阿里巴巴国际站

阿里巴巴国际站平台客户常用的线上支付方式有 T/T、信用卡、e-Checking 和 Pay Later 等，它们在到账时间、支付手续费、退汇手续费以及预计退回时间等方面的区别见表 6–1。

表 6–1　线上支付方式比较

支付方式	资金账户	单笔限额	预计到账时间	支付手续费	退汇手续费	预计退汇时间
T/T	103 账户	无	3 ～ 7 个工作日	20 ～ 80 美元	250 元 / 笔	3 ～ 7 个工作日
	1029 账户	无	3 ～ 7 个工作日	20 ～ 80 美元	250 元 / 笔	
	1566 账户	无	2 ～ 3 个工作日	0 ～ 25 美元	未知	
信用卡	不涉及	1.2 万美元	2 ～ 4 个工作日	2.95%	无	7+（12 ～ 30）个工作日
e-Checking	/	5 万美元	4 ～ 5 个工作日	每次 15 美元	无	4 ～ 5 个工作日
	/	1 万美元	9 ～ 10 个工作日	每次 15 美元	无	
Boleto	/	每月 5000 美元	3 ～ 4 个工作日	1.35%	无	10 ～ 15 个工作日
Pay Later	Kabbage	根据授信额度确定资金账户	2 ～ 4 个工作日	无	250 元 / 笔	5 ～ 7 个工作日

2. 敦煌网

敦煌网买家的支付方式视其国家和地区略有不同，主要有以下几种：

（1）信用卡：VISA、MasterCard、American Express、Discover 等，即时到账并确认订单。

（2）银行转账：Bank Transfer（Global Collect BV）、SEPA、Boleto 等，3 ～ 5 个工作日收款并充值到买家 DHPAY 账户，到账后需要买家用 DHPAY 账户余额支付订单。

（二）主要跨境电商 B2C 平台的支付方式

1. 全球速卖通

全球速卖通可以接受非常广泛的支付形式，如信用卡、Bank Transfer、西联汇款、PayPal 等。以下对全球买家的主流支付方式逐一进行介绍。

（1）信用卡、借记卡。银行卡是全球买家主流的付款方式，这些银行卡包括 VISA、MasterCard、Maestro、Amex、JCB、Diners Club、Discover、MIR、Hipercard、ELO、Troy，以上银行卡在使用中的单笔支付上限为 5 万美元；法国的 CarteBlue 单笔支付上限是 4 万欧元；巴西的借记卡 Local Credit Card（Brazil）单笔支付上限是 3000 美元。

（2）西联汇款。西联汇款的单笔支付上限是 5000 美元。

（3）第三方支付平台。目前支持的国家包括美国、英国、西班牙、法国、意大利、德国、葡萄牙、以色列、荷兰、波兰、挪威、瑞典、沙特阿拉伯、阿联酋。支持的币种包括美元、欧元和英镑。

① PayPal。

买家在速卖通平台上使用 PayPal 支付的手续费是由买家承担的，卖家无须额外支付 PayPal 手续费。仅当卖家在后台绑定 PayPal 收款账户后，买家在店铺下单才可以使用 PayPal 付款。

系统是按照买家下单时选择的实际收货地址判断平台目前是否对该收货国家开放 PayPal 支付。

② Qiwi wallet、Yandex.Money、WebMoney。Qiwi wallet、Yandex.Money、WebMoney 是俄罗斯及周边地区主流的支付工具。它们的单笔支付上限分别是 5000 美元、1000 美元和 1 万美元。

③ EBANX。EBANX 的 Boleto、TEF（网银类支付方式）是巴西流行的支付工具。它们的单笔支付上限均为 3000 美元。

④ PPRO。PPRO 旗下有 Ideal、Giropay、PayU、Przelewy24、Sofortbanking、Bancontact，其中仅 Giropay 和 Sofortbanking 有单笔支付上限，分别是 12000 美元和 6000 美元。

⑤ Mercado Pago。Mercado Pago 是拉丁美洲最大的支付平台，提供本地信用卡、借记卡、网银或线下存款、OXXO 支付方式。其单笔支付上限为 4900 美元。

2. 亚马逊

亚马逊购物平台最常见也是最常用的支付方式有五种，分别是 Payonccr、World

First、PingPong、亚马逊全球收款以及 Currencies Direct。

（1）Payoneer。Payoneer 提供全球支付解决方案，所有币种均支持多平台店铺，还可以像美国公司一样接收美国 B2B 资金。

（2）World First。俗称 WF 账户，提供 24 小时中文电话服务。提现时 WF 会自行打到卖家绑定的法人私人账户或者对公银行卡里。

（3）PingPong。2016 年开始推出跨境收付平台，专注为中国跨境电商提供亚马逊收款服务。

（4）亚马逊全球收款。亚马逊全球收款服务与卖家平台进行整合，卖家直接在亚马逊平台上就能轻松管理全球贸易的收付款交易。亚马逊目前也在这一方向上不断努力。亚马逊全球收款服务支持九大亚马逊海外站点。

（5）Currencies Direct。Currencies Direct 于 2016 年进入中国，帮助跨境平台卖家收款结汇。Currencies Direct 与德意志银行、巴克莱银行等世界顶级银行紧密合作，为平台卖家提供美元、欧元、英镑、日元、加元收款账户，支持以原币种或人民币提现至公司、法人或任一股东个人银行账户，相当灵活。

3.eBay 平台

（1）PayPal。PayPal 和 eBay 成为亲密合作伙伴已经超过 15 年，eBay 负责人在 2018 年 1 月 31 日宣布，计划停止使用 PayPal 作为其后端支付服务提供商。当他们的合同到期时，eBay 将与阿姆斯特丹的 Adyen 公司达成一项长期协议。这意味着 Adyen 将开始处理该网站上的所有交易，PayPal 将被降级到“二等地位”。在 2023 年 7 月之前，PayPal 仍可继续作为 eBay 的一种付款选择。根据分拆协议的条款，两家公司将逐渐分离。

（2）汇票。除了 PayPal 之外，eBay 收款还可以通过汇票来完成，比如外国的买家会在当地银行购买汇票然后邮寄给你，当你拿汇票到银行汇兑时，等银行向开立汇票的外国银行收款之后，再将金额存入你的银行账户，完成收款。不过，汇票需要支付一定的手续费和电汇费，而且，如果卖家接受了买家使用汇票进行付款的话，那么，需要向买家提供相应的信息：英文姓名、英文地址、Western Union Auction Payments 的汇票。

（3）银行本票。银行本票和汇票的汇兑方式一样，银行会先托收你的支票，等你的银行向开立支票的外国银行收款后，再汇到你的账户，银行本票也需要支付银行手续费和电汇费。

（4）信用卡。使用信用卡付款也很常见，部分卖家可以提供信用卡付款的方式。买家如果选择信用卡支付，就需要提供个人信用卡的数据。

（5）连连跨境支付。用户可 7×24 小时随时提现。基于全球的支付网络，连连能够帮助用户做到快速到账，同时实时公开银行的实时汇率，全程透明，真正做到 0 汇损，帮助用户降低运营成本，提升利润空间。

4.Wish 平台

Wish 作为北美及欧洲最大的跨境电商平台之一，覆盖的买家群体非常广，且平台流量也很大，不断吸引更多的中国卖家入驻。目前 Wish 平台的支付方式有 PayPal、AliPay、联动支付（UMPAY），PayEco（易联支付）、Payoneer、PingPong。

行业观察

跨境电商企业汇率风险“来袭” 跨境支付服务商多管齐下“解难”

面对迭创新高的美元与不断下跌的非美元货币，国内跨境电商卖家正遭遇日益严峻的汇率风险。

PingPong 产品总经理戚亚萍向记者透露，近期他们走访跨境电商卖家发现，不少外贸企业对外汇衍生品的了解不够全面，导致他们在汇率波动较大时往往“吃亏”。尤其是近期东南亚、非洲某些国家货币汇率剧烈波动时，他们缺乏专业外汇管理人员处理汇率风险管理，导致在结汇方面吃了不少苦，出现汇兑损失。

Payoneer（派安盈）中华区资深产品总监 Jason Liu 告诉记者，面对不同货币收款，国内跨境电商卖家的应对策略截然不同，比如今年美元兑人民币汇率涨幅约 10%，多数国内跨境电商卖家对美元回款仍按正常频率结汇，但也有部分企业选择延后结汇以押注人民币汇率继续回落并获取更高的结汇金额；对于众多非美货币，考虑到今年以来欧元、英镑、日元汇率跌幅远远大于人民币，多数国内跨境卖家一收到这些非美货币就会选择快速结汇或外汇避险操作，避免遭遇更大的汇兑损失。

“我们注意到，缩短回款周期与快速结汇，目前是众多国内跨境电商卖家应对汇率剧烈波动风险的首选方案。” Jason Liu 直言。

这无形间考验着跨境支付服务商的科技赋能与业务效率。

要进一步缩短国内跨境电商卖家的回款周期，跨境支付服务商需通过科技赋能与自身全球网络，与全球大型跨境电商平台实现技术系统对接，令跨境电商卖家只需一键联合登录，就能实现开店绑定与销售回款直接打入跨境支付服务商为外卖企业设立的账户。

要妥善解决快速结汇，跨境支付服务商一方面需通过科技赋能，快速对接到合作银行的最新汇率报价并完成结汇操作，令结汇操作变得更加高效便捷，一方面则需通过智能化技术，针对跨境电商卖家的差异化结汇需求提供定制化服务，解决他们不同货币收款的个性化结汇要求，并令整个收款结汇流程安全合规。

“目前我们通过在香港的外汇交易资质，正为国内跨境电商卖家提供离岸人民币的兑换业务，既让跨境电商卖家降低非美货币、美元、人民币兑换过程的汇率波动损失，也能减轻他们的汇兑成本。”戚亚萍指出。

随着部分新兴市场国家货币跌幅较大，不少国内跨境电商卖家日益担心这些国家很可能会采取资本管制措施遏制本国货币继续贬值，但此举令他们的销售回款到账可能变得“遥遥无期”。

“对此我们正与不少新兴市场国家当地银行紧密沟通，及时了解当地金融监管部门的资本管制动向，协助跨境电商卖家及时调整海外业务布局，规避销售回款难以按时到账问题。”一位跨境支付服务商风控部门的总监告诉记者。但要妥善解决这个棘手问题，跨境支付服务商还需通过大数据技术，为不同跨境电商卖家寻找合适的风险对冲工具，确保他们在这些新兴市场国家地区的业务稳健发展。

缩短回款周期与快速结汇成“两大刚需”

8月，国内跨境电商卖家恰逢亚马逊 Prime Day 销售回款高峰与美元快速上涨迭创新高，导致他们的汇率风险进一步加大。

一位2C端小家电跨境电商小微企业主向记者透露，8月以来部分新兴市场国家汇率与欧元、日元汇率大幅下跌，导致他们的结汇损失相应增加。其间他们曾希望海外跨境电商平台能改用美元收款，但对方告知临时调整收款货币相当难，且很多新兴市场国家与欧洲、日本消费者都习惯使用本国货币付款。

他告诉记者，目前他们最大的烦恼就是缺乏专业外汇管理人员，协助企业妥善处理海外账户的欧元、澳元、新兴市场货币贬值风险。尤其在亚马逊 Prime Day 期间，他们的产品在不少国家热销，导致海外账户的各类非美货币金额大增，如今面对美元迭创新高导致这些非美元货币不断贬值，他们的实际收入正随之不断“缩水”。

戚亚萍直言，汇率波动风险管理能力较弱，正成为国内跨境电商卖家普遍遭遇的一大业务短板。跨境电商卖家对此的应对策略主要是尽可能缩短回款周期与快速结汇。

Jason Liu 告诉记者，对跨境支付服务商而言，这颇具挑战性。一方面跨境支付服务商需与 eBay、Walmart、Lazada、Shopee、亚马逊等全球知名跨境电商平台完成收款系统对接，才能确保跨境电商卖家的销售回款迅速进入他们的海外账户，高效缩短回款周期；另一方面跨境支付服务商还需与合作银行建立密切业务合作，才能迅速获取银行开出的最新汇率报价，帮助跨境电商卖家完成快速结汇。

“这既需要跨境支付服务商搭建全球业务网络，能快速响应跨境电商卖家在不同国家地区的收款需求，并协同跨境电商平台完成销售回款归集，又需要跨境支付服务商搭建高效的智能化业务体系，能自动化地处理跨境电商卖家的各种货币收款结汇问题，且不会出现差错。”Jason Liu 指出。比如欧元英镑外汇交易发生在伦敦与纽约交易时段（即中国的夜间），众多国内跨境电商卖家开始使用 Payoneer（派安盈）24小时无休结汇服务，在夜间与周末拿到银行间最新的欧元、英镑汇率报价进行结汇，有效缩短回款周期与规避汇率风险。

在 Jason Liu 看来，跨境支付服务商还需通过科技赋能，为不同业务规模跨境电商卖家提供定制化的收付款结汇结算服务，因为跨境电商卖家要解决汇率风险，不仅需要专业的汇率风险管理技巧，更需要妥善的海外业务资金运营规划与安全合规的收付方案。因此 Payoneer（派安盈）正致力于根据跨境电商卖家不同业务发展阶段与业务规划，提供差异化的收款币种兑换与资金运营服务。

上述跨境支付服务商风控部门总监告诉记者，由于不同行业跨境电商卖家的经营特点与资金用途各有不同，他们的结汇需求也呈现较大的差异化。比如芯片加工出口类外贸企业会预留部分美元资金支付上游芯片原材料进口货款，再将剩余资金结汇用于自身经营；但传统行业类外贸企业基本会采取快速结汇做法，尤其是他们一收到欧元日元等非美元货币，就会迅速结汇成人民币，因为这些非美元货币下跌压力远远超过人民币，导致结汇越晚，损失越大。

Jason Liu 向记者透露，针对某些非美元货币汇率出现较大波动，他们的客户经理会提醒国内跨境电商卖家尽早注意相关汇率风险，建议他们尽早采取外汇避险措施，同时，解答外贸企业对汇率避险方面的疑惑。

记者获悉，目前不少涉足 2B 业务的跨境支付服务商正积极建议企业之间采取人民币结算，从而帮助交易双方共同规避汇率风险。

“由于今年以来人民币兑美元跌幅远远低于欧元、日元与英镑等主流非美元货币，目前越来越多海外企业也在考虑持有更多离岸人民币对冲非美元货币贬值风险，无形间给跨境电商业务人民币结算创造了更好的操作空间。”前述跨境支付服务商风控部门总监指出。

多管齐下化解货款到账新风险

值得注意的是，汇率风险同样影响着众多国内跨境电商卖家的上游供应链资金结算与生产安排。

记者多方了解到，部分跨境电商卖家遭遇汇率风险损失后，一度出现缺乏足够资金支付上游原材料货款与安排生产等问题。

针对这种跨境电商卖家遭遇的潜在经营风险，越来越多跨境支付服务商正通过科技赋能提供新的解决方案。

戚亚萍向记者透露，PingPong 正致力于实时追踪资金轨迹——从海外买家到卖家收款，实现全链路资金轨迹透明化。

“以往，海外买家支付货款后，可能需要众多中间行操作才能进入跨境电商卖家的收款行与海外账户，整个过程或许需要 3 ～ 7 个工作日，但期间国内跨境电商卖家不知道货款已到哪家中间行，能否按时收到货款，就不敢安排采购原材料备货与生产发货。但通过资金归集追踪服务，国内跨境电商卖家就能清楚地知道这笔货款的具体流向，初步计算出到账时间，可以更妥善地安排供应款付款采购与生产规划。”她指出。

记者多方了解到，随着部分新兴市场国家货币跌幅较大，目前国内跨境电商卖家开始担忧这些国家一旦启动资本管制措施遏制本国货币继续贬值，可能会影响他们的货款到账安全性。

前述跨境支付服务商风控部门总监告诉记者，除了与新兴市场国家当地银行积极沟通了解当地资本管制最新动向，并及时建议国内跨境电商卖家迅速调整海外业务规划，一些跨境支付服务商正计划引入某些商业保险产品协助外贸企业规避上述风险。

具体而言，他们会通过大数据分析与最新市场动向，协助外贸企业预判未来一段时间哪些新兴市场国家和地区可能会采取资本管制措施，以及货款到账的不确定性概率，再建议他们考虑通过购买这类保险产品做好风险应对。

资料来源：陈植．跨境电商企业汇率风险“来袭”跨境支付服务商多管齐下“解难”[N].21世纪经济报，2022-9-28.

操作示范

[任务1] 除了PayPal外，第三方电子支付工具还有Payoneer、PingPong、Cashpay、Moneybookers、Click and Buy、WebMoney、Qiwi wallet、LiqPAY、CashU、NETeller等。

[任务2] 进入官网www.paypal.com；点击“注册”，选择“个人账户”，点击“下一步”；填写姓名、邮箱地址、密码，点击“下一步”，填写身份证、手机号等信息；勾选同意服务条款选框，点击“同意并创建账户”；输入信用卡信息，点击“关联卡”。

实训演练

分别登录PayPal/Payoneer/PingPong官网，总结三种收款方式的异同点填入表6-2中。

表6-2 收款方式异同一览表

平台	相同点	不同点
PayPal		
Payoneer		
PingPong		

单元二 认识跨境电商出口结汇和出口退税

任务导入

云南省首笔跨境电商“9710”企业出口退税成功

2022 年 3 月 29 日，云南省德宏州芒市某贸易有限公司收到了 4.72 万元的退税款，这笔退税款是国家税务总局德宏州税务局成功办结的全省首笔跨境电商“9710”（跨境电子商务 B2B 直接出口）模式下的出口退税业务，所有业务当日受理、当日完成退税，这标志着云南省跨境电商“9710”出口、申报、退税全链路畅通。

据了解，该公司是主要从事面向东南亚水果出口业务的企业。“从在电子税务局平台提交申报资料，再到 4.72 万元退税款到账，当天就全部完成了。”该公司负责人激动地表示，“退税办理快速又通畅，更坚定了我们做大跨境电商出口业务的信心。”

与传统外贸相比，跨境电商出口成本更低、市场更广阔，对推动企业跨境贸易快速健康发展和促进消费转型都具有重要意义。近年来，德宏州税务部门聚焦跨境电商出口企业业务需求，不断优化出口退税服务，帮扶企业纾困解难。

德宏州税务局第二税务分局负责人表示：“我们将此作为一个新的起点，进一步深化征管改革，立足岗位职责积极推进作风革命、效能革命，持续优化工作流程，不断提升审核效率，为企业降低时间成本和资金成本。为跨境电商企业发展壮大添薪加力，助力跨境电商快速发展。”

[任务 1] 什么是出口退税？
[任务 2] 目前的出口退税率有哪些？如何查询？
[任务 3] 跨境电商 B2C 出口货物如何办理出口退税？

知识精讲

一、跨境电商出口结汇

（一）结汇的含义

跨境电商结汇

结汇是外汇结算（Exchange Settlement/Foreign Exchange Settlement）

的简称，是指企业或个人按照汇率将买进外汇和卖出外汇进行结清的行为。进出口专业公司，根据进口业务需要，以本国的货币按照国家公布的外汇牌价，向外汇专业银行购买外币汇往国外，或将出口所得外币，按照牌价售与外汇银行而折合成本国货币，在对外贸易中，均称为结汇。我国外汇牌价规定由中国银行逐日公布，外汇管理亦由中国银行进行。牌价有买价和卖价。卖价要高于买价，其间的差额为银行兑换的手续费，或称兑换收益。

（二）跨境电商结汇的有关规定

（1）出口货物发货后，应及时向银行办理结汇手续。

在收到外汇收入凭证和货运单据（发票）后，应在规定时间内到外汇指定银行办理收汇。

（2）根据《中华人民共和国海关法》的规定，出口企业应当凭报关单等进出口报关单证向海关申报并接受监管；经国家主管税务批准免税的货物可免予向海关申报；其他进出口货物的收汇、结汇、核销等事宜均应按有关外贸管理规定执行。

（3）对需退税的商品应先按国家规定办理税款担保或提供其他相关证明文件后再按规定退税；对已征收增值税的商品的退税由税务部门审核同意后方可办理。

（4）对于未发生真实交易且无商业实质的商品不得以电子商务、网络营销、网络销售等名义进行收结汇操作及核销处理，否则将受到处罚和承担相应的法律风险。

（三）结汇方式

根据《中华人民共和国外汇管理条例》第八条，中华人民共和国境内禁止外币流通，并不得以外币计价结算，但国家另有规定的除外。因此，国际贸易获得的外币收入如果要拿到中国国内使用，则必须转换为人民币，也就是结汇。

结汇有强制结汇、意愿结汇和限额结汇等多种形式。强制结汇是指所有外汇收入必须卖给外汇指定银行，不允许保留外汇；意愿结汇是指外汇收入可以卖给外汇指定银行，也可以开立外汇账户保留，结汇与否由外汇收入所有者自己决定；限额结汇是指外汇收入在国家核定的数额内可不结汇，超过限额的必须卖给外汇指定银行。在我国，过去是实行强制结汇制，2008 年 8 月 1 日修订后的《中华人民共和国外汇管理条例》出台之后，我国实行的是意愿结汇制。

在出口业务中，出口收结汇和出口退税业务是相互关联的。国家对传统贸易的监管制度完备，传统贸易按常规的方式报关，结汇和退税都不存在问题。在跨境电商贸易中，B2B 大额交易采用传统的电汇、信用证方式完成支付，也可以利用电商平台提供的金融服务完成支付。

二、跨境电商出口退税

（一）出口退税的含义

我国报关出口的货物退还在国内各生产环节和流转环节按税法规定缴纳的增值税和

消费税，即出口环节免税且退还以前纳税环节的已纳税款。货物报关出口并且已经收到外汇以后，电商企业到退税机关办理退税正式申报。退税机关审核退税资料合格后，企业将退税资料及一套退税申报表交给退税机关，退税机关会将一张退税汇总申报表签字盖章后返还给企业，同时按规定将退税款项划到企业银行账户。

如果企业前期与电商平台签订了外贸综合服务，如阿里巴巴国际站的“一达通”服务，则退税工作由一达通公司完成，一达通公司获得税务机关的退税后再转给出口企业。

（二）出口退税规定

出口企业在办理出口退税时，应注意以下规定：

外贸企业买入待出口货物后，应及时向供货企业索取增值税普通发票或增值税专用发票。因为增值税专用发票都是由防伪税控系统开具的，必须在开票之日起 360 天内办理专票认证手续，当月认证当月抵扣。另外，增值税专用发票的认证期限是 360 日而不是 360 个工作日，所以节假日不能顺延，也就是说 360 日是自然天数，包含节假日。

2020 年 1 月 20 日，财政部、税务总局两部门联合发布了《关于明确国有农用地出租等增值税政策的公告》（财政部税务总局公告 2020 年第 2 号，简称“2020 年 2 号公告”），其中第四条对出口退税申报等相关业务办理期限做出了新的规定，总结如下：

（1）新规关于收汇或者不能收汇申报手续：仍应办理。

（2）新规关于出口退税申报期限。

纳税人出口货物劳务、发生跨境应税行为，未在规定期限内申报出口退税的，在收齐退税凭证及相关电子信息后，即可申报办理出口退税。

如 2020 年出口的货物，即使在 2021 年 4 月增值税纳税申报期前未进行出口退（免）税申报，在退（免）税凭证及相关电子信息齐全之后，可随时来办理出口退（免）税。

（3）新规关于出口退税延期申报申请。

自 2020 年 2 号公告实施之日起，出口退税延期申报申请和出口退税凭证无相关电子信息备案无须办理。

（4）新规关于代理出口货物证明办理期限。

纳税人出口货物劳务、发生跨境应税行为，未在规定期限内开具代理出口货物证明的，在收齐退税凭证及相关电子信息后，即可申请开具。

如 2020 年委托出口的货物，即使受托方于 2021 年 4 月 15 日前没有来申请开具代理出口货物证明，在退税凭证及相关电子信息齐全之后，可随时来申请开具证明。

总之，对于出口退税申报和代理出口货物证明的开具，只要凭证和信息齐全，随时可以来办理。同时，每年 4 月也无须办理出口退税延期申报申请和出口退税凭证无相关电子信息备案。但需要注意的是，出口货物收汇或者不能收汇申报手续仍需要按期办理。

（三）跨境电商出口退税税率

1. 我国现行的出口退税税率

我国现行的出口退税率有 13%、10%、9%、6%、0% 五档，一般跨境电商的热销品的退税率都在 9% ～ 13%。我国的出口货物税收政策的形式有：出口免税并退税，对货物在出口前实际承担的税收负担，按规定的退税率计算后予以退还；出口免税不退税，出口时该货物本身就不含税，也无须退税；出口不免税也不退税，国家限制或禁止出口的某些货物的出口环节视同内销环节，照常征税，且对这些货物出口不退还出口前其所负担的税款，出口退税率为零。

2. 出口退税率查询

登录 http: //chinatax.gjzwfw.gov.cn 国家税务总局政务服务网，输入商品的名称或者海关编码可以查询具体出口退税税率。以出口纺织地垫为例，查询出口退税率的步骤如下：

（1）登录国家税务总局政务服务网（见图 6–1），进入出口退税模块。

图 6–1　国家税务总局政务服务网出口退税模块

（2）填写商品名称、商品代码以及验证码（商品名称和代码可以只填一个），点击立刻查询（见图 6–2）。

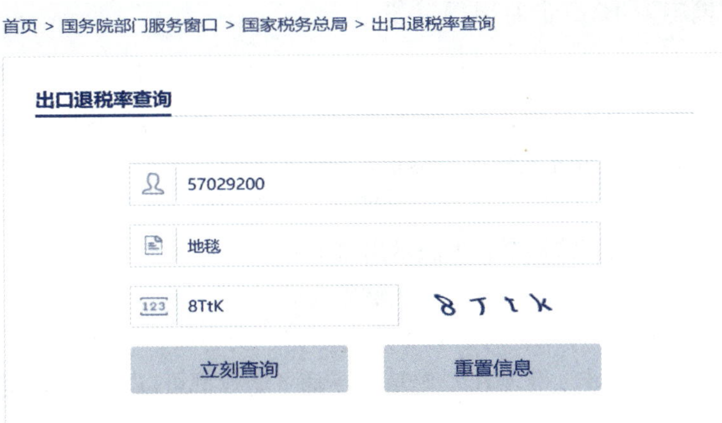

图 6-2　输入信息查询出口退税率

（3）查看显示结果，确认退税率（见图 6-3）。

查询结果

商品编码	商品名称	计量单位	增值税退税率%
57029200	制成的化纤非起绒地毯及铺地制品（未簇绒或未植绒）	千克 / 平方米	13.0
57031000	羊毛簇绒地毯及其他簇绒铺地制品（包括动物细毛制,不论是否制成）	千克 / 平方米	13.0
57032900	其他尼龙簇绒地毯及其他簇绒铺地制品(包括其他聚酰胺制,不论是否制成)	千克 / 平方米	13.0

图 6-3　查询商品的具体出口退税率

3. 出口退税额计算

对于外贸企业，其应退税额计算公式为：

应退税额 = 增值税专用发票所列进项金额 × 退税率（采购发票上的税率和国家规定退税率的较低者）

实例 1：山东年祥外贸企业 2 月初购进坯布进价 30 万元，委托某服装厂加工成服装出口，支付加工费 2 万元，自营出口销售收入 4 万美元，通过查询已知该商品的出口退税率为 13%。请问该公司可以获得多少出口退税额？

解：出口应退税额 = 增值税专用发票所列进项金额 × 退税率

= （300000+20000）×13%=41600（元）

（四）跨境电商 B2C 企业出口退税

目前国内绝大部分跨境电商 B2C 企业都很少办理出口退税，主要有以下几个原因：

第一，从业者基本是小型企业，没有意识到可以享受出口退税政策，以为只有传统贸易或 B2B 跨境电子商务才能做出口退税；

第二，交易频率高、SKU 多、订单金额低、资料琐碎、退税流程复杂，耗时耗力；

第三，难取得供应商的发票，无法做出口退税；

第四，缺少懂得出口退税操作的专业财务人员。

事实上，从 2014 年开始，国家对于这类小型、交易频繁、订单金额低的企业已经出台了新的出口退税政策，很多 B2C 跨境电子商务企业都可以申报出口退税。

1. 跨境电商 B2C 可以进行出口退税的情况

国家对通过一般贸易交易方式出口的货物允许按规定办理退（免）税，目前跨境电子商务卖家适用的情形包括：海外仓头程（海运 / 空运 / 快递）发货、FBA 头程（海运 / 空运 / 快递）发货、国际快递发货。

2. 跨境电商 B2C 出口退税方式

目前 B2C 跨境电子商务企业一般大都只涉及退还增值税。跨境电商 B2C 出口退税方式有两种：

（1）直邮模式适用非一般贸易形式清关，如邮政、快递、专线等 B2C 跨境电子商务门到门配送方式，一般是单个包裹报关清关的，如果要按照一般贸易的形式出口退税是特别麻烦的，为了支持这些卖家退税，政府出台了“9610”政策，即“清单核放、汇总申报”。

（2）海外仓模式适用一般贸易形式清关，比如使用 FBA 头程、海外仓服务的卖家，一般采用大批量发货，可以按照传统外贸出口的形式来处理，只要符合出口退税的条件就可以出口退税。

3. 享有出口退税的跨境电商出口企业界定

《财政部国家税务局关于跨境电子商务零售出口税收政策的通知》财税〔2013〕96 号文件规定，享受电子商务出口货物退免税的企业，是指自建跨境电子商务销售平台的电子商务出口企业和利用第三方跨境电子商务平台开展电子商务出口的企业。而对于为电子商务出口企业提供交易服务的跨境电子商务第三方平台，不适用规定的退免税政策。

电子商务出口企业出口货物必须同时符合以下 4 个条件，才能享受增值税、消费税退税和免税政策（财政部、国家税务总局明确不予出口退免税或免税的货物除外）：

（1）电子商务出口企业属于增值税一般纳税人并已向主管税务机关办理出口退（免）税资格认定。

（2）出口货物取得海关出口货物报关单（出口退税专用），且与海关出口货物报关单电子信息一致。

（3）出口货物在退（免）税申报期截止之日前收汇。

（4）专用发票、消费税专用缴款书（分割单）或海关进口增值税、消费税专用缴款书，且上述凭证有关内容与出口货物报关单（出口退税专用）有关内容相匹配。即外贸企业应取得上述合法凭证，并与报关出口货物的金额、数量、计量单位、出口企业名称等内容相一致。

如果电子商务出口企业出口货物，不符合上述退（免）税条件，但同时符合下列3个条件，可享受增值税、消费税免税政策（注意不含退税）：

①电子商务出口企业已办理税务登记；

②出口货物取得海关签发的出口货物报关单；

③购进出口货物取得合法有效的进货凭证。

如出口企业只有税务登记证，但未取得增值税一般纳税人资格或未办理出口退（免）税资格认定，以及出口货物报关单并非出口退税专用联次，购进货物出口时未取得合法凭证等，应当享受免税政策。在上述规定中，如果出口企业为小规模纳税人，均实行增值税和消费税免税政策。

【跨境电商B2B数据运营职业技能等级证书（中级）职业技能要求】

能跟进国际结算、结汇，办理退税业务。

行业观察

出口商品退运可实现“零税负” 跨境电商潜力有望进一步释放

为降低跨境电商企业出口退运成本，积极支持外贸新业态发展。近日，财政部、海关总署、国家税务总局联合发布《关于跨境电子商务出口退运商品税收政策的公告》（以下简称《公告》）。

《公告》规定，对自本公告印发之日起1年内，在跨境电子商务海关监管代码（1210、9610、9710、9810）项下申报出口，且自出口之日起6个月内因滞销、退货原因原状退运进境的商品（不含食品），免征进口关税和进口环节增值税、消费税；出口时已征收的出口关税准予退还；出口时已征收的增值税、消费税，参照内销货物发生退货有关税收规定执行。已办理的出口退税按现行规定补缴。

这意味着，因滞销、退货原因，自出口之日起6个月内原状退运进境的部分商品，可实现退运进境“零税负”。

近年来，我国跨境电商发展迅速，海关总署数据显示，根据初步测算，2022年我国跨境电商进出口2.11万亿元，增长9.8%。其中，出口1.55万亿元，增长11.7%，进口0.56万亿元，增长4.9%。跨境电商已经成为中国进出口贸易的重要组成部分。

业界专家认为，随着政策红利逐步落地见效，跨境电商优势和潜力有望进一步释放。

据北京国家会计学院财税政策与应用研究所所长李旭红介绍，从税收的原理看，为了避免重复征税，通常在出口环节对于出口商品予以退税，以保障出口商品抵达目的地之后与东道国的商品课征同样税收，即所谓的目的地原则，有利于税收公平。同理，对于进口商品则需要征收进口环节的关税、增值税及消费税。

“根据《公告》，退运进境电子商务项下的商品税负可以回归到出口前状态，与国内流通商品享受同等税收待遇。”李旭红表示，跨境电商是数字经济中的重要组成部分，近年来受国际经济波动的影响，出口商品有滞销、退货的情况发生，新政策可以帮助跨境电商企业减少税收负担，畅通国内外的贸易循环，助力稳经济。

记者了解到，部分跨境电商出口商品存在滞销或者退换货的情况，其中的多数商品被企业在海外以促销、转卖或销毁等方式处理，但仍有少量需退运进境，新政策正是为部分出口退运商品减少税收负担。

“看到新政策我们心里一松，这可以为我们出口企业挽回不少退运损失，减轻企业被退运的心理负担。”浙江万得福智能科技有限公司财务负责人郑凤清表示，金义新区税务部门第一时间告知辅导企业相关政策，帮助企业与海关部门接洽沟通，确保政策红利更好、更快地惠及企业。

有感的还有温州骐麟云进出口有限公司，该公司主要出口汽车减振器、电焊机等单价较高的产品，销售时经常会碰到退换货、滞销等情况，导致库存在海外仓积压无法处理，货物长时间的积压导致仓储成本不断增长，企业最终只能通过销售平台进行销毁处理，还需额外支付销毁费用，造成资源浪费和经济损失。“新政策的推出，免除了跨境电商货物退回国内的进口税，提供了一个新的滞销商品、退换货物的处理方案，对于企业来说是一种能够有效降低经营风险和损失的办法，极大利好我们跨境电商的经营模式。”该公司业务主管金先生表示。

西南财经大学教授、西财智库首席经济学家汤继强在接受人民网记者采访时表示，《公告》一方面为跨境电商行业减轻税收负担，另一方面反映出国家对于发展跨境电商的坚定信心，为行业相关市场主体注入发展“强心剂”。

值得注意的是，在具体操作上，根据《公告》，企业申请办理进口免税等手续时，需按要求提供有关证明材料。对于偷税、骗税等违法违规行为，按照国家有关法律法规等规定处理。

资料来源：车柯蒙. 出口商品退运可实现“零税负” 跨境电商潜力有望进一步释放［EB/OL］. 人民网 .2023-02-03.

时事链接

退税减税激发“小巨人”创新动能

党的二十大报告提出，强化企业科技创新主体地位，发挥科技型骨干企业引领支撑作用，营造有利于科技型中小微企业成长的良好环境，推动创新链产业链资金链人才链深度融合。

国家税务总局阳泉经济技术开发区税务局瞄准专精特新“小巨人”企业办税缴费中的个性化服务需求，精准发力，实施“一户一策”定制服务，激发“小巨人”企业创新能力，为企业创新发展提供坚强后盾。

“在多项退税减税政策的支持下，我们的资金周转难得到解决，企业后续发展更有底气和信心了。”阳泉冀东水泥有限责任公司财务负责人谢群说。

2022年以来，研发费用加计扣除等税费支持政策对推进科技创新发挥了重要作用。阳泉经济技术开发区税务局数据显示，除享受研发费用加计扣除政策，辖区“小巨人”企业还同时享受高新技术企业所得税优惠、资源综合利用增值税即征即退、出口退税、制造业中小微企业缓缴税费等多项优惠政策。特别是2022年新的组合式税费优惠支持政策实施以来，“小巨人”企业享受各项优惠同比增长49.10%。政策红利直达快享，有效缓解了企业资金压力，提升了企业发展的底气和信心。

操作示范

［任务1］我国报关出口的货物退还在国内各生产环节和流转环节按税法规定缴纳的增值税和消费税，即出口环节免税且退还以前纳税环节的已纳税款。

［任务2］登录 http://chinatax.gjzwfw.gov.cn 国家税务总局政务服务网，输入商品的名称或者海关编码可以查询具体出口退税税率。

［任务3］跨境电商B2C出口货物（海关监管方式代码“9610”），采用清单核放通关模式的，如需办理出口退税，应先生成汇总报关单，生产企业凭出口货物报关单，外贸企业凭出口货物报关单以及购进出口货物取得相应的增值税专用发票等凭证申报出口退税。汇总报关单清单明细可与增值税专用发票销货清单对应办理出口退税。

实训演练

1. 请登录国家税务总局政务服务网查询汽车格栅的出口退税率。

2. 青岛年祥国际贸易公司主要从事汽车配件的出口，其中主打产品是汽车格栅（grille），该产品的海关编码为39263000.00，请以该公司业务员的身份，阐述一下该产品使用9610出口退税的操作流程。

项目练习

一、单项选择题

1. 汇出行应汇款人的申请，拍发加押电报或电传给在另一国家的分行或代理行（汇入行），指示其付一定金额给收款人的一种汇款方式是指（　　）。

A. 电汇　　B. 信汇　　C. 票汇　　D. 信用证

2. 在安排生产或交货前，买方先将全部货款以电汇的方式汇付给卖方是指（　　）。

A. 前 TT　　B. 后 TT　　C. 混合式　　D. 汇款

3. 交货或装运后，于寄单前或寄单后，再将全部货款以电汇的方式汇付给卖方是指（　　）。

A. 前 TT　　B. 后 TT　　C. 混合式　　D. 汇款

4. 直邮模式适用非一般贸易形式清关，办理退税时可以依据以下哪项政策？（　　）

A.9610　　B.0110　　C9710　　D.9910

5. 对于外贸企业，应退税额 = 增值税专用发票所列进项金额 ×（　　）。

A. 退税率　　B. 从价税率　　C. 从量税率　　D. 选择税率

6. 海关、电子口岸业务备案数据对接→企业正常走货，将订单、物流等信息上传快速通过→进行（　　）→去外汇管理局办理结汇手续→最后整理相关材料去国家税务总局申请退税。

A. 报关　　B. 报税　　C. 退税　　D. 结汇

7. 海外仓模式适用（　　）形式清关。

A. 9610　　B.9710　　C.0110　　D.9810

8.2008 年 8 月 1 日 新《外汇管理条例》出台之后，我国实行的是（　　）制。

A. 意愿结汇　　B. 强制结汇　　C. 限额结汇　　D. 协商结汇

9 在欧洲和美国，主流的付款方式是（　　）。

A. 手机支付　　B. 刷脸支付　　C. 信用卡　　D. 现金

10. “9610”政策下的 B2C 出口流程为（　　）。

A. 国外买家网上购物→订单付款→清单核放→买家收到货物→汇总申报

B. 国外买家网上购物→订单付款→买家收到货物→汇总申报

C. 国外买家网上购物→订单付款→清单核放→买家收到货物

D. 国外买家网上购物→订单付款→买家收到货物

11. 我国现行的出口退税率有 13%、10%、（　　）、6% 和 0% 五档。

A. 9%　　B. 8%　　C. 7%　　D. 17%

12. 对于生产企业，其出口货物的增值税按“（　　）”处理。

A. 增、免、抵、退　　B. 免、抵、退　　C. 抵、退　　D. 免、退

13. 西联汇款的单笔支付上限是（　　）美元。

A.3000　　B. 4000　　C. 5000　　D.10000

14. 跨境电商线下支付，主要有（　　）、西联汇款和速汇金汇款三种方式。

A. 信用证　　B. 电汇　　C. 现金　　D.PayPal

二、多项选择题

1. 不同货物的退税率不同，主要有（　　）。

A.17%　　B.13%　　C.10%　　D.9%　　E.6%

2. 西联汇款分为（　　）。

A. 现金即时　　B. 直接到账　　C. 延时到账　　D. 预约到账　　E. 定时到账

3. 与西联汇款相比，速汇金业务在国内的局限性主要有（　　）。

A. 仅在工作日提供服务　　B. 办理速度缓慢　　C. 不提供 VIP 服务

D. 手续费高　　E. 到账慢

4. 信用卡由以下哪些信息组成？（　　）

A. 卡号　　B. CVV 码（或 CVC 码）　　C. 有效期　　D. 发卡行信息

E. 持卡人照片

5. PayPal 账户的优势包括（　　）。

A. 品牌效应强　　B. 资金周转快　　C. 安全保障高　　D. 提现零手续费

E. 支持个人间的转账

三、判断题

1. 从支付资金的流向来看，跨境电商出口业务涉及跨境支付购汇，购汇途径一般有第三方购汇支付、境外电商接受人民币支付、通过国内银行购汇汇出。（　　）

2. 跨境支付有两大类：一是网上支付，包括电子账户支付和国际信用卡支付，适用大金额；二是银行汇款模式，适用零售小金额。（　　）

3. 低于 1 万美元高于 100 美元的交易，选择电汇方式也是一种不错的支付方式。（　　）

4. 目前，西联汇款在欧洲和美国客户中接受度比较高，一般是小额美元汇款比较方便。（　　）

5.PayPal 就是我们通常说的“贝宝国际”，它是针对具有国际收付款需求用户设计的账户类型，是目前全球使用最为广泛的网上交易工具。（　　）

6. 生产企业出口的自产货物在当月内应抵项的进项税额大于应纳税额时，对未抵项完的部分予以退税。（　　）

7. PingPong 是一家中国人创立的全球收款公司，致力于为中国跨境电商卖家提供低成本的海外收款服务。（　　）

8. PayPal 是目前全球使用最为广泛的网上交易工具之一，能够轻松完成境外收付款。（　　）

9. 常见的信用卡组织有 VISA、MasterCard、American Express、Discover、JCB、中国

银联等。 ( )

10. 跨境支付是指两个或两个以上国家或者地区之间因国际贸易、国际投资及其他方面所发生的国际间债权债务借助一定的结算工具和支付系统，实现资金跨国和跨地区转移的行为。 ( )

四、简答题

1. 请简述西联汇款的收款和付款流程。
2. 简述跨境电商的线上支付方式。
3. 简述亚马逊平台的支付方式。
4. 跨境电子商务零售出口货物如何办理出口退税?

模块七　跨境电商客户服务与管理

知识目标

1. 熟悉跨境电商客服的职能。
2. 理解跨境电商客服应具备的技能。
3. 掌握跨境电商客服的沟通技巧。
4. 了解中差评的原因。
5. 理解中差评的预防措施。
6. 掌握中差评的处理。
7. 掌握做好客户管理的措施。

技能目标

1. 能够履行跨境电商客服的职责。
2. 能够为客户提供恰当的服务。
3. 能够化解客服工作中的问题。
4. 能够做好客户关系管理。

素养目标

1. 具备良好的沟通习惯和沟通技巧。
2. 具备以客户需求为中心的服务意识。
3. 具备认真踏实的工作态度、敬业精神和工匠精神。

- 跨境电商客户服务与管理
  - 跨境电商客户服务
    - 跨境电商客户服务的职能
    - 跨境电商客服应具备的技能
    - 跨境电商客服的沟通技巧
    - 做好二次营销
    - 客户咨询回复技巧案例
  - 中差评分析与处理
    - 预防中差评
    - 中差评的原因分析
    - 中差评的处理
  - 对买家进行二次营销
    - 实施全面质量营销
    - 提高市场反应速度
    - 与客户建立关联

单元一　跨境电商客户服务

任务导入

做好客户服务，冷门类目也有春天

Fairyland 最初做的是国内批发零售，因为受国外客户的喜爱，品牌开始转向速卖通，并开设外销店铺 Oueneifs。经过扎根速卖通长达 6 年的精细化运营，Oueneifs 成功积累了 25 万粉丝，逐渐吸引了来自俄罗斯、西班牙、巴西等全世界各地的用户，成为速卖通平台上该品类海外目标客户的第一选择。

造型多变、外形逼真的球形关节人偶是玩偶行业的一类细分市场。为了与其他同行区别开来，实现差异化竞争，Oueneifs 提出了“全手工定制”的定位。据了解，目前店铺定制涉及的参数包括肤色、发色、胸型、手型等不一而足，客户可定制模块达到数十个，每个模块可定制的选型也有多种选择。

在该店业务负责人欧阳清看来，这些年来，店铺和用户一直在共同成长。因为定制属性，客户的参与度非常高，店铺也一直重视用户评价，定期收集意见，反馈到前端产品定制开发环节。比如之前玩偶的手型不够丰富，在买家的建议下，逐渐增加到了 9 套手型供选择。

欧阳清明白，维护一名老客户的成本远远低于获取一名新客户的成本。为此，店铺日常会通过 VK 等社交平台推广产品，与粉丝交流，赠送店铺优惠券等，也与网红达人合作，触达潜在用户。运营团队还会使用速卖通平台上丰富的营销工具推广产品，拉进与用户的距离。

为了更贴心地服务老客户，Oueneifs 还推出了 7×24 小时的客服服务，客服轮流值班，第一时间响应消费者，帮其解决售中、售后问题。最近，店铺还加入了速卖通平台的无忧售后服务计划，消费者购买商品 15 天内不满意可以退货。对于高客单价的定制化产品来说，这一招是有风险的，“为了超出客户的期待，我们需要承担这个风险”。

Oueneifs 独特的定制模式给了客户更加多样化的选择，虽然这块市场小众化，但其产品平均客单价高达 80 ～ 90 美元。基于长期的精细化运营，目前店铺粉丝复购率高达 60%。

［任务 1］什么是跨境电商客户服务？
［任务 2］跨境电商客服的职能是什么？
［任务 3］Oueneifs 是如何做好客户服务的？

知识精讲

跨境电商的客户服务人员同传统实体店的导购服务人员一样承担着管理客户、销售商品、解决客户疑难等责任，只不过借助于互联网途径来传输信息，提供满足客户需求的一系列服务，买卖双方通过文字、图片等信息的传递形成互动交流。

客服工作是跨境电商销售流程的重要环节，也是跨境电商企业联系消费者的重要窗口，客服的一言一行都关系着客户对店铺的理解和感受，一个善解人意的客服此时就能给客户留下令人信任的印象，从而树立起店铺的良好形象。订单小单化、碎片化以及订单数量增长迅速，是目前跨境电子商务的两大特点，这也意味着跨境电商客户服务的工作量、难度和复杂程度都很大。

就工作量而言，跨境电商客服大多时候都在处理客户的售后问题。具体而言，有“货不对版”“未在规定时间内送达”等问题，因为语言和文化的差异，沟通过程中买家容易出现缺乏耐心、不愿听卖家解释的现象，这对新手客服是很大的挑战。客服在遇客户质疑或产生纠纷的时候，如果没有妥善处理，损失的不仅是产品和邮寄费，还会使纠纷率上升，影响好评率。因此，跨境电商客户服务人员需要明确了解跨境电商客户服务工作的流程和内容，履行岗位职责，实现工作价值，保证卖家利益不受损害。

一、跨境电商客户服务的职能

跨境电商客户服务工作的职能主要包括解答客户的咨询、促进产品销售、监控管理产品运营和处理产品售后问题四个方面。

（一）解答客户的咨询

与在实体店购物不同，在跨境电商店铺运营过程中，客户的咨询主要包括两个方面：一是关于商品的咨询；二是关于服务的咨询。

1. 解答关于商品的咨询

纵观目前中国跨境电商行业，商品具有如下特点：

（1）商品种类庞杂。从早期的 3C 电子产品、玩具，到后期卖家集中发力竞争激烈的服装、配饰、家居用品等，跨境电商涉及的行业不断丰富，基本已经覆盖国内外所有常见的日用消费品。

（2）单个店铺经营的专业品类多。与国内电商平台重视店铺的特点不同，在跨境电商交易中，国外客户对“店铺”的概念非常薄弱。这是因为早期建立的国外电商平台大多没有“店铺”的概念，只有松散的“商品链接”，如美国亚马逊。因此，跨境电商的店铺同时兼营的商品经常涉及多个行业、种类，这就使得客服的工作变得更加复杂。

（3）商品规格上国内外存在巨大的差异。例如：令许多卖家头疼的服装尺码问题，欧洲尺码标准、美国尺码标准与国内商品存在差异。又如，电器设备的标规问题，欧洲、日本、美国电器商品的电压都与国内标规不同，即使是诸如电源插头这样一个小细节，各国也都有巨大的差异。中国卖家卖出的电器能适用于澳大利亚的电源插座，但是到了英国就增加了客服人员在解答客户商品咨询时的难度，而客服人员最重要的工作任务就是，当客户提出任何关于商品的问题时，无论多么复杂，都要为客户做出专业的解答，并提出可行的解决方案。这对于广大中国卖家来讲是个不小的挑战。

2. 解答关于服务的咨询

跨境电商的另一个特点是服务实现的复杂性。当面临运输方式、海关申报清关、运输时间以及商品安全性等问题时，跨境电商客服人员往往比国内电商客服人员需要处理更多、更复杂的问题。而当商品到达国外客户手中后，解答商品在使用中遇到的问题也需要客服人员具备更高的售后服务技巧，这样客服人员才有可能用较低的售后成本为国外客户妥善地解决问题。很多商品信息在购买页面都可以被读取，但售后牵涉更多的是服务问题。一旦商品售出，客服人员所面临的都是相关商品的一系列服务问题，而且相对于商品咨询，服务问题更是千差万别。商品是稳定、不变的，而服务的标准与内容差别很大，客服人员在把握时难度更高。

（二）促进产品销售

在跨境电商运营过程中，如果客服人员能够充分发挥主动性，主动促成订单交易，将为跨境电商企业和团队带来巨大的销量。有不少国外买家习惯在跨境电商平台上寻找种类多样、质优价廉的中国商品，现在的跨境电商交易中，小额的国外批发采购客户占有不小的比例。这些买家的购物模式通常是先挑选几个中国卖家的店铺采购小额的样品，待确定样品的品质、款式及卖家服务水平之后，会尝试订购单笔大额订单，随后逐渐与中国卖家发展为稳定的“采购—批发供应”关系。而这些买家与中国卖家的接触往往是通过客服进行的。因此，优秀的客服人员需要具备营销意识和技巧，以将零散买家中的潜在批发买家发展成为实际的、长期的稳定客户。

（三）监控管理产品运营

在跨境电商运营过程中，客服担当着发现问题的责任。客服作为直接接触广大客户的人，直接听取客户反馈的问题，在团队中最先发现问题，利于跨境电商企业或者团队在出现问题之后能够及时有效地进行处理。

因此，跨境电商团队中的客服人员必须发挥监控产品运营的职能，定期将客户提出的问题进行分类总结，并及时向销售、采购、仓储、物流等各个部门的主要负责人反馈，为这些部门决策者进行岗位调整和工作流程优化提供第一手参考资料。

（四）处理产品售后问题

在跨境电商交易中，客户在下单之前通常很少与卖家进行沟通，往往是静默下单、即时付款，大大减轻了卖家的工作量。卖家要做的是在产品描述页面上借助于文字、图片、视频等内容对产品进行详细透彻的介绍，并说明能够提供的售前和售后服务，而这些内容都将成为卖家向买家做出的不可改变、不可撤销的承诺。

在跨境电商交易中，买家联系卖家往往是由于产品或者物流运输出现了问题，或者其他服务方面出现了重大问题，而这些问题是买家无法自己解决的。因此，在跨境电商交易中，买家一旦联系客服，通常就是投诉。经过统计发现，卖家每天收到的邮件有70%左右都是关于商品和服务的投诉。也就是说，跨境电商客服人员日常最主要的工作就是解决各种售后问题。

二、跨境电商客服应具备的技能

（一）专业的行业和产品知识

客服要对自己所在的行业和经营的产品有足够的了解。无论是产品的用途、材质、尺寸，还是使用注意事项，客服都必须熟记于心。此外，客服更要对不同国家之间产品规格的不同规定有清晰的认知，能够给国外买家推荐合适尺寸的产品，如在面对国内外电器类产品电压、电流、插头等各项规格不同产品的情况下，可为国外买家推荐能正常使用的电器产品。

（二）了解跨境电商平台的相关交易规则

客服要充分了解各个跨境电商平台的交易规则，不可违背原则进行操作。客服只有对各个平台的规则相当熟悉，才能在面对各种情况时做到镇定自若、按部就班，并妥善地解决问题，使交易有条不紊地进行。

此外，客服还要在不违背相关交易规则的前提下熟练掌握各种交易操作，包括修改商品价格、付款流程、修改评价、关闭交易、申请退款等。

（三）透彻掌握跨境电商整个行业以及各岗位的工作流程

客服要了解跨境电商交易中产品开发、物流方式、各国海关清关政策等各个环节的运作流程，以便在卖家提出疑问时能够及时、准确地做出解答，进而促成客户下单。

（四）良好的语言沟通能力

跨境电商客服人员应具备较高的外语能力。外语能力包括书面交流（函电）和口头表达（口语、谈判）能力。如果要精细化地做好跨境电商运营，外语能力是非常重要的，这不仅仅体现在详细的页面描述上，跟客户沟通特别是在与客户存在消费纠纷时，有语言优势的客服更能解决客户的问题。

（五）处理问题时妥善控制损失的能力

在跨境电商交易中，距离远、运输周期长，产品出现问题采取退货或换货的方式解决将会产生高昂的运费，甚至有时退换货运费会超出本身的价格。在这种情况下，退货换货的纠纷极其常见。所以，一名合格的客服要引导买家从多种处理方案中选择对卖家而言成本最低的方案。

（六）发现潜在大客户的敏锐性

客服要具备发现潜在大客户的敏锐性。这项技能不是一朝一夕就能练就的，但还是有一些技巧可循。例如：与普通客户相比，潜在的大客户更加重视卖家产品种类的丰富度、产品线的备货供应情况，以及购买数量较大时是否可提供折扣等。简单来说，大客户重视的是与卖家合作过程中是否能够获得较大的利润空间以及丰富、稳定的商品供应。因此，供货稳定、批发折扣力度大、运输方案灵活的卖家更容易获得大客户的青睐、提升电商海外口碑。依据这样的思路，客服可在与客户沟通交流的过程中不断观察和总结，培养自己发现潜在大客户的敏锐性。

三、跨境电商客服的沟通技巧

做好客户服务工作是提升买家购物体验、提高转化率、促进客户二次购买的有效途径。

买家满意度是指买家通过比较一个产品的可感知效果与其期望值所形成的愉悦或失望的感觉状态。较高的买家满意度将会为跨境卖家带来更多的重复购买，吸引买家更快下单，同时还能间接提高产品的排序，增加产品的曝光量，帮助卖家享受更好的资源，如更多的橱窗推荐位、图片空间、动态多图数量等。

在交易过程中，影响买家满意度的重要因素主要有商品质量、物流速度、物流服务、交易沟通、售后服务等。因此卖家客服可考虑从以下方面着手提升买家满意度，提升交易过程中买家的购物体验。

（一）快速、及时地回复询盘

回复询盘应礼貌，简洁、清晰、直截了当，当然也要避免过少的沟通次数导致丢失商机。

（二）与买家保持良好沟通

首先，对于买家的咨询应积极回应，同时留意是否因为商品描述没有说清楚等原因才造成买家对商品有疑问，并重新修改和编辑商品页面。

其次，要冷静处理问题。如果在与买家的沟通中出现误会或者争执，一定要冷静地寻找原因，与买家进行耐心沟通，冷静处理问题，消除误会并增进买家对商品的了解。

四、做好二次营销

跨境电商平台大卖家们的交易额中，老买家都会占据一半甚至更多的份额。要想保持稳定增加的交易额，并迅速成长为大卖家，做好老买家的服务，即二次营销是非常关键的。

（一）寻找重点客户

一次简单的交易从买家下单到买家确认并给予好评后就结束了，但一个优秀的卖家仍有很多事情可以做。卖家通过对买家交易数据的整理，可以识别出那些有潜力持续交易的买家和有机会做大单的买家，更有针对性地维系他们并推荐优质商品，从而使这些老买家持续稳定地下单。

（二）选择合适的二次营销时机

卖家开展二次营销的时机可以有四种选择：一是在感恩节、圣诞节等一些重要的节假日；二是产品特价销售时，做一些让利促销活动；三是有新的优质产品上线时，宣传最新产品；四是转销型买家上一次转销估计已经完成，需要下一次采购时。在这些重要的时间点主动出击，展开对于买家的二次营销，将使卖家获得老客户稳定的教育，从而更好地增加交易量。

（三）注意沟通的时间点

由于时差的原因，卖家客服在日常工作的时候，会发现大部分国外买家的即时通信都是离线的。当然，即使国外买家不在线，卖家客服也可以通过留言联系买家。不过，建议卖家客服尽量选择买家在线的时候联系，这意味着卖家客服应该学会在晚上的时间联系国外买家，因为这时买家在线的可能性大，沟通效果良好。

知识拓展

客服人员应该具备的素质

1. 能迅速判断对方的语言环境

和一个客户沟通，首先要做的事情就是判断对方的语言环境，判断对方的大致年龄、职业、性格等。要迎合对方的说话方式去和对方沟通，使对方觉得你是“同道中人”，是一个会说话，能好好沟通的人。也就是说，针对不同的人采用不同的聊天方式，运用对方熟悉的语言形式沟通可以迅速拉近彼此的距离。

2. 给客户选择题，而非问答题

更专业的客服人员应该懂得如何以正确的方式提问，而提问的一大技巧是提出选择性的问题，因为选择性的问题更容易回答，不至于让聊天陷入尴尬。尽量不去问问答题，如："你喜欢什么样的产品？""你对我们的产品有什么意见？"这样的问题看似简单，实则非常难回答，客户会浪费大量时间来思考如何回答而让聊天中断。但你如果给的是选择性的问题，尤其是二选一的问题，客户就容易做出选择了，比如："你喜欢圆领还是 V 领的 T 恤？""你每天使用我们产品的时间是小于 2 小时还是大于两小时？"

3. 巧妙应对各种要求，合理拒绝

拒绝是谁都不喜欢做的事情，但是面对客户的一些比较无理的要求，客服人员必须巧妙地拒绝，在完美拒绝要求的同时给予对方比较能接受的理由。例如：当客户要求必须当天发货，否则就不买的时候，你可以这样回答："我比您更希望以最快的速度给您发货，但是因为我们是大件物品，为了保证您收到的货物完好无损，所以我们在出货前会详细检验一轮。你虽然多等几个小时，但也避免了收到残次商品。"甚至还能以补偿的方式来让客户接受这样的处理结果，比如给客户送一个小礼物等。

4. 总能超出顾客的预期

有时候，用一种更特别的方式来回答顾客的问题，总比一板一眼有问有答要好。例如：当顾客问："我孩子 7 岁了，135cm，应该买多大的产品？"一般客服会回答："买 ××cm ～ ××cm 的产品比较合适"，而如果你回答："7 岁是一个儿童自我意识发展的重要时期，这个时候可以逐渐让他独立地完成事情，培养责任感。具体到椅子，建议购买 ××cm ～ ××cm 的产品比较合适。"这只不过是几秒钟的打字时间，却能给客户一种被关怀的感觉，自然更能让客户得到满足感。

5. 尽量避免自动回复

有时候，客服因为太忙，不得不设置自动回复来回答客户的一些问题。但自动回复必然不能更好更细致地回答客户的问题。所以如果时间允许，或者订单较大，客户较为重要的时候，应尽量减少自动回复，采用聊天的形式来回答客户的问题。

五、客户咨询回复技巧案例

回复询盘时要简单扼要、有礼有节，诚恳且有担当。这里举几个成功的沟通案例。

【案例 1】交易日期为 11 月 20 日，12 月 5 日收到客户的邮件，称没收到货。

Hi，When did you ship the item？ I did not get it yet. Thanks.

收到邮件后马上回复：

Dear valued customer,

Your item has been sent by Hong Kong air mail service on Nov 21th. It usually takes 10–

20 work days to reach you, so please be patient.

If you haven't received your package in these days, please contact us. Hope you would love this item, and have a nice day!

Best regards

点评：其沟通成功点在于及时回复，回复的邮件内容里面一定要写明什么时候发货的、用的什么货运方式、大约到达的时间等。

分析：有些卖家用 EMS 发样品或者发货，时间较长，所以客户在等了 10 天左右还未收到，会来信咨询，这种邮件一定要及时回复，否则很容易引来投诉或者差评。而如果发货 25 天后，客户还没收到货品，卖家最好用另外的邮件模板，根据自己的物品价值大小选择重发或者退款，当然最好让顾客来选择。

【案例 2】客户收到货了，但认为收到的货与网上的描述不一样，要求退款。

交易日期为 11 月 27 日，12 月 16 日收到客户的邮件：

My friend, the item arrived today however the face place glass insert is all scratches.

It's impossible to see the screen. I would like my money back.

收到邮件马上回复（信头尾部分省略）：

First of all, we are so sorry that you are not happy with this purchase.

If you don't mind, can you take a photo to us for investigate? If this is our mistake, send a wrong item to you, we can send a new one to you or we can refund all your payment. We apologize to you once again.

12 月 17 日收到了客户的邮件，邮件中附带了照片，通过查看图片可以清楚地看出，该问题是客户自己不会使用造成的，回邮件如下：

I just received the photo you sent. There are double screen protector film from both sides, you need to remove these screen protector film. After you do that, you will see the clear screen.

If you have any questions, please feel free to contact us.

12 月 18 日，收到客户的邮件：

Hi, yes, you are right, I just removed the screen protector, the screen is ok now, not scratches, thank you for your help.

点评：回复要及时，在未调查清楚之前，回复邮件首先表示歉意，这是有礼貌的体现，然后再让客户拍照片以帮助了解清楚情况，并提出不同情况下的解决方案，要表明如果是商家的责任，一定会承担责任、重发或者退款。

分析：网上购物出现纠纷的情况非常多，如货不对板、物流延迟，或者买家使用不当造成商品的损害。卖家在及时沟通的前提下也一定要及时取证并留存证据。

日常可以积累一些回复模板，比如：

［下订单未付款回复模板］

Dear buyer, we have got your order of ××××××. But it seems that the order is still unpaid. If there's anything I can help with the price，size，etc... please feel free to contact me. After the payment is confirmed，I will process the order and ship it out as soon as possible. Thanks!

Best Regards，× × ×

[产品缺货回复模板]

Dear buyer，we are very sorry that the item you ordered is out of stock at the moment. I will contact the factory to see when it will be available again. I would like to recommend some other items of similar styles. Hope you like them too. You can click on the following link to check them out? If there's anything I can help，please feel free to contact us.

Thanks! Best Regards!

[提醒买家留评价回复模板]

Dear buyer，thanks for your support to our store. It would be highly appreciated if you could leave us a feedback，which will be a great encouragement for us. If there's anything I can help with，don't hesitate to tell me. Best Regards!

[客户无法完成付款的回复模板]

If your payment for an order has failed，please check it is not due to the following situation：

Card security code failed. Please note that an incorrect card security code could cause payment failure. Card security code is the short numeric code on the back of your credit card.

Please verify that you have entered the correct card security code and try again.

If you meet the "insufficient fund" error log when you make payment by credit card，please make sure that you have sufficient funds in your account and that payment for your order does not exceed your credit limit.

Please also make sure you have used a VISA or MasterCard personal credit card to finish payment，because at present debit card or business card is unable to be supported to.

行业观察

敦煌网智能客服营销机器人项目获金合奖 成为出海私域营销创新标杆

近日，由上海报业集团界面新闻发起的金合奖 2022 年获奖名录揭晓。经过激烈角逐，敦煌网 JoinChat 项目荣登金合奖年度营销案例榜，不仅体现了行业内对敦煌网 JoinChat 项目的高度认可，也标志着敦煌网通过智能客服营销机器人打造的即时会话式私域营销，成为跨境电商出海营销创新的标杆案例。

据悉，JoinChat 项目上线后，敦煌网官方 Facebook Messenger 日活跃用户数量暴增 29 倍，Messenger 用户数量暴增 26 倍，Facebook 公共主页管理时间缩短 25%，65% 以上的用户看到 Messenger 弹窗后选择通过 Messenger 进行沟通。

作为国内知名 B2B 跨境电商出口平台，敦煌网致力于为国内中小微企业提供跨境电商全链路赋能，帮助中国制造直连全球。截至 2021 年，敦煌网已经拥有 240 万以上供应商，注册买家超过 4660 万人。Facebook 是海外主流社交平台，也是电商最重要的流量渠道之一。敦煌网在 Facebook 拥有 460 万粉丝，每日需要处理海量客户需求信息，并对庞大的客户群体进行有效的维护和二次营销。

此前敦煌网客服团队一直通过 Facebook 自有的聊天平台 Messenger 后台回复用户需求，由于信息量过大且大部分用户问题重复，客服团队很难及时回复用户且人工资源浪费严重。同时 Messenger 后台缺少二次触达消费者的工具，如果想要针对已有的 Messenger 用户进行推广，工作量巨大。

基于这一现状，敦煌网 JoinChat 项目提供了个性化、智能化、高效率的全天候客服体验。只要通过 Facebook 登录 Messenger，即可发起消息互动，从等待用户发起聊天的被动状态转为可主动向用户发起互动的积极状态。通过引入智能客服营销机器人，不仅实现海外客服团队 7×24 小时处理客户需求，解决了人工回复慢、二次触达难、用户流失严重召回难的问题，更巩固了客户关系，加深了品牌认知，以即时会话式私域营销，成功将流量变“留量”。

操作示范

[任务 1] 跨境电商的客户服务人员同传统实体店的导购服务人员一样承担着管理客户、销售商品、解决客户疑难等责任，只不过借助于互联网途径来传输信息，提供满足客户需求的一系列服务，买卖双方通过文字、图片等信息的传递形成互动交流。

[任务 2] 跨境电商客户服务工作的职能主要包括解答客户的咨询、促进产品销售、监控管理产品运营和处理产品售后问题四个方面。

[任务 3] 开启定制化服务，支持多模块定制；推出了 7×24 小时的客服服务，第一时间响应消费者，帮助客户解决售中、售后问题；使用丰富的营销工具推广产品，拉进与用户的距离。

实训演练

1. 青岛年祥公司收到了一份来自美国加州的新订单，是 10 件产品编号为 NX11-11 的汽车格栅。业务员跟仓库确认时发现该产品已经没有库存了，请写邮件告知客户此型号已断货，并提供解决方案。（要求：80 个单词左右）

2. 青岛年祥公司又收到了一份来自美国新泽西州的新订单，是 2 件产品编号为 NX12-14 的汽车贴膜。一天时间过去了，此订单仍然是 pending 状态，客户未付款，请发邮件向客户询问原因。（要求：80 个单词左右）

单元二 中差评分析与处理

任务导入

莫名其妙的纠纷

青岛年祥国际贸易有限公司的业务员 James 遇到了大麻烦，前几天在店铺购买 2 件汽车大灯的美国客户 Mike，收到货物后直接在后台提起了纠纷申请，理由是商品有瑕疵，中间过程没有跟 James 进行联系。

［任务 1］请给客户 Mike 写一封信，表示可以给予帮助并希望他能撤销纠纷。(要求：60 个单词左右)

知识精讲

“购买评价”是跨境电商平台为了让买卖双方更加了解对方，并让其他还未购买商品的潜在买家能够更加了解商品的一种途径。这种评价方式在传统货物买卖中很难体现，但借助网络技术，购买评价成为买家决定是否购买商品的重要因素。因而在跨境电商运营的过程中成了需要引起重视的因素之一。

一、预防中差评

（一）严把商品质量关

商品的质量关系到卖家能否长期生存和发展。商品质量太差，得不到消费者的支持，就很难在网上立足。这就要求卖家进货时一定要把好关，如果质量有问题，一开始就不能发货。同时，在发货的时候再检查一遍，保证货物的包装等没有问题。

（二）关于色差问题

现在很多卖家都是用杂志或其他网站或厂家提供的模特图片，而不去拍实物图，造成图片失真，由此产生纠纷。买家无法看到实物，因此图片成了买家判断商品外观的重要依据。图片应尽量和商品接近，商品描述要全面客观，同时对于颜色写上“模特图可能有色差”字样。

（三）良好的售后服务

下单并不是业务的结束，而是真正服务的开始。当买家下单后，卖家应尽快发货，发货后把快递单号和物流信息查询方式告知买家。如果中间买家有什么疑问，卖家应尽快答复，让买家感到自己是被重视的，卖家是很负责的。

（四）分析买家类型，区别对待

在交易前，可查看买家的信誉度，买家对别人的评价以及别的卖家对买家的评价，再综合各类买家的不同特点区分对待。

二、中差评的原因分析

（一）商品图片与实物的差异

有时候为了使自己的商品看起来比较吸引眼球，卖家会在图片处理上或多或少添加一些商品本身没有的效果。这样就会给客户一个美好的心理预期，让他们满怀期待地等待。然而，一旦收到实物后感觉与图片的差别过大，买家就会非常失望，他们通常会在第一时间询问，为什么在颜色或者形状上有差别。

此时必须警惕，因为收到货物的 30 天内，买家可以进行评价，并且在未确认收货之前，买家还可以对自己不满意的订单提起纠纷退款。对于这类的投诉，卖家要更加主动地去解释。提供原有的图片，如果只有因小部分的修图处理造成的色差，合理的解释还可以赢得客户的信任，而且在这个过程中要多表现自己对买家的重视，适当给予下次订单的优惠和折扣。真诚的道歉可以将小事化了，向买家争取好评。

卖家在上传商品图的时候可以上传一些多角度的细节图，或者可以放一张没有处理过的照片上去，尽量让买家有全面的视觉印象，避免不必要的投诉和差评。

（二）标题写“Free Shipping”，却需要买家承担部分运费或其他费用

很多卖家为了吸引买家下单，都会在标题中写上“Free Shipping”，但很多卖家的运费模板设置的并不是全球包邮，这样那些设置需要交运费的国家的买家就会有争议，因为标题是免邮费的，但却需要交部分运费。另外，一些国家的进口政策也会导致额外的费用。比如，美国对高于 500 美元申报价值的货物，就要按照重量收取进口关税；加拿大和澳大利亚则是高于 20 美元的货物要收取关税；英国、德国等欧洲国家货物的申报价值必须是在 20 ～ 25 美元，一旦超出将会有更多的关税产生，买家必须支付关税后才能拿到货物。比如，买方留言如下：

Why I should pay 25 pounds for the package，you told me that was free to ship，how could you lie to me? I am very disappointed.

还有一些比较极端的客户会因为需要支付额外的费用拒绝签收，这些都是潜在的差评和纠纷来源。因此我们在发商业快递的时候，要注意填写申报价值，对于货值很高的快件，提前和客户沟通好。

（三）信用卡账户有额外的扣款显示

以速卖通平台为例，速卖通平台针对买家的支付不收取费用，但有时客户信用卡账户上显示 AliExpress Charge。建议买家联系银行，问清是否需要支付手续费。如果买家通过 T/T 转账，银行端一般需要收取一定的手续费。

三、中差评的处理

（一）由于质量问题产生的中差评

对于单纯由于质量问题产生的中差评是比较好解决的。首先，收到中差评后及时和买家联系，询问一下对商品不满意的具体原因。在此基础上，让买家提供相应的照片。此外，卖家要回到自己的出货记录中查找相同时间内其他商品的反馈，分析一下库存中的货物质量。如果确实存在买家反映的问题，应及时积极解决。通过退款或换货的方式，让买家满意并且修改评价。

（二）由于买家个人使用不当产生的中差评

对于因买家个人使用不当导致的中差评问题，如果在沟通调查中发现是由于买家个人使用不当而给的，有两种解决方法：如果以消除中差评为主要目的，就应该和买家仔细解释为什么会出现这样的质量问题，到底在操作过程中存在哪些不正确的地方，最后和买家商量以何种方式可以使其满意并修改中差评；如果是由于买家个人原因导致的质量问题，可以选择中差评回复，并附上商品的使用说明及事项，这也是一种中差评营销。这种方法可能是大多数卖家在面临无法消除的中差评时不得不采取的方法。建议卖家根据各自的行业准则、从业经验总结出各自产品的配套小贴士，可以打印出来在公司广告页上随包裹一起送出，凸显人性化服务。

（三）由于买家在下单前的细节要求没有得到满足产生的中差评

很多买家在下单之初，就在订单下面留言，诸如“这是为了我的婚礼准备的，请你不要让我失望”等。首先，遇到这样的订单，应该交代出货的人员，特别注意该订单的质量和包装。其次，如果这个客户买了一个非常便宜的商品，但是从询盘的态度上又可以看出他很期待，这种情况下为了避免差评，应该要考虑亏一点成本去满足客户的心理预期，避免一些不必要的差评。

（四）由于物流速度过慢而产生的中差评

跨境电商的争议性最容易集中在物流环节，比如丢件、商品破损。遇到客户争议时，首先应该冷静地分析事情的来龙去脉，注意电子格式和证据，比如聊天记录截屏、物流记录。如果是客户误会，通过真实的电子证据跟客户真诚沟通，请求客户理解。电子数据证据是卖家解决订单中差评的核心。

行业观察

速卖通关闭评论修改入口：不用劝买家改差评了

速卖通于美国时间2021年5月23日正式关闭了买家修改评价入口和评价投诉入口。

当然，评价功能改动后，速卖通平台仍保留删除若涉及人身攻击或者其他不适当的言论的评价的权利。若买家给卖家的评价确实包含侮辱性言论或被评价人不宜公开展示的个人信息，卖家可以反馈给速卖通客服投诉该评价。

速卖通方面指出，近期速卖通平台发现部分卖家在收到买家差评后会联系买家进行评价修改，这一定程度上给买家带来骚扰，造成不良的体验，而事实上速卖通发现卖家投入的这部分努力仅换来了极少数买家的评价结果修改。因此，速卖通才做出该次评价功能的改动。

操作示范

［任务］

Dear Mike,

Thanks for your order. We have received your opening dispute message. Please provide us with the specific problem that you're having in order for us to help you resolve this case as soon as possible. Or you may tell us your solution.

Could you please close the dispute? We are sure that we can work this out.

We look forward to hearing from you soon.

Thanks and best regards.

James

Qingdao Nianxiang International Trade Co., Ltd.

实训演练

1. 青岛年祥国际贸易有限公司的业务员 James 前几天的汽车雨刷订单收到了新西兰

客户 Tom 的纠纷申请，理由是一直未收到货。请联系客户核实并提供物流凭证，更新物流状态。

2. 青岛年祥国际贸易有限公司的业务员 James 的汽车格栅订单收到了德国客户 Steven 的纠纷申请，理由是实物与描述不符。请联系客户核实问题并解决。

单元三 对买家进行二次营销

任务导入

撰写二次营销邮件

感恩节马上到了，请以青岛年祥国际贸易有限公司业务员 James 的名义给在店铺购买过产品的欧洲客户发送一封二次营销邮件，表达对对方的感谢，并邀请再次购买。

［任务］二次营销邮件的内容应包括对对方的感谢以及促进购买的方法。（要求：80 个单词左右）

知识精讲

不管在哪个行业，客户对卖家来说都是至关重要的，特别是一些老客户，他们会不断地给卖家带来新的客户，所以做好老客户的客户关系管理，防范老客户流失，让老客户带来新客户，显得尤为重要。在跨境电商领域，卖家要做好老客户关系管理，应重点关注下面几点。

一、实施全面质量营销

买家追求的是较高质量的商品和服务，如果卖家不能给买家提供优质的商品和服务，那么买家就不会对卖家满意，建立买家忠诚度就更无从谈起了，因此卖家应实施全面质量营销，在产品质量、服务质量等方面让客户满意。

另外，卖家在竞争中为防止竞争对手挖走自己的客户，战胜对手，吸引更多的客户，就必须向买家提供比竞争对手具有更多“顾客让渡价值”的商品，只有这样才能提高客户满意度并加大买卖双方深入合作的可能性。为此，卖家可以从两个方面改进：一是通过改进商品、服务、人员和形象，提高商品的总价值；二是通过改善服务和促销手段，减少客户购买商品的时间、体力和精力的消耗，从而降低货币和非货币成本。

二、提高市场反应速度

（一）善于倾听客户的意见和建议

买家与卖家间是一种平等的交易关系，在双方获利的同时，卖家还应尊重买家，认真对待买家提出的各种意见及抱怨，并真正重视。在买家抱怨时，卖家应认真倾听，扮好听众的角色，要让买家觉得自己和自己所提的意见受到了重视。仅听取还不够，卖家还应及时调查买家的反馈是否属实，迅速将解决方法及结果反馈给买家，并提请其监督。

买家意见是卖家创新的源泉。通过倾听，卖家可以得到有效的信息，并可据此进行创新，促进卖家更好地发展，为买家创造更多的经营价值，当然，卖家也要能正确识别买家的要求，并进行正确的评估，以最快的速度生产或采购到最符合买家要求的商品，以满足买家的需求。

（二）减少老客户的流失

部分卖家会放任客户流失。因为这些卖家没有意识到，流失一个客户，自己的损失是巨大的。一个卖家如果每年降低 5% 的客户流失率，利润每年可增加 25% ～ 85%，因此对客户进行成本分析是必要的。

所以分析客户流失的原因，对于店铺是非常必要的。“商品 + 服务”，这两方面卖家都要做到尽善尽美，管理好老客户，避免老客户的流失，就是一场巨大的胜利。

（三）用平和心态来对待客户的投诉

当遇到客户投诉的时候，卖家首先应该让客户感觉到，卖家是抱着积极的态度来解决问题的，而不是来让问题更加严重化的。所以当客户提出一些要求或者建议的时候，只要合理且在卖家接受的范围内，卖家就应该接受；但是，卖家同样要据理力争，对于客户提出的不合理请求，要坚决抵制。

三、与客户建立关联

卖家可通过建立客户关系档案，及时了解客户的动态，建立客户关系资源库，维护和客户的关系。

（一）向买家灌输长远合作的意义

买家与卖家合作的过程经常会发生很多的短期行为，这就需要卖家对其客户灌输长期合作的好处，并对短期行为进行成本分析，指出短期行为不仅给自己带来很多不利，而且还给客户本身带来资源和成本的浪费。卖家应该向老客户充分阐述自己的美好愿景，使老客户认识到只有和卖家长期合作才能够获得长期的利益，这样才能使客户与自己同甘苦、共患难，不会被短期的高额利润迷惑，而投向竞争对手。

（二）优化客户关系

感情是维系客户关系的重要方式，日常的拜访、节日的真诚问候、婚庆喜事、过生日时的一句真诚祝福、一束鲜花，都会使客户深受感动。交易的结束并不意味着客户关系的结束，卖家在售后还须与客户保持联系，以确保他们能长久合作。防范客户流失工作既是一门艺术，又是一门科学，它需要卖家不断地去创造、传递和沟通优质的买家价值，这样才能最终获得、保持和增加买家，锻造自己的核心竞争力，使自己拥有立足市场的资本。

行业观察

亚马逊利用 MYCE 扩大二次营销

亚马逊正在测试一项名叫“Manage Your Costomer Engagement”（MYCE）的第三方卖家辅助新功能，不少卖家也收到了邮件，这项功能在一定程度上开放了卖家和顾客的沟通渠道。

亚马逊此前的一系列策略似乎是希望每个卖家都不要给顾客发任何和订单产品无关的邮件。这一新功能也代表亚马逊对买家数据严格控制的历史性转变，亚马逊对卖家和顾客之前沟通渠道管控正在逐渐放松。

众所周知，二次营销对于亚马逊的卖家来说是非常重要的，不管是上新提醒还是顾客回购，二次营销可以给亚马逊卖家带来相当可观的销售占比，而且对于销量越好、影响力越大的品牌卖家来说越能感受到二次营销的威力。

当亚马逊直接堵死二次营销，也逼得不少卖家转战 Facebook、YouTube 等社交平台，甚至部分卖家也会引流到自己的独立站操作，这对亚马逊的流量来说是一种损失。

显然亚马逊内部已经意识到这个问题的严重性，这次改动“Follow”功能就是整个公司态度的 180° 大转变。即便有些卖家没有注册品牌，用不到这次的“Follow”功能，不过这个风向的变化意味着后面还会出现更多、更大力的政策，允许卖家在不骚扰顾客的前提下联系到顾客，这对所有卖家都是一个大好的消息。

亚马逊要求使用 MYCE 的商家必须在 Amazon Brand Registry 进行注册，并且必须具有“商店”页面，然后商家才能向亚马逊客户进行营销。

也就是说，只有注册了品牌备案，同时具有品牌旗舰店（有粉丝）的卖家就可以通过电子邮件将活动、营销内容发送给选择“关注”了品牌的购物者。

这个工具的作用就是帮助卖家进行有效的二次营销，推动买家对品牌的重复购买。品牌卖家可以通过引导购物的顾客关注店铺主页，之后向他们发送各种营销信息甚至索要评论邮件都畅通无阻，并帮助品牌在亚马逊上变得更加强大。

操作示范

［任务］

Dear Sir,

Happy Thanks Giving Day! We really appreciate your purchase in our store. To express our thanks, we'd like to offer you a special coupon, you could use it in 7 days.

Looking forward to your order.

James

Qingdao Nianxiang International Trade Co., Ltd.

实训演练

1. 青岛年祥国际贸易有限公司跨境电商部前一段时间对客户进行了精准分类。这周的工作重点是给曾在店铺购买过商品，但最近 1 个月内没有购买行为的客户发送一封营销邮件，邀请其购买并提供优惠券。

2. 请以小组为单位讨论跨境电商欧美市场适合二次营销的时机以及简单描述相应策略并形成文字稿，不少于 200 字。

项目练习

一、单项选择题

1. 客户服务的具体工作包括客户咨询信息处理、物流信息及时反馈、管理买家资料和（　　）。

A. 核算价格　　B. 起草合同　　C. 制作单据　　D. 客户维护与二次营销

2. 收到中差评之后及时和买家联系，询问一下对产品不满意的具体原因。这是针对哪种中差评原因的解决方案？（　　）

A. 由于质量问题产生的中差评

B. 由于买家个人使用不当产生的中差评

C. 由于买家在下单前的细节要求没有得到满足产生的中差评

D. 由于物流速度过慢而产生的中差评

3. 和买家仔细解释为什么会出现这样的质量问题，最后和买家商量以何种方式可以使其满意并修改中差评。这是针对哪种中差评原因的解决方案？（　　）

A. 由于质量问题产生的中差评

B. 由于买家个人使用不当产生的中差评

C. 由于买家在下单前的细节要求没有得到满足产生的中差评

D. 由于物流速度过慢而产生的中差评

4. 选择差评回复，并附上产品的使用说明及事项。这是针对哪种中差评原因的解决方案？（　　）

A. 由于质量问题产生的中差评

B. 由于买家个人使用不当产生的中差评

C. 由于买家在下单前的细节要求没有得到满足产生的中差评

D. 由于物流速度过慢而产生的中差评

5. 与客户建立关联的途径包括（　　）和向买家灌输长远合作的意义。

A. 优化客户关系　　B. 增加客户开发途径

C. 优化营销活动　　D. 善于倾听客户的意见和建议

6. 提高市场反应速度的途径包括（　　），减少老客户的流失和善于倾听客户的意见和建议。

A. 优化客户关系　　B. 向买家灌输长远合作的意义

C. 优化营销活动　　D. 用平和心态来对待客户的投诉

7. 为防止因为色差问题出现差评，应标注何种文字说明？（　　）

A. 图片仅供参考　　B. 因显示器原因实物可能有色差

C. 颜色以实物为准　　D. 不接受色差勿购买

8. 以下是关于哪种情况的回复？（　　）

Dear buyer，Thanks for your support to our store. It would be highly appreciated if you could leave us a feedback，which will be a great encouragement for us.

A. 提醒买家留评价　　B. 客户无法完成付款

C. 产品缺货回复　　D. 下订单未付款回复

9. 以下是关于哪种情况的回复？（　　）

If your payment for an order has failed，please check it is not due to the following situation：

Card security code failed. Please note that an incorrect card security code could cause payment failure. Card security code is the short numeric code on the back of your credit card. Please verify that you have entered the correct card security code and try again.

A. 提醒买家留评价　　B. 客户无法完成付款

C. 产品缺货回复　　D. 下订单未付款回复

10. 以下是关于哪种情况的回复？（　　）

Dear buyer，we are very sorry that item you ordered is out of stock at the moment. I will contact the factory to see when it will be available again. I would like to recommend some other items of similar styles. Hope you like them too.

A. 提醒买家留评价　　B. 客户无法完成付款

C. 产品缺货回复　　D. 下订单未付款回复

二、多项选择题

1. 客服人员应该具备哪些素质与技能？（　　）

A. 能迅速判断对方的语言环境　　B. 给客户选择题，而非问答题

C. 巧妙应对各种要求，合理拒绝　　D. 总能超出顾客的预期

E. 尽量避免自动回复

2. 如何预防中差评？（　　）

A. 严把商品质量关　　B. 标明色差问题

C. 分析买家类型，区别对待　　D. 良好的售后服务

E. 虚假描述货物

3. 以下属于中差评原因的是（　　）。

A. 商品图片与实物的差异

B. 标题写“Free Shipping”，却需要承担部分运费或其他费用

C. 信用卡账户有额外的扣款

D. 商品价格适中

E. 无额外赠品

4. 做好老客户关系管理，应重点关注（　　）。

A. 实施全面质量营销　　B. 提高市场反应速度　　C. 与客户建立关联

D. 设置自动回复　　E. 做好新客户管理

5. 完整的物流信息包括（　　）。

A. 可跟踪的包裹单号　　B. 可以追踪到包裹信息的网站　　C. 最新的追踪信息

D. 运费率　　E. 商品名称

6. 客户服务的具体工作包括（　　）。

A. 客户咨询信息处理　　B. 物流信息及时反馈　　C. 管理买家资料

D. 客户维护与二次营销　　E. 给客户报价

三、判断题

1. 不管是何种情况，出现纠纷后，跨境电商客服人员都需要主动承担错误。（　　）

2. 跨境电商客服人员只需专心服务新客户，老客户会自动购物。（　　）

3. 跨境电商客服人员需要尽力提供可信赖的数据。（　　）

4. 跨境电商客服人员只需要解答关于商品的咨询。（　　）

5. 交易的结束并不意味着客户关系的结束，卖家在售后还须与客户保持联系，以确保他们的满意持续下去。（　　）

6. 对于客户提出的不合理要求要坚决抵制。（　　）

7. 在交易前，可查看买家的信誉度，买家对别人的评价以及别的卖家对买家的评价，再综合各类买家的不同特点区分对待。 （ ）

8. 如果时间允许，或者订单较大，客户较为重要的时候，应尽量减少自动回复，采用聊天的形式来回答客户的问题。 （ ）

9. 与在实体店购物不同，在线购物时，客户会对店铺提出大量关于“商品”和“服务”的咨询。 （ ）

10. 把 80% 的精力集中在 20% 的高级客户上，积累高级客户、激活休眠客户，是客户维护的主要内容。 （ ）

四、实训题

1. 客户 Mike 在店铺买了一条牛仔裤，收到货物后直接在后台提起了纠纷申请。中间过程没有跟你联系。作为客服人员，请给客户写一封信，咨询他对商品或服务有何不满的地方，表示可以给予帮助并希望他能撤销纠纷。（要求：80 个单词左右）

2. 浏览 eBay、速卖通、敦煌网三大跨境电商出口平台网站，向客服人员进行询问，分析其客户服务的特点，并形成实训报告。（要求：200 字左右）

参考文献

1. 史浩，戴小红 . 跨境电商支付（含活页练习册）［M］. 北京：中国人民大学出版社，2022.

2. 宗胜春，戴庆玲 . 跨境电子商务基础［M］. 北京：中国商务出版社，2021.

3. 邓志超，莫川川 . 跨境电商基础与实务［M］. 北京：人民邮电出版社，2021.

4. 肖旭 . 跨境电商实务［M］. 3 版 . 北京：中国人民大学出版社，2020.

5. 王军海 . 跨境电子商务支付与结算［M］. 北京：人民邮电出版社，2018.

6. 李浩，崔怡文，王涛 . 跨境电商：速卖通运营与管理［M］. 北京：中国工信出版集团，人民邮电出版社，2019.

7. 阿里巴巴（中国）网络技术有限公司 . 跨境电商 B2B 立体化实战教程［M］. 北京：电子工业出版社，2019.

8. 邓志超，崔慧勇，莫川川 . 跨境电商基础与实务［M］. 北京：人民邮电出版，2017.

9. 丁晖 . 跨境电商多平台运营实战基础［M］.3 版 . 北京：电子工业出版社，2020.